# 關西廣域地圖

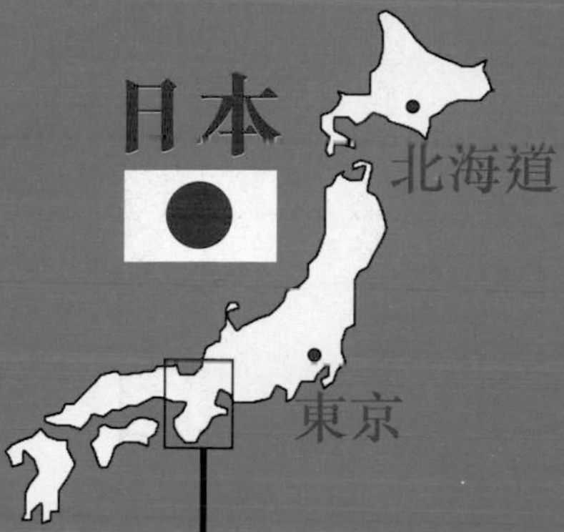

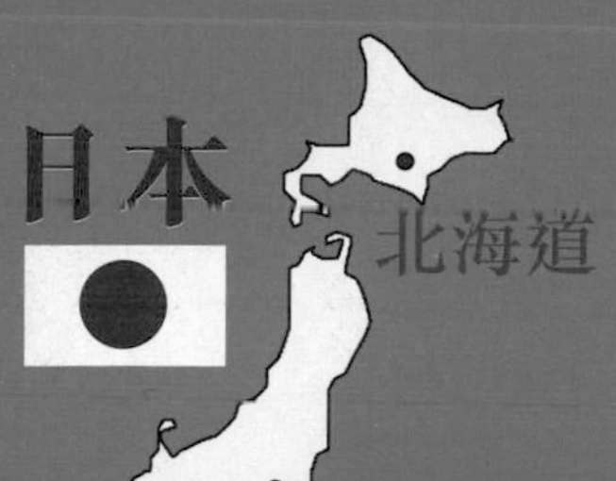


## 關西地區

京都府
兵庫縣
滋賀縣
琵琶湖
金閣寺
嵯峨野
JR京都駅
四日市
有馬
溫泉區
JR新神戸駅
JR大阪駅
JR奈良駅
松阪市
神戸空港
大阪灣
伊勢市
大阪府
鳥羽市
志摩市
三重縣
淡路島
關西空港
奈良縣
和歌山縣
白浜溫泉區

## 專題報導



## 關西食買玩攻略

### 大阪

# 目錄

## 京都



## 神戶



## 奈良

# !!疫下遊日10大須知!!

香港人望穿秋水，終於等到通關可以回鄉。不過今時今日遊日本，與幾年前已有一些變化，加上疫情還在，許多出入境的防疫措施更要嚴格遵守！

## Visit Japan Web

由2022年11月14日起，所有入境日本的旅客，必須使用Visit Japan Web預先登記才可以入境。Visit Japan Web除了取代舊有入境卡和海關申報外，新增了「快速通關」的功能，旅客預先登記護照、針紙等資料。入境時，只要在檢查處出示相關的QR Code，就可以使用電子申報裝置入境。首次登記Visit Japan Web可能會有些複雜，但登記後個人資料會被記錄，以後使用便會方便得多。坊間亦有許多網站或視頻，教你一步一步在網上填寫資料。

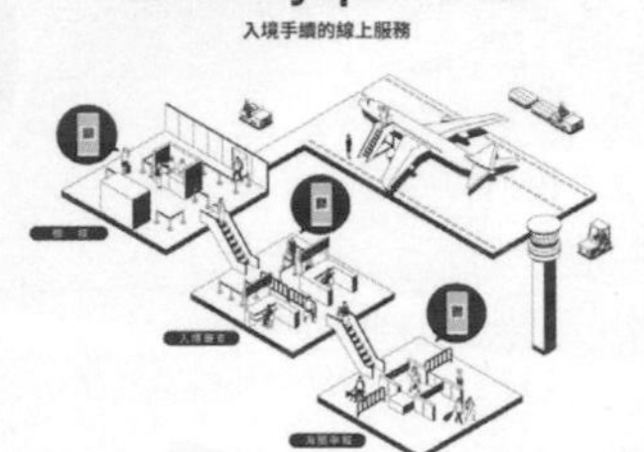

**網站：https://vjw-lp.digital.go.jp/zh-hant/**

## 日本入境疫苗要求

日本政府在2022年10月初更新入境疫苗認可名單，包括：

輝瑞(Pfizer)、阿斯利康(AstraZeneca)、莫德納(Moderna)、強生 / 楊森(Johnson & Johnson / Jassen)、印度巴拉特(Bharat Biotech)、諾瓦瓦克斯(Novavax)、科興(Sinovac)、國藥中生（北京）、印度血清研究所COVOVAX、印度血清研究所Covishield及康希諾生物腺病毒載體（CanSinoBIO Convidecia）

已打齊3劑疫苗（接受混針）的旅客不需核酸檢測，否則要持有出發前72小時內的認可檢測證明，方可入境。但無論是否種疫苗，入境後都毋須隔離。

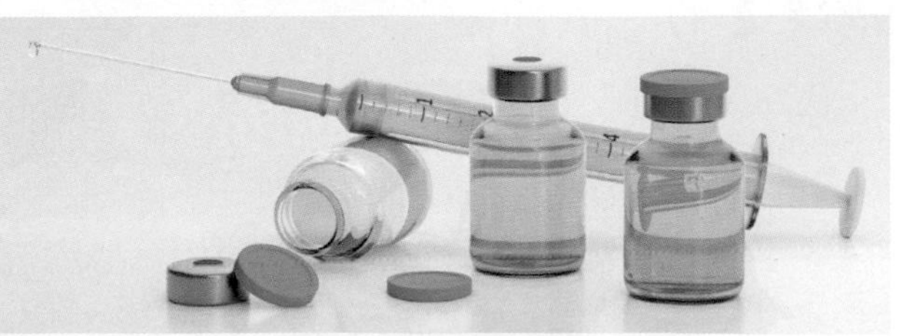

## 消費稅

當大家對日本消費稅仍停留在8%的時間，政府已在2019年10月把消費稅調至10%，只有「飲食類商品（酒類與外食除外）」與「報紙」仍保持8%。一般物品或消耗品(食品、煙酒、藥妝)，只要當天同一店家內，未稅金額達¥5000以上至¥50萬以下，即可辦理退稅，方法與疫情之前相同。

## 膠袋

2020年7月1日開始，日本全國實施膠袋徵費，每個膠袋（包括紙袋）商店會徵收¥3-5的費用。其實BYOB（bring your own bag）無論在香港或外地都應遵守。

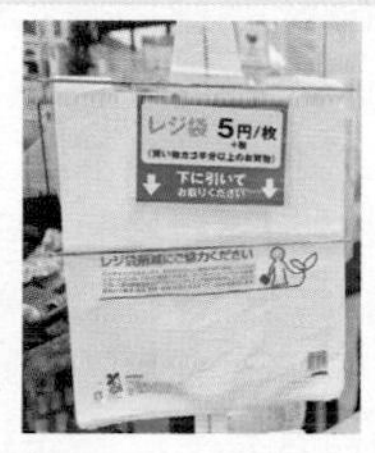


雖然¥5的膠袋費可算微不足道，但大家都應為環保出一分力，盡量自備購物袋。

## 便利店不再便利

日本許多便利店都不再提供24小時服務。

由於人手不足，2019年6月開始，全家便利商店（FamilyMart）率先調整部分分店的營業時間，把晚上11點至早上7點訂為門市休息時間，之後Lawson及7-Eleven也相繼宣佈逐步改變24小時營業的規定。以後三更半夜想搵地方醫肚，可能要靠自動販賣機了。

## 特大行李乘車限制

JR東海、JR西日本及JR九州自2020年5月20日起，規定所有旅客攜帶「特大行李」上車，必須購買「指定席」，並要預約放置行李，否則會被加收¥1,000車資。所謂「特大行李」，就是行李3邊合計超過160-250cm，簡單來說就是超過登機時「手提行李」的規定。現時部分JR列車已設置「特大行李放置處」，供預約旅客放置行李。

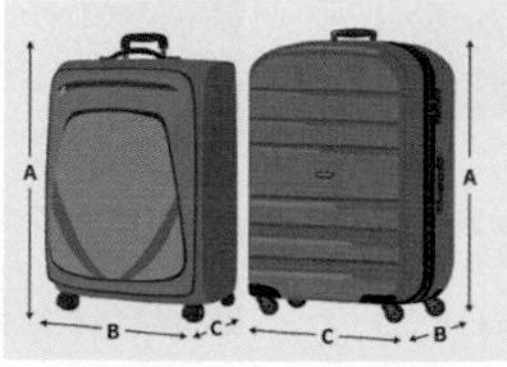


行李的3邊合計(A＋B＋C)超 過160cm、250cm以內便算是特大行李。

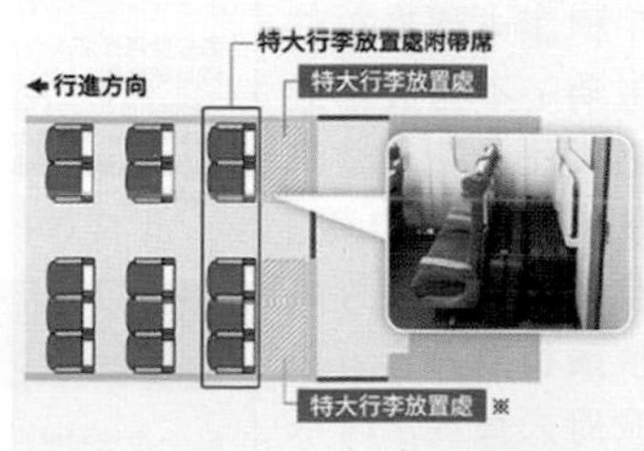


特大行李放置處。

# 口罩戴不戴

日本政府沒有硬性規定要戴口罩，不過為己為人，在室內地方例如商場或公共交通工具內最好配帶。食肆方面，雖然沒有明文規定，不過進食前或離開座時戴上口罩，一般食客都會遵守。另外在酒店的公共範圍（房間以外），亦規定要配帶口罩。

# 旅遊期間中招怎麼辦？

如果在旅遊期間懷疑中招，應該儘快作快速檢測，如果是陽性，不論有沒有症狀都應在房間休息，直至轉為陰性才繼續行程。如確診者身體非常不適，切勿直接往當地的醫療機構求醫，可聯絡當地的「就診．諮詢中心」(東京都電話：03-5320-4592，有日．英．中．韓等語言支援），等待進一步安排。

如果旅遊期間不幸確診，一定要回復陰性才許可登機。

**網址**：**https://www.c19.mhlw.go.jp/area-ct.htm**

如果選擇在酒店休息，請留意回程日期，因確診者**絕不容許登機**，應預算康復時間（一般為三至五日），再考慮更改訂房及航班日期。

# 回港健康申報

截至2022年12月底，香港政府已撤銷了大部分入境的防疫規定，但仍要求抵港人士或登機前24小時內做快測，或48小時內的核酸檢測。至於強制填電子健康申報表亦已取消，不過鼓勵抵港人士填寫「健康及檢疫資訊申報」及保存快測照片或核酸檢測報告，在政府人員要求時以供查核。

香港特別行政區衞生署
HKSAR Department of Health
健康及檢疫資訊申報
Health & Quarantine Information Declaration

歡迎使用抵港人士「健康及檢疫資訊申報」
Welcome to use "Health & Quarantine Information Declaration" for inbound travellers

遞交健康申報表
Submit Health Declaration Form

私隱政策 Privacy Policy

請注意：任何人在任何要項上提供虛假或具誤導性資料即屬犯罪。一經定罪，可處罰款及監禁。
Please note : It is an offence for

# 保險包唔包？

一般的旅遊保險都會包旅遊期間意外受傷的賠償，但確診新冠是否理賠、賠償多少，每間公司都有不同處理方法，所以購買旅遊保險前，一定要查詢清楚。

了解清楚旅遊保險的內容，一家人玩得更安心。

# Links Umeda

JR 御堂筋線梅田駅出站即達

Links Umeda位於Yodobashi 梅田Tower內，於2019年11月正式開幕。B1F到8F有200多間商店，其中B1F的「OISHIMONO橫丁（オイシイもの横丁）」有超過20家特色食肆，「LINKS MARCHE Eat&Walk」內則有大量食物商品以供選擇。以後到大阪駅玩樂又有新選擇。

LINKS Umeda Eat&Walk是購買手信的好地方。

京都勝牛是炸牛排的名店。

U.F.O by Francfranc是Francfranc的新品牌，也是關西地區首間分店。

地址：大阪市北區大深町 1-1
電話：06-6486-2225
營業時間：9:30am-10:00pm，
不同樓層商店食肆有不同營業時間
網頁：https://links-umeda.jp/

# teamLab 長居植物園

JR 御堂筋線長居駅出站即達

長居植物園建於1974年，經翻新後於2022年4月1日重新開放。植物園面積約24萬平方米，長著約1200種植物，更邀得人氣美術館TeamLab進駐，以光影與植物及園景配合，打造不同的藝術作品，更會按季節而更換，成為市內的打卡勝地。

地址：大阪市東住吉區長井公園 1-23
營業時間：7:30pm-10:00pm（亮燈時間），
每月第 2、4 個週一休展
價錢：成人 ￥1,600，中小學生 ￥500
網頁：https://botanicalgarden.ticket.teamlab.art/
註：公園於白天照常開放，
遊客入場後可逗留至閉園才離開

大阪必去新景點

# 通天閣「Tip The Tsutenkaku」「Tower Slider」

2019年12月開幕

2022年5月開幕

地下鐵堺筋線恵美須町駅 3 號出口步行 3 分鐘

通天閣是大阪老牌的景點，但近年也增添了新意，包括增建了離地92米的展望台Tip The Tsutenkaku。在展望台末端，更有一塊透明玻璃地板，讓你鳥瞰大阪市的景色。另外又在通天閣外圍增建超長滑梯Tower Slider。滑梯約22米高，由3樓瞭望台延伸至地下1樓。短短10秒的過程，讓遊客感受速度的快感。

超長滑梯罩著透明玻璃層，既刺激又安全。

展望台位於通天閣塔頂，離地面90多公尺。

**地址**：大阪市浪速區恵美須東 1-18-6

**網頁**：https://www.tsutenkaku.co.jp/

**Tip The Tsutenkaku**

**營業時間**：10:00am-7:50pm

**價錢**：通天閣入場費外另加成人 ¥300，中小學生 ¥200

**Tower Slider**

**營業時間**：10:00am-7:30pm

**價錢**：成人 ¥1,000，中小學生 ¥500（無需購票入場通天閣）

# 中之島美術館

2022年2月開幕

京阪電車中之島線渡邊橋出站步行 3 分鐘

中之島美術館鄰近大阪國立美術館，集中展示現代藝術品，是紀念大阪市建立100周年的項目之一。美術館由日本建築師遠藤克彥擔任設計，以「黑色盒子」的概念，二樓玻璃門繞著建築，令黑色主體像是浮在空中一樣，形象別出心裁。美術館另一主題為「passage」，無論從哪個入口，都可進入美術館，寓意藝術沒有固定規範，歡迎四方旅客前來參觀。

中之島美術館在1983年已開始籌備，歷時40年才完成。

**地址**：大阪市北區中之島 4 丁目 3-1

**營業時間**：10:00am-5:00pm，周一休息

**價錢**：不同展覽有不同收費

**網頁**：https://nakka-art.jp/tc/

# 環球影城 超級任天堂世界園區

大阪乘 JR 環狀線至西九条駅，轉乘夢咲線至環球影城駅即達

環球影城在疫情期間依然沒有放下腳步，在2021年推出了全新園區Supor Nintondo World，並邀得任天堂的王牌遊戲設計師宮本茂操刀設計。整個園區分為餐飲區、遊樂及體感設施，與及手信店。園區兩大機動遊戲瑪利歐賽車及耀西冒險，讓遊客能親身體會Super Mario中的經典遊戲。遊客更可以戴上能量手環，參加園內的互動遊戲，與其他玩家一較高下。

2021年3月開幕

耀西冒險。

遊客可配戴不同款式的能量手環，參加園內的互動遊戲。

瑪利歐賽車。

**地址**：大阪市花區櫻島 2 丁月 1 番 33 號
**網頁**：https://www.usj.co.jp/web/ja/jp
（環球影城詳情請參閱 F2 0）

# RINKU PREMIUM OUTLET

2020年8月開業

JR 關西機場線或南海機場線「機場急行」於「りんくうタウン駅」下車即達

距離關西機場只有一站之隔的臨空城RINKU PREMIUM OUTLET，已於2020年夏季有新面貌，未來店舖總數量將達260間，並把鄰近沿海地區納入商場範圍，打造豪華露營區及綠化空間，成為全日本首座可以購物兼露營的OUT-LET。

除了購物，遊客亦可租用臨海的小屋留宿，租金¥ 7,000-14,999（每人/每晚）。

**地址**：大阪府泉佐野市 Rinku 往來南 3-28
**營業時間**：10:00am-8:00pm，二月 10:00am-7:00pm，每年二月第三個周二休息
**網頁**：www.premiumoutlets.co.jp/en/brands

# 環球影城 UNIVERSAL ★玩到唔捨得走★

大阪乘 JR 環狀線至西九条駅，轉乘夢咲線至環球影城駅即達

**Map**10-2

親子關西遊首站一定是大阪的環球影城。環球影城簡稱USJ(UNIVERSAL STUDIOS JAPAN)，於2001年開業，是亞洲第一個電影主題樂園。影城分為荷里活區、侏羅紀公園、紐約區、環球奇境、親善村、哈利波特魔法世界及迷你兵團園區，更在2021年新增超級任天堂世界園區，而影城亦不時舉行與不同人氣動漫和遊戲聯乘的活動，設有適合不同年齡的機動遊戲及裝置，令一家大細都玩得盡興。

**地址：**大阪市此花區櫻島 2-33　電話：06-6465-3000　**網頁：**www.usj.co.jp
**營業時間：**開門時間有多個：8:30am、9:00am、9:30am 及 10:00am，關門時間也分多個，7:00pm-10:00pm 之間，視乎日子而定，沒有既定規律，建議出發前於網上查閱

## 門票

門票1天券成人1天門票(含稅)成人￥8,200起、小童￥5,400起、長者￥7,400起，2日門票(含稅)成人￥16,600起、小童￥10,500起，1.5日門票(含稅)成人￥13,400起、小童￥8600起。

## 快證 Express

購買快證免卻排隊之苦。快證有多種選擇，例如Express 7可選7種遊戲、Express 4可選4種遊戲等，如此類推。每種快證的遊戲組合亦有不同，購買前請記得看清楚。

※ 快證包含「哈利波特的魔法世界」及「超級任天堂世界」園區入場保證券

※ 須另購門票或持全年通行證才能入園

※ 可即場購買，但數量有限，售完即止

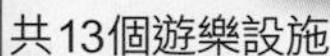

| Express~ Premium~ (由￥14,700(含稅)起) | 共13個遊樂設施 |
|---|---|

| Express 7 (由￥10,800(含稅)起) | Express 4 (由￥6,800(含稅)起) | |
|---|---|---|
| Express 7 ~飛天翼龍&侏儸紀公園~ | Express 4 ~飛天翼龍~ | Express 4 ~迷你兵團乘車遊~ |
| Express 7 ~逆轉世界&蜘蛛俠~ | Express 4~太空幻想列車~ | |
| Express 7 ~太空幻想列車~ | Express 4~FUN RIDE~ (不含「哈利波特的魔法世界園區入場保證券」) | |
| Express 7 ~歡樂好聲音巡迴演唱會~ | Express 4~Variety Choice~(由￥5,800(含稅)起) (不含「超級任天堂世界園區入場保證券」) | |

※ 截至2022年12月
※ 上表為一般快證分類。若園內有期間限定節目，各種快證會根據情況而改變內容或停止發售，敬請購買前參考官方網頁。

# 環球影城好玩推介

## 【迷你兵團園區】

園區布置成犀利哥和迷你兵團居住的小鎮，全區的焦點就是「迷你兵團乘車遊」，在直徑20米的巨大半球形螢幕上投射出5K影像，令人身歷奇景。園區更設小食店、精品店出售獨家周邊商品，從零食、玩具及服飾都一應俱全。

入此園區須取得園區入場保證券

## 【哈利波特魔法世界】

區內重現霍格華茲魔法學校及活米村，乘坐鷹馬在空中翱翔，飽覽海格小屋和南瓜田的美妙景色；也可踏足巫師們的消閒購物勝地活米村」，品嘗和購買魔法界食品及精品。

入此園區須取得園區入場保證券

## 【超級任天堂世界園區】

園區佈滿超級瑪利歐遊戲的機關。利用另購的「能量手環」跟環球影城官方APP連接，啟動機關，收集鑰匙、金幣等，接受關鍵挑戰，享受仿如遊戲中的大冒險！園區內主要的機動遊戲「瑪利歐賽車」運用新技術，令遊戲更真實刺激，讓人全身投入驚險的遊戲世界裡。

## 【紐約區】

紐約是蜘蛛俠的主場，所以這裡順理成章以他為焦點。此外，大隻佬未來戰士也加入戰場，為遊客帶來無限驚喜。

## 【環球奇境】

USJ內較適合幼童玩樂的地方，兩大鎮場巨星Hello Kitty及Snoopy，加埋芝麻街一眾街坊，這陣勢根本是冇得輸！

# 巨無霸級水族館 海遊館

Map10-2

🚗🚌 地下鐵中央線大阪港駅 1 號出口步行約 7 分鐘

海遊館於1990年開幕，至今仍是全球數一數二的大型水族館。海遊館樓高8層，分不同的地域生態。海遊館其中一大特色是遊客跟生物的距離相當近，而且觀賞路線緊湊，遊覽體驗十分好。走到出口之前，館方更開設「馬爾代夫專區」，讓遊客可以親手接觸活生生的鯊魚和魔鬼魚，非常難得！

館內7/F每日有海豚餵食時間，不可錯過！

入場後就見紀念品店，鯨鯊及各種動物的精品，超可愛！

**cafe R.O.F (4F)**
一部分座位能看到水槽，不妨在這裡吃點東西休息下。



**Drinky Stand SEA SAW (2F)**
可在這裡購買小食及飲品補充體力，亦有不少限定造型食品。

## INFO

**地址**：大阪府大阪市港區海岸通り1-1-10 **電話**：06-6576-5501
**營業時間**：10:00am-8:00pm；周六、日、假日開9:30am
**網頁**：www.kaiyukan.com
**門票**：大人￥2,700；小中學生￥1,400；4歲以上幼兒￥700

## 主區 8/F-5/F

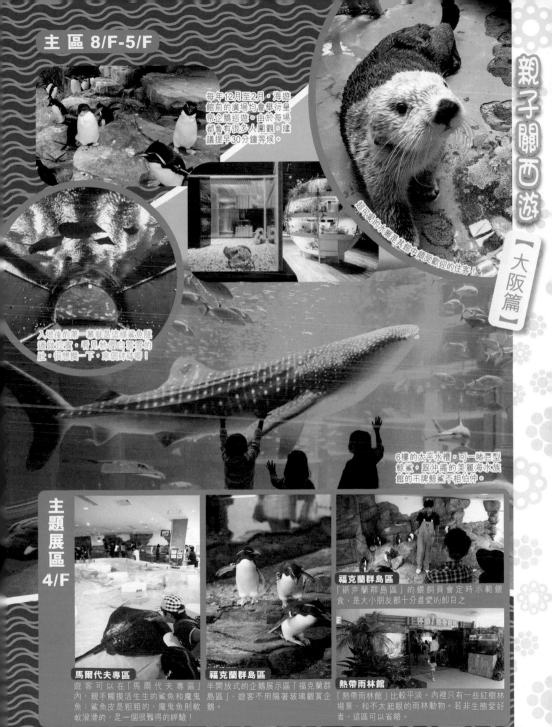

每年12月至2月，海遊館前的廣場均會舉行皇帝企鵝巡遊。由於每場都會有很多人圍觀，建議提早30分鐘等候。

超可愛的水獺是其館中頗受歡迎的住客！

入場後的第一幕就是這條鯊魚隧道做迎賓，看見牠們白雪雪的肚，很想摸一下，來個砵砵啊！

6樓的太平水槽，可一睹巨型鯨鯊，跟沖繩的美麗海水族館的王牌鯨鯊不相伯仲。

## 主題展區 4/F

**馬爾代夫專區**

遊客可以在「馬爾代夫專區」內，親手觸摸活生生的鯊魚和魔鬼魚；鯊魚皮是粗粗的，魔鬼魚則軟軟滑滑的，是一個很難得的經驗！

**福克蘭群島區**

半開放式的企鵝展示區「福克蘭群島區」，遊客不用隔著玻璃觀賞企鵝。

**福克蘭群島區**

「福克蘭群島區」的餵飼員會定時示範餵食，是大小朋友都十分喜愛的節目之

**熱帶雨林館**

「熱帶雨林館」比較平淡。內裡只有一些紅樹林場景，和不太起眼的雨林動物。若非生態愛好者，這區可以省略。

# 新感官動物園 Expocity-Nifrel

**交通**：地鐵御堂筋線千里中央駅，轉乘モノレール單軌電車於「万博記念公園駅」下車步行約3分鐘

這個由大阪海遊館設計及管理的新潮室內動物園 － Nifrel。從英文字面讀，完全不知其解釋；但當了解過此名其實是日文（ニフレル）的譯音，就明白其意思是解「接觸」。

全館主要分為3區：魚缸區、大型獸籠區及動物開放區。相比起一般的水族館，這裡的確可以極近距離觀賞不同種類的動物，觀感較貼身及強烈。對於小朋友來說，五光十色的燈光設置，的確可以吸引他們的注意。

動物造型的限定紀念品，也是館內的亮點之一。

Wonder Moments「大型球體燈光投射裝置」，球體內所投射的影像，沒有特別主題，不過大小朋友都看得極興奮。

大型獸籠區裡有大鱷魚、白老虎和河馬，累了的話，這裡有咖啡座，食物的賣相味道俱佳，值得一試！

珍貴的白老虎整天在假山跑來跑去，精力十足。

好戲在後頭，走過九曲十三彎，終於到了開放區：猴子大塘鵝貓頭鷹大嘴鳥就在這偌大的空間自由走動，幸運的話，牠們會在你身邊走過。當然，大家只可眼看手勿動，請勿多手摸摸。

雖說是魚缸，但可以一次過近距離觀賞過百種海洋生物，算是物有所值。

**INFO**

**地址**：大阪吹田市千里万博公園2-1

**時間**：平日10:00am-6:00pm；周六、日9:30am-7:00pm

**網頁**：www.nifrel.jp/

**入場費**：大人￥2,000、中小學生￥1,000、3歲以上幼兒￥600

樂高城市縮影

# Legoland Discovery Center

地鐵中央線大阪港駅 1 號出口步行約 5 分鐘

Map 10-2

位於天保山的Legoland Discovery Center是Legoland主題公園的縮細版，面積雖小但設施應有盡有。除了招牌的Miniland把大阪的地標濃縮成Lego景區，還有機動遊戲Kingdom Quest及Merlin's Apprentice Ride，雖然刺激性一般，但和小朋友一起玩就啱啱好。

Kingdom Quest一家人可以坐在車上射擊沿途的目標。

**地址**：大阪市港區海岸通 1-1-10 天保山 Market Place 3/F
**電話**：06-6573-6010　**網頁**：https://www.legolanddiscoverycenter.com/osaka/
**營業時間**：10:00am-6:00pm(結束 2 小時前停止入場)
**費用**：幼兒 (0-2) 免費，3 歲以上 ¥2,800，網上預訂 75 折起
**註**：1. 憑大阪周遊卡可以免費入場
2. 成人 (16 歲以上) 必須攜同小朋友 (15 歲以下) 才可進場

DIY即食杯麵

# 杯麵發明紀念館
(カップヌードルミュージアム)

CUPNOODLES MUSEUM

梅田駅乘坐阪急電車宝塚線，於池田站寿美町出口，步行約5分鐘

大家對安藤百福可能比較陌生，但如果稱他為日清杯麵的發明人，大家可能會熟悉得多。安藤百福是台裔日籍發明家，於1971年在池田市的家中發明即食麵，所以紀念館就建在發祥地池田市。在杯麵發明紀念館中，遊客可了解杯麵的發明和演變過程、世界各地不同版本的杯麵，甚至可以做一個由包裝至餡料都是獨一無二的杯麵。

**地址**：大阪府池田市寿美(ますみ)町 8-25　**電話**：072-752-3484
**營業時間**：9:30am-4:30pm (周二休息)
**網頁**：www.cupnoodles-museum.jp/ja/osaka_ikeda/
**門票**：免費入場；自製即食麵中學生以上 ¥1,000、小學生 ¥600，須網上預約；自製杯麵 1 個 ¥500，需拿籌

細路放電站

# Kids plaza

地下鐵堺筋線「扇町」駅2號出口即達；JR環狀線「天滿」駅徒步約3分鐘

大人去大阪玩，景點多的是。若帶「小魔怪」同行的話，最好是讓他們先「放電」，滿足了他們的需求，往後的旅程才有好日子過。

Kidsplaza交通便利，就在JR天滿駅旁，由JR大阪駅出發只需3個站。樂園本身就在大樓內，共佔3層。由角色扮演、科學探知，以至高能量運動的遊樂場統統齊全。如有同行嬰幼兒，不用擔心，這裡有一個幼兒玩樂區，適合2歲左右小寶寶安靜地玩玩具，又有免費的嬰兒車寄存服務。對於那些「有大又有細」的家長，這裡的設施絕對照顧到你的需要。

2歲以下的小寶寶們可以在嬰幼兒專區玩玩小積木，跑跑跳跳絕對無問題。

**地址**：大阪市北區扇町2-1-7　電話：06-6311-6601
**時間**：9:30am-4:30pm；休館日：每月第2和第3個禮拜的星期一、8月則第4個禮拜的星期一、年初年尾(12月28日-1月2日)；關門前45分停止購票進入
**費用**：成人¥1,400；小學生¥800；3歲或以上幼兒¥500；65歲或以上長者¥700
**網頁**：www.kidsplaza.or.jp

# 萬博BEAST 全球最大攀登架

地址：吹田市千里萬博公園
營業時間：10:00am-4:30pm
門票：成人 ¥3,500，中小學生 ¥3,000（每小時）
網頁：https://www.se-amuse.jp/bampakubeast/

**交通**：乘大阪單軌電車至萬博紀念公園（大阪）駅，出站即達

2022年起，往萬博紀念公園除了參觀巨型雕塑「太陽之塔」外，更可以在戶外冒險體驗裝置「萬博BEAST」挑戰身手。萬博BEAST由德國專家打造，六角形的巨形攀登架分為4層遊樂設施，總高度24公尺，佔地面積達926平方公尺。萬博BEAST內設有 120 種遊樂體驗，包括繩索攀爬、空中步道、空中腳踏車及高空滾軸等，遊戲有不同難度，挑戰參加者的平衡及手腳協調性。

## 大人氣恐龍滑梯

# 頑皮王國

**地址**：大阪府阪南市山中渓119-8
**電話**：072-472-1890
**網頁**：https://www.city.hannan.lg.jp/kakuka/toshi/douro/koenkankei/wanpaku.html

位於阪南市的頑皮王國（わんぱく王国），雖然比較偏遠，但因為公園內的設施超有特色，吸引很多本地爸媽帶著小朋友來親子樂。園內有一條長達200米滾軸式滑梯，是全關西第二長的滑梯，其最大特色是滑梯終點為一座巨型大恐龍口，等著把人吞下肚。瀡進去的那一刻，還能聽到恐龍發出的吼叫聲，令小朋友玩得不亦樂乎。

身高10米的恐龍，張大口迎接大家到來。

記得自備紙皮墊著玩，比較安全。

# 花海X摘草莓X動物園
# Harvest Hill

南海電車「泉ケ丘」駅轉乘路線巴士至「ハーベストの丘」農場下車

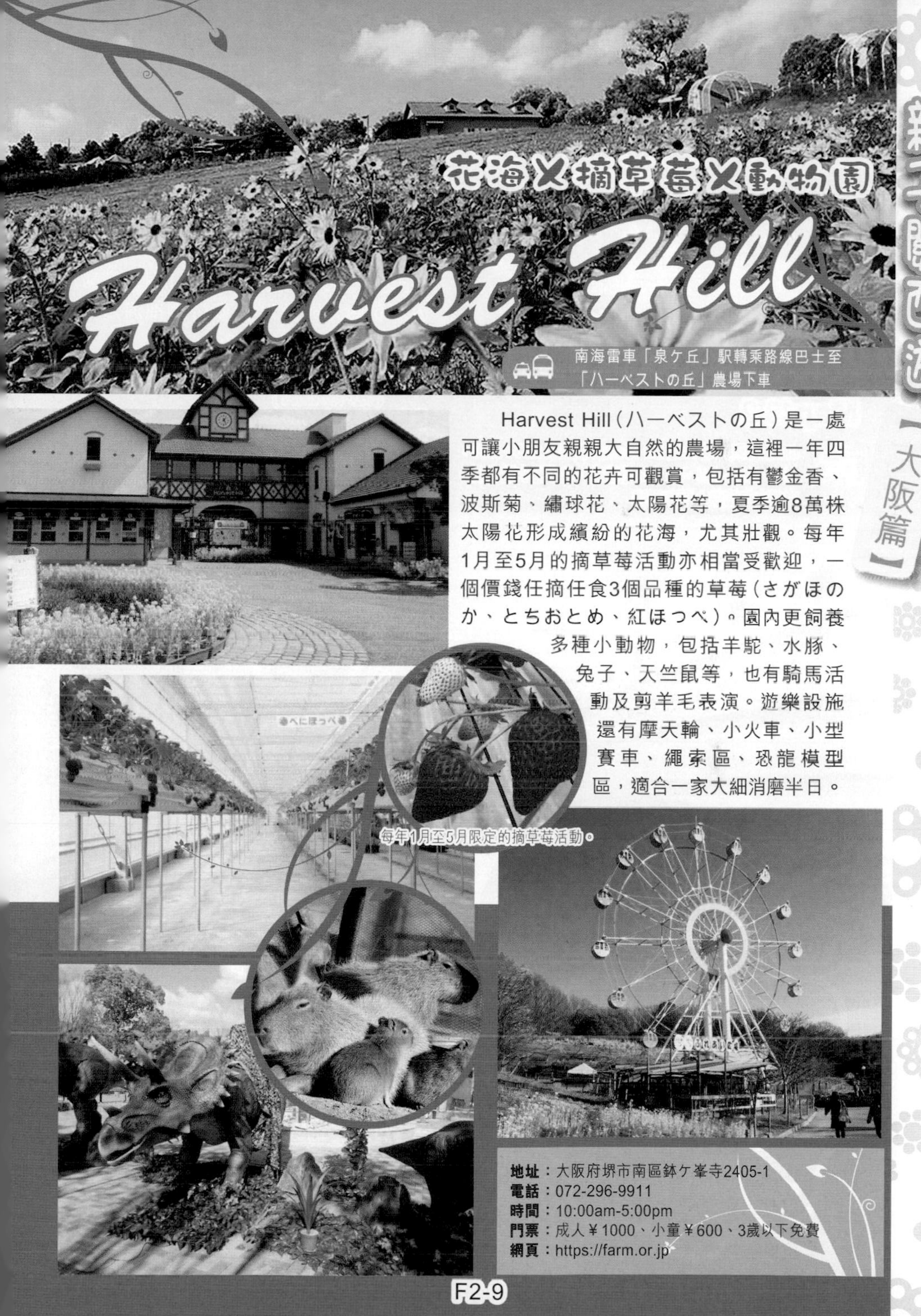


Harvest Hill（ハーベストの丘）是一處可讓小朋友親親大自然的農場，這裡一年四季都有不同的花卉可觀賞，包括有鬱金香、波斯菊、繡球花、太陽花等，夏季逾8萬株太陽花形成繽紛的花海，尤其壯觀。每年1月至5月的摘草莓活動亦相當受歡迎，一個價錢任摘任食3個品種的草莓（さがほのか、とちおとめ、紅ほっぺ）。園內更飼養多種小動物，包括羊駝、水豚、兔子、天竺鼠等，也有騎馬活動及剪羊毛表演。遊樂設施還有摩天輪、小火車、小型賽車、繩索區、恐龍模型區，適合一家大細消磨半日。

每年1月至5月限定的摘草莓活動。

**地址**：大阪府堺市南區鉢ケ峯寺2405-1
**電話**：072-296-9911
**時間**：10:00am-5:00pm
**門票**：成人￥1000、小童￥600、3歲以下免費
**網頁**：https://farm.or.jp

## 日本最大內陸型水族館

# 京都水族館

**Map13-2**

JR京都駅前巴士站B3巴士乘車處乘205、208、103、104、110、86、88號巴士，在「梅小路公園‧京都水族館前」下車即達

京都水族館佔地11,000平方米，它比大阪海遊館擁有更多的戶外空間。除了透過大型的水族箱觀賞海洋生物外，亦設有室外的海豚館，讓旅客一睹聰明的海豚精彩的表演；此外，遊人可以在「京之後山」花園中，欣賞京都四季變幻的景色。水族館又展出一些京都地區獨有的淡水生物，如生活於琵琶湖的川目少鱗鱖及後鰭花鰍，與及只棲息於京都河川，有「活化石」之稱的山椒魚。

**地址**：京都府京都市下京區觀喜寺町35番地の1（梅小路公園內）
**電話**：075-354-3130
**營業時間**：平日10:00am-6:00pm，週六、日及假日或多人日子9:00am-8:00pm
**門票**：成人¥2,200，小童¥1,100
**網頁**：http://www.kyoto-aquarium.com/

室外的海豚館，讓旅客一睹海豚精采表演之餘，配合不同花期更有獨特的景觀。

蒸汽火車「Steam號」來回博物館與京都站，車程約10分鐘，每小時兩至三班，車費成人￥300円，小童￥100

戶外的百年扇形車庫。

# 銀河鐵道真實版 Map 13-2
# 京都鐵路博物館

JR京都駅前巴士站B3巴士乘車處乘205、208、103、104、110、86、88號巴士，在「梅小路公園．京都鐵道博物館前」下車即達

京都鐵路博物館於2016年4月開幕，旋即成為京都人氣景點。博物館展示了從蒸汽火車到新幹線共53輛的真火車，包括國鐵最大的C62型蒸汽火車，與及0系列新幹線1號車。除了火車任睇任摸，博物館還以很多互動有趣的方式，解構火車以至整個鐵路系統的運作。玩完室內，遊客可以到3樓的展望台，近距離觀看JR京都線和東海道新幹線各類列車的風采，又可以到戶外的扇形車庫，一睹明治至昭和具代表性的蒸汽火車。意猶未盡，還可以乘坐「蒸汽火車Steam號」，由博物館來回京都站，親身感受蒸汽火車的魅力。

館內展示超過50輛不同年代和型號的列車。

**地址**：京都府京都市下京區觀喜寺町
**電話**：075-323-7334
**營業時間**：10:00am-5:00pm，周三休息
**門票**：成人 ￥1,200，小童 ￥500，
乘坐 Steam 號需另外購票
**網頁**：http://www.kyotorailwaymuseum.jp/

二樓更有「駕駛模擬裝置」體驗，而且是新幹線駕駛員的實際訓練級裝置。

圖片來源：FB@神戶動物王國



# 零距離接觸 神戶動物王國

Map 22-10

JR 三宮駅轉乘 Port Liner（空港方向）至「京コンピユータ前（神戸どうぶつ王国）」駅下車南出口即達

神戶動物王國位於神戶機場旁的人工島中，動物園的一大賣點就是整個園區佔70%在室內，即使日曬雨淋都不受影響，而且園內設無柵欄式放養，遊客可以與動物零距離接觸，花個￥100即可近距離餵食水豚，順便跟超人氣的動物明星來個Selfie。園區內每日定時有動物表演，戶外廣場有狗狗牧羊表演，室內園區亦有經典的禽鳥飛行Show，各類貓頭鷹、鸚鵡等飛禽從遊客頭頂上低空飛過，贏得全場掌聲。逛累了園區內也有餐廳能醫肚，是適合親子遊的景點。

看著可愛的水豚君在浸溫泉，心都融化了！

花森林餐廳旁有紀念品店「Love Bird」，販售園區一些動物明星的周邊商品。

動物王國內共有4間餐廳，分別為花森林餐廳（自助餐）、WILD CATS（咖喱飯）、羊駝咖啡廳（輕食、飲品）以及Retriever（漢堡）。花森林餐廳內掛滿了花草，完全是一個大溫室空間，一年四季綻放著繽紛的花草植物。

**園區活動時間表**

| 時間 | 活動 | 時間 | 活動 |
|---|---|---|---|
| 11:00 | 企鵝 - 餵點心 | 13:30 | 禽鳥飛行 Show |
| 11:30 | 禽鳥飛行 Show | 14:00 | 海狗 - 餵點心 |
| 12:00 | 小貓熊解說、海豹解說 | 14:15 | 鵜鶘飛行時間 |
| 12:15 | 鵜鶘飛行時間 | 15.00 | 狗兒特技表演 |
| 12:45 | 企鵝 - 餵點心 | 15:00 | 河馬解說 |
| 13:00 | 環尾狐猴解說 | | |

＊各表演時間可能按季節會有所變動，一切以現場公告為準。

## 【室內園區】

### 亞洲森林區

這邊有可愛的小貓熊，安穩地吊在樹上睡覺，每日下午會有小貓熊的解說時間。

### 非洲濕地

大名鼎鼎的鯨頭鸛是這裡的動物明星，牠是來自非洲瀕臨絕種的鳥類。來對時間更可以在這邊看到鵜鶘飛行表演和環尾狐猴的解說。

## 【戶外廣場】

戶外廣場同樣有與動物們接觸的體驗活動，園區依照動物種類規劃了不同的生態區，從水池至草原造景都有，草原區有花鹿、袋鼠、草尼馬（羊駝），更有騎馬體驗以及狗兒特技表演。至於「水之谷」經翻修後已於2019年7月重新啓用，巨大的岩石海岸裡除了有斑海豹、非洲企鵝的展示外，新加入了南美海狗的展示區。

**地址**：神戶市中央區港島南町 7-1-9　**電話**：078-302-8899
**營業時間**：3 月至 11 月：平日 10:00am-5:00pm、周末及假日至 5:30pm
12 月至 2 月：平日 10:00am-4:00pm、周末及假日至 5:00pm
逢周四休息
**門票**：成人 ￥1,800、6-12 歲小童 ￥1,000　**網頁**：www.kobe-oukoku.com

# 六甲山牧場 Map22-10

阪急六甲站轉乘 18 號巴士，然後乘摩耶纜車，再轉乘 Sky Shuttle Bus 接駁巴士直達

六甲山牧場位於瀨戶內海國家公園，佔地二十多畝，飼養著綿羊、牛、馬和山羊等家畜動物約200頭。牧場成立的宗旨是「讓人類接近動物及大自然」，所以設有很多互動區域，例如場內的綿羊可以任意漫遊，遊人可以餵飼動物，四歲以上的小朋友更可試騎身形迷你的果下馬。牧場內又設DIY班，讓遊客親手製作乳產品和擠山羊奶，自己動手製作最天然的食物。

**地址**：神戶市灘區六甲山町中一里山 1-1
**電話**：078-891-0280　**營業時間**：9:00am-5:00pm
**門票**：成人 ￥500、中小學生 ￥200
**網頁**：www.rokkosan.net

# 神戶市立王子動物園

阪急王子公園站步行約 5 分鐘　**Map22-10**

王子動物園佔地約8萬平方米，飼養了逾150種、約810隻動物，包括大象、北極熊、企鵝、長頸鹿等。園方還設計了「北極熊的跳水時間」、「動物連環畫劇」等有趣節目，讓遊客以有趣的角度近距離觀察動物，園內更有機動遊戲樂園及科學博物館，一家大細玩足半天也不會悶。

**地址**：神戶市灘區王子町 3-1　**電話**：078-861-5624
**網頁**：www.kobe-ojizoo.jp
**營業時間**：3-10 月 9:00am-5:00pm、11-2 月 9:00am-4:30pm；周三休息（若是公眾假期則照常營業）
**門票**：成人 ￥600，兒童免費，機動遊戲逐項收費每項約 ￥200-300

# 【大阪人氣美食王】

關西必吃名物

## 章魚燒（たこ焼き）

**交通**：地下鐵谷町線 • 御堂筋線天王寺駅 9 號出口步行約 5 分鐘（Hoop 商場旁）

位於阿倍野的やまちゃん本店，除了是米芝蓮的推介食店之一，更獲得日本美食網站「食べログ」3.59的高評分，拋離大阪各家章魚燒店，穩居榜首。秘訣是使用了雞骨和10多種材料熬製4小時的湯汁，加入麵粉製成粉漿。章魚燒外皮燒得香脆，原味章魚燒不加任何醬料已很入味（BEST ベスト），￥720/8個。

**やまちゃん本店**
**地址**：大阪市阿倍野區阿倍野筋 1-2-34
**電話**：06-6622-5307
**營業時間**：周一至六 11:00am-11:00pm、
周日及假日 11:00am-10:00pm
**網頁**：http://takoyaki-yamachan.net

## 串炸（串かつ）

**交通**：地下鐵御堂筋線動物園前駅 1 號出口步行約 3 分鐘，ジャンジャン (Jan Jan) 橫丁內

同樣獲「食べログ」網站3.59高評分的八重勝，創業至今已超過60年，是新世界的排隊名店。店內環境很傳統樸實，開放式的廚房空間，飄著濃濃的炸物香。串炸價錢出￥100起，店內附有中文菜牌，隨串炸會奉上一盤鮮椰菜片及醬汁，注意醬汁僅限一次沾取。

**八重勝**
**地址**：大阪市浪速區惠美須東 3-4-13
**電話**：06-6643-6332
**營業時間**：10:30am-8:30pm；
逢周四及每月第 3 個周三休息

## 大阪燒（お好み焼き）

**交通**：地下鐵日本橋駅 Namba Walk B26 出口步行 3 分鐘；地下鐵なんば駅（難波）14 號出口步行 5 分鐘

千房燒 ￥1,550

大阪燒又稱御好燒，不同派系的御好燒在食材上各具特色，這間位在道頓堀著名的千房，有許多獨創的菜款，將傳統的豚肉大阪燒，加入海鮮及牛筋及芝士等材料，口感層次豐富。其招牌菜「千房燒」更將原隻鮮蝦連同豚肉、牛肉、章魚、魷魚一起煎香，賣相吸引，呃 like 指數爆燈。

**千房（道頓堀ビル店）**
**地址**：大阪市中央區道頓堀 1-5-5
**電話**：06-6212-2211
**營業時間**：周一至六 11:00am-1:00am、
周日及假日 11:00am-12:00mn
**網頁**：www.chibo.com/han

## 拉麵（ラーメン）

**交通**：JR 大阪環狀線福島駅步行 1 分鐘；JR 東西線新福島駅步行 2 分鐘；阪神電鐵福島駅步行 2 分鐘

於「食べログ百名店 2017」大阪拉麵10強排行榜中奪冠，當店人氣No.1的「金色貝そば」，湯底以貝類海鮮加入醬油熬製，口感清爽且充斥著鮮味；另一款人氣之選「紀州鴨そば」，香噴噴的鴨裏脊肉經過稻燒炙烤手法炮製，肉嫩多汁，最後灑上蔥花、洋蔥、柚子皮令海鮮味提升，難怪紅遍大阪。

紀州鴨そば ￥870

金色貝そば ￥780

**燃え麺助**
**地址**：大阪市福島區福島 5-12-21
**電話**：06-6452-2101
**營業時間**：周二至六 11:00am-3:00pm、
6:00pm-9:00pm；
周日及假日 11:30am-4:00pm
（周一休息）

# 【京都不可錯過的美食】

## 懷石料理

「懷石」指的是僧人在坐禪時在腹上放上暖石以對抗飢餓的感覺。完整的懷石料理可分為14道菜，對食材極為考究，更不時不食，甚至連食器都非常講究。推薦下鴨神社附近的吉泉，隱身於「糺の森」的叢林裡，是米芝蓮三星食肆。在古色古香的京都吃這傳統的料理感覺特別匹配。

**吉泉**
**地址**：京都市左京區下鴨森本町
**電話**：075-711-6121（預約專用）
**營業時間**：12:00nn-2:30pm；6:00pm-10:00pm
**網頁**：www.kichisen-kyoto.com
**人均消費**：午餐 ¥15,000-20,000，
晚餐 ¥24,000-40,000

## 豆腐料理

平平無奇的豆腐，在京都卻成為了全國知名的料理。京都的豆腐之所以出色，和京都的好山好水，與及豆腐職人精湛的技巧不無關係。在豆腐料理中有一道生湯葉刺身，就是豆乳煮熱時上面的腐皮，吃時沾上醬油，好像吃魚生一樣，非常有特色。

**清水順正おかべ家**
**地址**：京都市東山區清水2丁目清水寺門前
**電話**：075-541-7111
**營業時間**：10:30am-5:00pm

**奥丹**
**地址**：京都市東山區清水3丁目340番地
**電話**：075-525-2051
**營業時間**：11:00am-4:30pm；
周六日至5:30pm（周四休息）

## 川床料理

所謂川床料理，可形容為在河川旁用膳，以京都市中心的鴨川旁，與及近郊的貴船最為著名。特別是貴船，既有河川又有樹蔭，所以是京都人避暑勝地。川床料理除了全套會席，也有簡單版的流水麵，同樣充滿特色又好玩，是京都夏季必吃的料理。

**ひろ文**
**地址**：京都市左京區鞍馬貴船町87
**電話**：075-741-2147
**營業時間**：
川床料理：11:00am-2:30pm，17:00-9:30pm(L.O.9:00pm)
流水麵供應日期：5月至10月中旬(11:00am-3:00pm)
**網頁**：http://hirobun.co.jp

# 【神戶吃貨揮手區】



## 明石燒

神戶的明石燒就等如大阪的章魚燒，都是廣受歡迎的庶民美食。明石燒源自距離神戶十分近的兵庫縣的明石，在急流的明石海峽中捕獲的真蛸(章魚的一種)，加上雞蛋，便成為明石燒。它沒有章魚燒粉狀的感覺，是鬆軟的煎蛋，而且是放湯吃的。

**たちばな明石燒**
**地址**：神戶市中央區三宮町 1-8-1 San Plaza B1/F
**電話**：078-391-3793
**營業時間**：11:00am-6:00pm

## 神戶牛

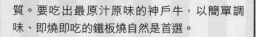

神戶牛其實是對但馬牛、佐賀牛、松阪牛及近江牛的統稱，這些牛種全部於兵庫縣出生及長大，並會獲政府頒發列明血統及打上鼻印的「子牛登記證」。牛肉亦會按肉質及脂肪的分布程度而分A1至A5級，當中以A5為最優質。要吃出最原汁原味的神戶牛，以簡單調味、即燒即吃的鐵板燒自然是首選。

**モーリヤ**
**地址**：神戶市中央區下山手涌 2-1-17（本店）
**電話**：078-391-4603
**營業時間**：11:00am-10:00pm
**網頁**：www.mouriya.co.jp

**MISONO**
**地址**：神戶市中央區下山手通 1-1-2 MISONO 大樓 7-8/F
**電話**：078-331-2890
**營業時間**：11:30am-2:30pm；5:00pm-10:00pm
**網頁**：http://misono.org

## 炒麵飯(そばめし)

據説這料理源於什錦燒的店家，將客人帶來的便當冷飯，加入什錦燒的炒麵一起拌炒而誕生。除了麵和飯，炒麵飯一般會加上牛筋及蒟蒻等配菜。這料理材料雖極平凡，卻非常惹味，是神戶另一著名的庶民美食。

**青森**
**地址**：神戶市長田區久保町 4-8-6
**電話**：078-611-1701
**營業時間**：11:30am-2:30pm，5:00pm-9:00pm（周二休息）

關西地區的水產市場，不僅規模大、環境又企理，攤販的叫賣聲此起彼落，非常有氣氛！重點是有大量平靚正海鮮美食供應，各式刺身、蔬果等通通都買得到，更可體驗到日本獨有的文化。

## 木津卸売市場

**大阪**

地下鐵御堂筋線、四つ橋線大國町駅 1 號出口步行約 3 分鐘

黑門市場以外的識途老馬入貨之選，至今已有300年歷史的木津市場，有近200間店舖出售各類水果、海鮮、肉類及乾貨等新鮮食材，而且大多十分便宜，當造水果數百円就有交易，價錢比香港平一大截。市場內還有不少熟食小店，一份新鮮的雜錦刺身也只需￥800，要注意所有店舖都只營業至中午，而且平日多以批發為主。遊客不妨安排每月特定的「朝市」活動日到訪，現場有提供熟食攤位、鮪魚解體 Show，十分熱鬧。

當地人採購食材的傳統市場。

**地址**：大阪市浪速區敷津東 2-2-8　**電話**：06-6648-1900
**網頁**：http://kiduichiba.jp/
**營業時間**：商店 5:00am-11:00am、
食肆營業至 12:00nn 或 1:00pm
（逢周三、日不定休）
＊朝市活動於每月第 2 及最後一個周六舉行（詳情請看官網）

## 【店舖精選】

### 小林商店

全場人氣最旺的水果店，整箱購買價錢更抵而且方便寄艙，付費後店方還會提供紙盒和幫忙把水果包裝好。

### まるよし

明治33年創業至今逾百年的まるよし，價錢公道及食材，雜錦刺身丼、壽司盛也只是￥1,000；海膽丼也只是￥1,500，鮮甜的海膽一片片鋪滿飯面，用料十足。

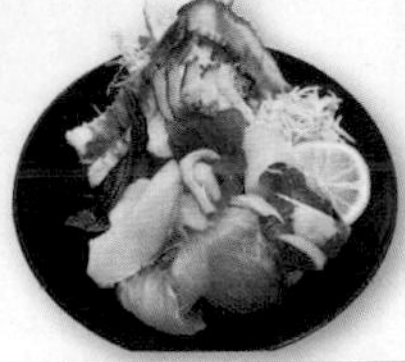

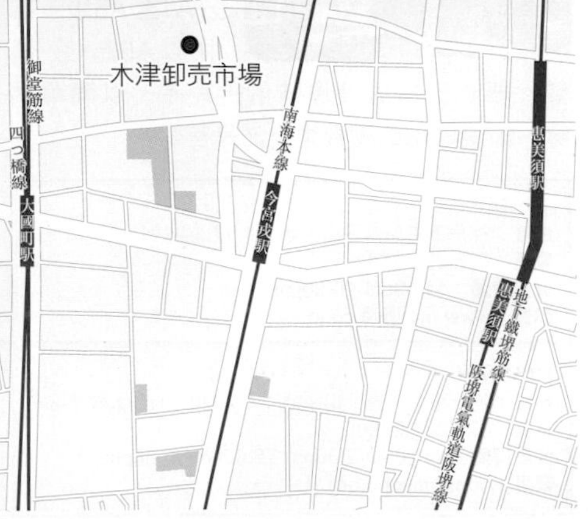


**營業時間**：5:00am-1:00pm（逢周日休息）

## 黑門市場 Map 8-1

地下鐵千日前線日本橋駅 10 號出口步行 2 分鐘

素有「大阪の台所」(大阪廚房)之稱的黑門市場，是遊客必訪的市場。雖然有人嫌這裡愈來愈商業化，但市場內聚集了150間店鋪，無論是海鮮、水果、超市抑或藥妝店等都找得到，絕對夠大家逛個半天。

**地址**：大阪市中央區日本橋 2-4-1
**電話**：06-6631-0007
**營業時間**：8:00am-5:00pm（各商店略有不同）
**網頁**：www.kuromon.com

## 【黑門市場必吃】

### 黑門三平

位於大阪黑門市場的正中心的燒烤海鮮專賣店，每論是大蝦、龍蝦、螃蟹或干貝，全部烤得令人垂涎欲滴、無法抗拒。

**地址**：大阪市中央區日本橋 1-22-25
**營業時間**：9:00am-3:00pm

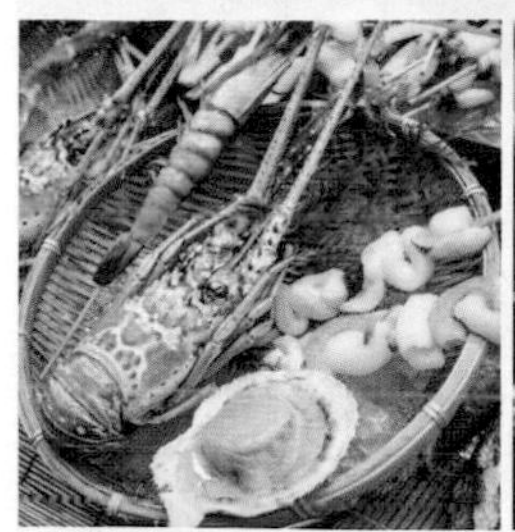

### KUSHISEI 串誠

明治33年創業至今逾百年的まるよし，價錢公道及食材，雜錦刺身丼、壽司盛也只是￥1,000；海膽丼也只是￥1,500，鮮甜的海膽一片片鋪滿飯面，用料十足。

**地址**：大阪市中央區日本橋 2-2-17
**營業時間**：9:30am-5:00pm

### 浜藤河豚（黑門店）

80多年老店，以河豚料理聞名，由專業料理師主理，無論是河豚魚生、河豚火鍋或炸魚塊，都讓客人食得安心放心。

**地址**：大阪市中央區日本橋 1-21-8
**營業時間**：11:00am-10:00pm

# 道の駅 舞鶴港とれとれセンター

京都

JR 西舞鶴駅下車，轉乘的士約 10 分鐘

距離京都市中心約2個小時車程的「舞鶴市」，面臨日本海若狹灣的舞鶴港，京阪很多食肆用的海鮮均來自這裡。佔地超過17,000平方呎，規劃井然有序，市場內分為海鮮區和特產區及退稅櫃位，全部即叫即宰，可選擇刺身或現烤，一大盤海鮮BBQ都只是￥1,000起。

**地址**：京都府舞鶴市字下福井 905 番地
**電話**：077-375-6125
**營業時間**：9:00am-6:00pm（周三休息）
**網頁**：https://toretore.org

# 錦市場

京都

地下鐵烏丸線四条駅 21 號出口步行約 4 分鐘

錦市場已經有成400年歷 史，向來有「京都廚房」之稱。 此街長達390米，貫通寺町京都至高倉通。街內有近130間店鋪，售賣京野菜、乾 物、菓 子、海鮮、漬物和壽司等不同食物，很多店鋪還提供試食，讓客人揀啱口味才出手掃貨。

人氣攤檔「鮮魚 木村」提供肥美新鮮的刺身串，是市場的必吃美食。

**地址**：京都市中京區錦小路通　**電話**：075-211-3882
**營業時間**：9:00am-6:00pm ( 視乎各店而異 )
**網頁**：www.kyoto-nishiki.or.jp

# 和歌山2大魚市場

和歌山縣有兩大魚市場，分別是「とれとれ(Tore Tore)」及「黑潮市場」，前者面積較大、佔地約5萬平方米，感覺也比較平民地道；黑潮市場則規劃得很企理整齊，但較為商業化。兩個市場每天都有吞拿魚解體Show，可以買到超新鮮的Toro刺身，吃到食材本身的鮮美。兩個市場均有燒烤區，選好海鮮後交給魚擋師傅代為處理即可，但Toretore每人需另付￥300作開爐費，而黑潮市場的燒烤場則屬於免費設施。

## 黑潮市場

和歌山

南海電鐵「和歌山市駅」乘42或117號巴士於MarinaCity（マリーナシティ）總站下車即達

市場內有大量梅酒、農產品、海鮮乾貨出售，種類之多宛如超市般精采。

每天有三場吞拿魚解體Show。

**地址**：和歌山市毛見1527
**電話**：073-448-0300
**營業時間**：10:00am-5:00pm
**解體Show時間**：每日12:30nn
**網頁**：www.marinacity.com/chi/ichiba

## 白浜とれとれ Toretore

和歌山

從JR「白浜駅」乘明光巴士，在「Toretore市場前」站下車即達

除了大量海鮮攤檔，Toretore內更有藥妝店，並附設100円貨架。

**地址**：和歌山縣西牟婁郡白浜町堅田2521
**電話**：073-942-1010
**營業時間**：8:30am-6:30pm
**網頁**：https://toretore.com/

# 【HK$100以下



搜羅伴手禮要照顧到荷包能力，小編精選了HK$100以下的熱門土產，當中有2018年全新版的人氣零食，還有一大堆美妝用品等你入手。

**(a)Pablo 半熟芝士撻 ￥900**

於大阪心齋橋排晒長龍的元祖級芝士撻Pablo，最具人氣的半熟芝士撻，內餡是爆漿的芝士醬，入口即融。

**(b)老爺爺芝士蛋糕 ￥865**

「大阪りくろ（Rikuro)」的芝士蛋糕口感綿密輕盈，採用丹麥忌廉、北海道十勝牛乳及日本土雞蛋炮製，每一個直徑18cm。

**(c) 食倒太郎布丁 ￥1,180/3個**

食倒太郎是大阪的代表人物，與堂島布丁聯乘的周邊商品，盒內有三頂食倒太郎的帽子，包裝可愛。

**(d)PRINT COOKIE x CRAY-PAS ￥648/盒**

由經典蠟筆品牌Sakura Coupy Pencil推出的仿蠟筆包裝零食，同系列還有威化餅、蛋卷及朱古力豆等產品，用完鐵盒又可收藏，只限關西發售。

**(e) UHA CORORO ￥540/8粒（4袋）**

咬落去有爆漿的果肉口感，爽脆薄皮，仿真度極高，進階版比原來的コロロ軟糖大1.5倍，水分亦多出一成。

(a) **Pablo**：大阪市中央區心齋橋筋2-8-1心齋橋ゼロワンビル 1/F (Map 3-2)
(b) **大阪りくろ（Rikuro）**：大阪市中央區難波3-2-28 (Map 2-2)
(c) **いちびり庵**：大阪市中央區道頓堀1-7-21 中座くいだおれビル 1/F (Map 2-2)
(d) **Entree Marche**：JR 大阪駅內中央檢票口前（Map 7-2）

# 大阪手信10選】



**(f) Grand Calbee Gift Box ¥4,647/盒**

2022年10月Grand Calbee 阪急梅田店裝修後重新開張，並有全新商品。推出各有特色的4個品牌：Potato Crispy、Potato Aroma、Potato Basic、Potato Roast，各有2款口味。想吃齊8種可購買8個一盒的禮品裝。

**(g) 貴族版百力滋Bâton d'or ¥601/盒**

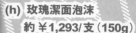

被譽為Pocky界LV的人氣零食「Bâton d'or」百力滋，口味隨季節更換，Sugar Butter是最經典及固定的常設口味，充滿牛油香及幼細的砂糖顆粒。

**(h) 玫瑰潔面泡沫 約¥1,293/支(150g)**

大受好評的Kanebo EVITA，兩手一按便能壓出立體花形泡沫，散發一股玫瑰花香味，重點是售價平過香港3成以上。

**(i) 桂新堂蝦餅 ¥1,000/8袋**

逾150年歷史的桂新堂，專售包裝精美的日式蝦餅，蝦味十足又真材實料，超經典的有原隻鮮蝦壓製的烤伞蝦餅，連殼都可以一齊食。

**(j) I-MJU HATOMUGI薏米化妝水 約¥715(500ml)**

高踞日本各大藥房銷售榜之榜首！超平又大支！含薏仁成分、維他命B1及B2，無香料和著色，可倒在化妝棉上當面膜用，用後能補濕兼提高乳液的滲透度。

(e)(f)(g)(i) **阪急百貨**：大阪市北區角田町8-7阪急百貨B1/F (Map 7-2)
(h)(j) **マツモトキヨシ(Matsukiyo)**：大阪市中央區心齋橋筋1-6-10 (Map 3-2)

# 【10款京都

抹茶並非京都獨有產物，只因日本其中一個著名的產茶區「宇治」位於京都，造就了京都成為抹茶之都。京都更有大量本土製作的優質土產，是關西遊必入手的人氣伴手禮。

### (a) 京都北山茶菓(茶の菓) ¥1,501(含稅)

嚴選自京都宇治白川的綠茶製成酥脆的餅乾，配上特製的白朱古力為餡料，成為著名的京都北山茶の菓。

### (b) 抹茶年輪蛋糕(京ばあむ)(厚3.5cm) ¥1,296(含稅)

蛋糕以「森半」的宇治抹茶和煎茶調配成抹茶生地，並以抹茶、豆乳、抹茶三種排列層層燒烤出來，有濃郁的香氣和細緻綿密的口感。

### (c) 抹茶捲心餅(つじりの里) ¥594(含稅)

祇園辻利創業超過150年，抹茶捲心餅是其中的人氣商品。捲心餅有抹茶餡及奶油餡，既酥又脆，令人食不停口。

### (e) 清水燒

清水燒乃京都獨有的陶瓷工藝，歷史悠久，始於西元5世紀，以細膩的畫功和豐富的釉色而聞名。

### (d) 宇治抹茶生朱古力 ¥1,190(含稅)

伊藤久右衛門是宇治另一間百年老店，其抹茶商品種類繁多，而抹茶生朱古力更創下2014年情人節售出4萬 盒的紀錄。

**(a) 京都北山**：JR京都伊勢丹6/F (Map 13-2)
**(b) 京都銘菓 Otabe**：京都車站商店街 The Cube (Map 13-2)
**(c) 祇園辻利本店**：東山區四条通祇園町南側 573-3 (Map 16-2)
**(d) 伊藤久右衛門**：JR京都駅新幹線改札內コンコース (Map 13-2)
**(e) 朝日陶庵**：京都市東山清水一丁目267-1 (Map 17-2)

# 必買土產・銘菓】

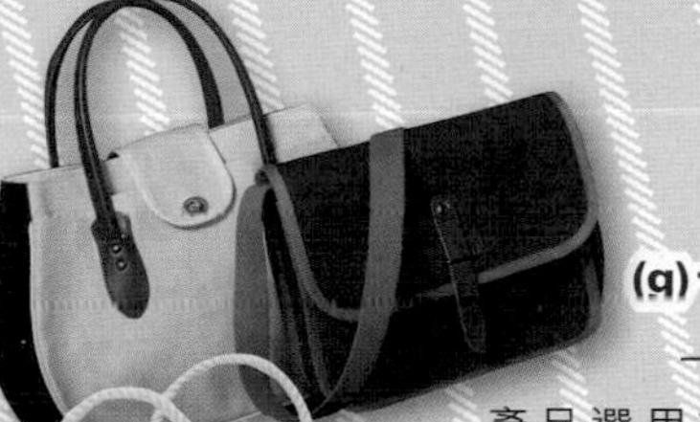

## (h)よーじや面油紙

よーじや吸油面紙帶有金箔成分，吸油力特強的面紙，因深得藝伎的歡迎而聞名全國。品牌更衍生出一系列護膚品，同樣深受歡迎。

## (g)一澤帆布

一澤帆布產品選用重228克以上的厚帆布製作，所以包包特別挺身耐用。品牌秉承了京都傳統紡織的手藝，由剪裁至縫合都一絲不苟。

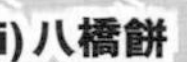

元祖八ッ橋

## (i)八橋餅

八橋餅分軟糯的「生八橋」及似煎餅的「元祖八ッ橋」兩款，又以前者較受歡迎。「生八橋」的皮用米磨成粉狀，加入砂糖、大豆粉、寒天酵素等造成，把皮蒸熟，中間包著餡料。

生八橋

## (j)阿闍梨餅

阿闍梨餅是梵文高僧的意思，因外形似苦行僧所戴的斗笠而得名。該餅使用丹波大納言小豆(紅豆)作為餡料，曾榮獲日本網路票選Best Sweets。

## (f)金平糖

於1546年由葡萄牙傳教士傳入日本，據說連織田信長也著迷。其製作過程由糖漿濃稠度、炒鍋的角度以至室內外溫度都相當嚴謹。

**(f) 綠壽庵清水**：京都市左京區吉田泉殿町38番地の2 (Map 14-3B)
**(g) 一澤帆布**：京都市東山區東大路通古門前 (Map 16-2)
**(h) よーじや**：京都市東山區祇園四条花見小路東北 (Map 16-2)
**(i) 本家西尾八ッ橋**：京都市東山清水坂一丁目 (Map 17-2)
**(j) 滿月**：京都市左京區鞠小路通り今出川上ル (Map 14-3B)

# 【神戶超經典伴手禮】

關西人氣伴手禮

### (a) 神戶布丁 (神戸プリン)

由2013年起連續10年獲得Monde Selection的最高金賞。入口即融的布丁不但味道濃郁，且帶清爽的柑橘風味，特製焦糖更突顯出其美味。

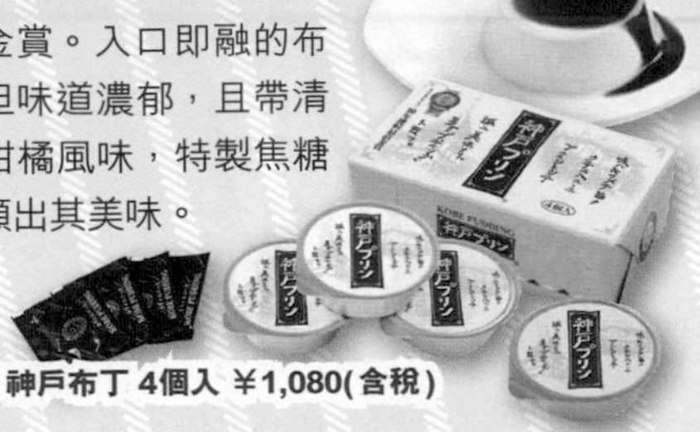

神戶布丁 4個入 ¥1,080(含稅)

### (b) 本高砂屋 Chocola Ecorce 朱古力曲奇

Chocola Ecorce朱古力曲奇 10枚入 ¥540(含稅)

創業於1877年，是神戶洋菓名店，近期的人氣產品有Chocola Ecorce朱古力曲奇。Ecorce是法文樹皮的意思，曲奇薄脆如樹皮的外層包裹著香滑的朱古力內餡。

### (d) Juchheim 年輪蛋糕

JUCHHEIM的年輪蛋糕製作工序非常複雜，每個都要耗時三十多個小時。在眾多款式中以蘋果年輪蛋糕最受歡迎。

北海道芝士蛋糕(16cm) ¥1,728

年輪蛋糕20cm ¥2,160

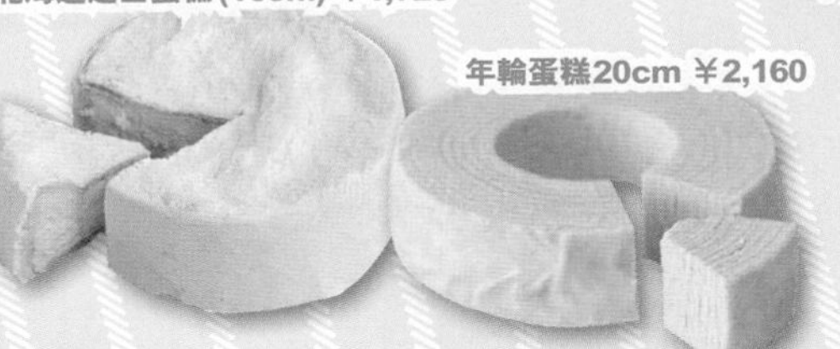

### (c) 士多啤梨朱古力 (神戸苺トリュフ)

Frantz是神戶的人氣甜品店，曾連續5年在日本樂天市場的甜品網獲預購人氣獎。人氣產品「神戶苺トリュフ」以香濃的白朱古力或抹茶包裹著士多啤梨，既酸又甜，味道令人難忘。

神戶苺トリュフ ¥1,080

### (e) 法蘭酥 (プティーゴーフル)

法蘭酥プティーゴーフル ¥1,080/罐裝24枚。

神戶風月堂於明治30年(1897年)創業，必試的甜點是法蘭酥(Gaufres)，亦即是夾心煎餅，以兩塊又薄又脆的餅乾夾著忌廉夾心，雖然簡單卻風行過百年。

(a) アントレマルシェ三ノ宮店：JR三ノ宮駅內 (Map 21-1)
(b) 本高砂屋：神戶市中央區元町通3-2-11 (Map 20-4)
(c) Frantz：神戶市中央區栄町通2-9-8 (Map 20-4)
(d) JUCHHEIM：神戶市中央區元町通1-4-13 (Map 20-4)
(e) 神戶風月堂：神戶市中央區元町通3-3-10 (Map 20-4)

近鐵奈良線新大宮駅步行約 15 分鐘

這個金魚博物館是在商場4樓內，展館面積不算大，約只有數個小展館的空間，但每個角落都滿布打卡位。場內展示了40餘品種及近千條金魚，最大亮點是一整道的粉紅花牆，以及七彩玻璃屋，營造一股如海底皇宮般的夢幻場景。

# 金魚博物館
# Kingyo museum

奈良市二条大路南 1-3-1 ミ・ナーラ 4/F ｜ 074-232-5133 ｜ 10:00am-6:00pm ｜ 入場券 ¥1,200 ｜ https://kingyomuseum.com/

七彩玻璃屋內放置了一座金魚缸，更有噴霧效果。

花牆上有一整排方形小魚缸。

Map22-10

# 火影忍者主題樂園 NARUTO & BORUTO 忍里

在關西機場、大阪伊丹機場、神戶機場、JR 大阪站、JR 新神戶站等均有「かけはし NARUTO 号」接駁巴士前往

NARUTO & BORUTO忍里位於淡路島公園「二次元之森」中，園區亮點之一的巨型「火影岩」，將原作動畫中歷代火影的雕像畫面重現。園內更隨處可見等比例的動畫角色模型，還有鳴人最愛吃的「一樂拉麵」。在此可以挑戰多項任務，透過多項闖關遊戲與忍術AR活動，蒐集散落在7個地方的「查克拉的碎片」。啟動手機APP「火影を目指せ！」於各闖關位即可拍出忍術特效照，讓你變身做一日木葉忍者。

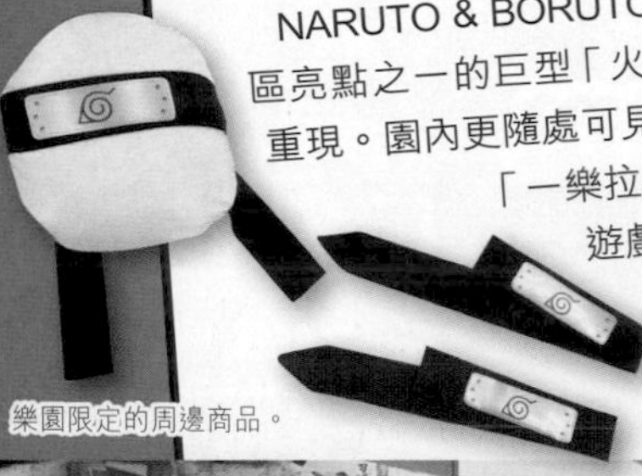

樂園限定的周邊商品。

圖片來源：NARUTO & BORUTO 忍里

園內的「火影岩」以及一班動畫主角的1:1模型。

## 【人氣好玩設施】

食玩蒲打卡精選

**BORUTO「天之卷」**

巨型火影岩背後設置了3層樓高的迷宮，考驗大家的體力和智力。參加者將化身忍者，於「漩渦路線」、「宇智波路線」蒐集印章逃出迷宮。

**NARUTO「地之卷」**

參加者潛入木葉忍者村，挑戰卷軸中所寫的7個任務，蒐集「查克拉的碎片」，並重新封印進卷軸裡。參加者需突破「曉」的試煉才能過關！

鳴人最喜愛的「一樂拉麵」。

**忍者5大遁術**

透過手機下載「火影を目指せ！」APP後，就可以拍出忍術特效的照片，包括火遁、土遁、風遁、水遁和雷遁。

兵庫縣淡路市楠本 2425 號 | 074-232-5133 | 10:00am-10:00pm（最後入場 8:00pm） | 成人 ￥3,300、小童 ￥1200 | https://nijigennomori.com/naruto_shinobizato

11米高的Kitty頭，非常注目。

Map22-10

# 淡路島地標 Hello Kitty Smile

JR 三ノ宮駅東口按指示步行至「神姫バス神戸三宮バスターミナル」，轉乘往淡路島的高速巴士至「淡路 I.C」站下車，再轉搭 Hello Kitty Smile 免費接駁車

Hello Kitty Smile是以Hello Kitty為主題的餐廳，11米高的Hello Kitty頭其實是半球體劇院，自2018年登場後逐成為淡路島的地標，館內更設有精品店及餐廳，有不少獨家周邊商品及打卡位，2/F的Party Balcony更供應Hello Kitty嘜頭的英式下午茶，吸引不少Fans專程來朝聖。

Gallery & Theatre劇院外的Hello Kitty牆。

Tea Set附有Kitty饅頭以及多款西式糕餅(￥3,000)。

兵庫県淡路市野島蟇浦 985-1 | 0799-70-9037 | 11:00am-7:00pm | 大人 ￥2300、學生及小童 ￥800 | https://awaji-resort.com/hellokittysmile

## 巨型機械人始祖
# 鉄人28号

JR 或地下鐵新長田駅下車，於 1 號出口步行約 4 分鐘

鉄人28坐落於神戶若松公園，機械人高約18米、重約50噸，它是根據漫畫原著《鉄人28号》描述，以1:1實物原大而建，相當有氣勢！襯托它身後的藍天白雲，絕對是打卡的頭號對象。

神戶市新長田區若松町 6 丁目若松公園 | https://www.city.kobe.lg.jp/h53961/kuyakusho/nagataku/jyouhou/tetsujin28.html

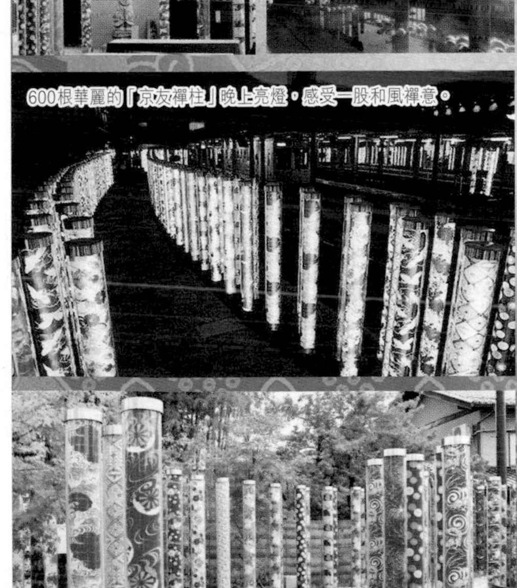

600根華麗的「京友禅柱」晚上亮燈，感受一股和風禪意。

Map18-2

## 花燈小徑
# 嵐山駅の足湯

嵐電嵐山本線「嵐山」駅下車

京福電鐵嵐山駅位置相當便利，一出站即達嵐山大街，而車站内設有「駅の足湯」，這裡除了可以歇一下腳，還豎立了600根華麗的「京友禪柱」，每一條柱都高達2米，沿鐵道旁延伸至小公園。這些別致的裝置，披上繽紛如和服般的「京友禪」圖騰，每到晚上更會亮燈，形成一條花燈小徑「友禪之光林」，值得影相留念。

京都市右京區嵯峨天龍寺造路町 20-2 | 9:00am-8:00pm、12 月至 3 月 10:00am-6:00pm | 足湯券 ¥200（戶外「京友禪柱」免費參觀）| www.kyotoarashiyama.jp

「京友禪」是京都一種傳統的染色技術，始創於江戶時代，常用於日本和服及各類布藝的繪染製作。

## OSAKA 地標 **Map**9-2
# TENSHIBA Park

地下鐵御堂筋線或谷町線線「天王子」駅下車，沿地下街 Avetica（あべちか）4 號或 21 號出口即達

2019年夏季才亮相的裝置，位於天王子公園內，旁邊就是天王子動物園。新登場的OSAKA地標，不但只有廣闊的草坪做背景，其背後更是60層高的摩天大樓Abeno Harukas，若登上Harukas的展望台往下望，還可以看到公園內Welcome to OSAKA的字樣，絕對是打卡熱門之選。

大阪市天王寺區茶臼山町 1-108
06-6773-0860

## 童話城堡 **Map**10-2
# 舞洲工場

JR ゆめ咲線 • 桜島駅下車，轉乘舞洲アクティブ巴士於「環境局前」下車即達

這座猶如童話城堡般的「舞洲工場」，其實是一座垃圾焚化場，它是由奧地利鬼才建築師Friedensreich Hundertwasse所設計。整座大樓共有五百餘個大小窗戶，紅白黃相間的建築外牆盡是不規則的線條，天藍色的大煙囪更蓋上蘑菇金球，相當奇趣！大樓的二樓和三樓均對外開放，所有垃圾處理的環節既密封又透明，沒有半點髒臭味。工場每天有三場見學導賞，每場約1.5小時，大家可以看到垃圾被送到焚化爐，再透過燃燒產生發電的過程。

工廠的設計師 Friedensreich在大阪有兩個作品，一個是舞洲工場，另一個是KIDS PLAZA。

大阪市此花區北港白津 1-2-48 | 06-6463-4153 | 周一至周六 10:00am-4:00pm（周日休息）| 見學場次 10:00am、1:00pm、3:00pm（必需 10 日前於官網預約 https://yoyaku.osaka-env-paa.jp/tour/?lang=ja)| 免費參觀 | www.osaka-env-paa.jp

## 愛兔人士必見！
# 岡崎神社 Map14-2

乘京都市巴士 32、93、203 或 204 號，於「岡崎神社前」站下車

岡崎神社又稱兔子神社，以往岡崎一帶曾是野兔的棲息地，由於兔子象徵多產，不少準備懷孕的女士都慕名而來。神社內的「手水舍」（淨手池）就有一座求子黑兔，參拜時把水舀起來淋在兔子身上及輕撫它肚子，聞說可求子及安產。本殿前還鎮守著兩隻狛兔，女左男右，摸摸兔子可祈求結緣。神社內也有各式可愛的繪馬、御守，但最注目的是兔子形狀的御神籤，很多人看過籤文後把它們留在神社內，形成一排超萌兔子列隊。



正殿左右兩側也放有一對兔子，舉左手是結緣，舉右手是招財。

可愛的兔子御神籤裡裝著籤文。

京都市左京區岡崎東天王町 51 番地 | 075-771-1963 | 9:00am-5:00pm

圖片來源：FB@正寿院（しょうじゅいん）

# 浪漫愛心紙窗 正寿院

「天井畫」以日本風景與花卉為主題，是眾人到此一遊的集郵對象。

京阪宇治駅或 JR 宇治駅乘巴士（京都京阪バス）至「維中前」站下車再轉乘巴士（コミュニティバス）至「奥山田正寿院口」站下車步行約 15 分鐘；或直接由京阪宇治駅乘的士前往，車程約 30 分鐘

擁有800年歷史的正寿院，有別於一般神社寺廟的肅穆莊嚴，多了一份夢幻和浪漫。院內的最大亮點是「客殿」裡的一扇心形窗，日語稱「猪目窓」，吸引不少人慕名而來，更深受日本的情侶歡迎。尤其太陽西下時分，由窗戶後映照出的愛心倒影，完全是甜蜜的打卡位。至於殿內的「天井畫」是由書法家福田匠吾及多位藝術家所繪製，拼合了160幅畫作而成，以日本風景與花卉為主題，當中還點綴了四幅春夏秋冬的舞伎畫像，相當有看頭。

「客殿」的心形窗，深受日本情侶歡迎。

京都府綴喜郡宇治田原町奥山田川上 149 | 077-488-3601 | 9:00am-4:30pm（11 月至 3 月開放至 4:00pm）| http://shoujuin.boo.jp

## 直達車期間限定

京都京阪バス提供周六日限定「宇治茶巴士（宇治茶バス）」，於京阪宇治駅出發途經JR宇治駅直達「奥山田正寿院口」（下車後需步行約15分鐘）。每日有兩班班車，去程於京阪宇治駅9:24am和1:24pm、JR宇治駅9:29am和1:29pm開出；回程於奥山田正院口11:55am和3:50pm開出。　(運行日期請參考：https://kyotokeihanbus.securesite.jp/ujichabus/ujichabus01.html)

正寿院內的「天井畫」由160幅畫作拼合而成。

心窗外四季景致各異。

自古日本人相信野獸的眼睛，不僅有驅魔之用，也有祈福之意，常使用於神社寺廟的建築上，而古代人認為豬眼形似心形而得名「猪目窓」(豬目窗)。

## 夏日風鈴祭

每年7至9月正寿院本堂外會掛上2千多個風鈴。隨輕風作響的清脆鈴聲，夾雜四周的蟬鳴，十分治癒。而在風鈴祭期間，院內會提供風鈴彩繪體驗(￥1,200)，遊客可以自己動手繪畫風鈴及寫上願望，並懸掛在風鈴迴廊內，祈求良緣。

「結緣風鈴」是將戀愛的願望寫在短詩箋上。

## 日本美麗之神 河合神社

Map14-3B

JR 京都駅前巴士總站乘 4 號、 205 號巴士於下鴨神社前站下車步行 約 3 分鐘

河合神社就在下鴨神社之內，是日本人祈求美貌、育兒及結緣的神廟。這邊的繪馬非常特別，稱作「鏡繪馬」，外形像一面鏡子，來參拜的人會使用自備的眉筆及唇膏之類的化妝品，把自己夢想的容貌畫在繪馬上。此外，這裡的御守設計都特別女性化，甚至有御鏡守讓信眾貼在家中，希望玉依姬命大人保佑，可以愈來愈漂亮。

京都市左京區下鴨泉川町 59（下鴨神社內）| 6:30am-5:00pm | www.shimogamo-jinja.or.jp

## 大熱打卡勝地 八坂庚申堂

Map17-2

乘京都市營巴士於「清水道」站下車步行約 7 分鐘

八坂庚申堂不只是打卡熱點，更是遊客穿上和服必去的神社之一。八坂庚申堂原名為大黑山延命院金剛寺，又稱「猴子神社」。小小的寺廟內四處掛滿五顏六色的布袋串，這些小布袋「くくり猿」象徵捲曲著身體的猴子，色彩繽紛亮麗。布猴在寺內有販售，每個￥500，信眾寫上願望後掛起，祈求願望成真。

京都府京都市東山區金園町 390 | 075-541-2565| 9:00am-5:00pm

# 四季の花手水 柳谷觀音 楊谷寺

1) 阪急「長岡天神」駅、阪急「西山天王山」駅、JR「長岡京」駅轉乘的十
（都タクシー預約專用電話 075-661-6611）
2) 每月 17 日有接駁專車於 JR「長岡京」駅西口及阪急「西山天王山」駅東口接送，由早上 8:30 至下午 13:00，每隔半小時一班車，回程尾班車為 13:50

有著1,200年歷史的楊谷寺，供奉著柳谷觀音，除了祈求眼睛健康外，大批遊客前來楊谷寺的理由，就是一睹正殿內的「四季の花手水」(淨手池)。寺方精心布置的「花手水」隨季節呈現不同色彩，如春夏有菊花、繡球花、波斯菊，秋季有楓葉等，一朵朵花球在池中飄浮，簡直是歎為觀止的藝術品。寺內還提供不定期舉行的壓花朱印體驗，以及精油五感療法等預約制服務亦大受歡迎，令人一飽眼福！

淨手池的飄花裝飾，隨季節變動呈現不同色彩。

黃紅漸變的楓葉「花手水」，簡直是歎為觀止的藝術品。

京都府長岡京市浄土谷堂ノ谷 2 | 075-956-0017 | 9:00am-5:00pm | https://yanagidani.jp | ¥500( 紅葉期間 ¥700)

# 【熱話甜品打卡推介】

## 禪味甜點 MAMEZO & CAFÉ

圖片來源：FB@MAMEZO & CAFÉ

JR 東西線、學研都市線「新福島駅」2 號出口步行 5 分鐘

MAMEZO & CAFÉ 的 Special Menu「箱庭スイーツ」(¥1,700)，食客可自由發揮創意，利用店家提供的各種小道具，例如在擺盤上鋪滿砂糖並畫出波浪紋，再隨意放上一些點心及和菓子，堆砌成如日式庭園「枯山水」的甜點，從中吃出禪意。

大阪市福島區福島 1-1-48 | 06-6453-6877 | 10:00am-9:00pm（箱庭スイーツ 2:00pm 後提供，每日限額 6 名）| www.mamezo.co.jp

## 潮食冬甩 Koé Donuts

Map15-2

阪急京都線「（京都）河原町」駅 9 號出口步行約 1 分鐘

Koé Donuts 在食材方面十分講究，使用有機小麥、京都美山產的牛乳與雞蛋。新鮮出爐的冬甩（甜甜圈），除了健康也兼具美味，口感酥脆。店家更將冬甩一分為二，製成漢堡，中間再夾入軟滑的 Cream 及原粒新鮮草莓。店面的設計則由知名建築師隈研吾一手打造，選用嵐山產的竹籃作為素材裝飾，光線從竹子的隙縫中穿透形成光影效果，設計感十足。

京都市中京區新京極通四条上ル中之町 557 番地 | 075-748-1162 | 9:00am-8:00pm | https://www.koedonuts-onlinestore.koe.com/view/page/about

## 棉花糖果昔 cafe & books bibliotheque Osaka

Map7-2

地下鐵御堂筋線東梅田駅 9 號出口即達

這款 Cotton Candy BonBon Smoothie（￥1,700）是在果昔上鋪滿切片生果及雪糕，再插上一支棉花糖，蓬鬆的棉花糖串如同雲朵一樣可愛。

大阪市北區梅田 1-12-6 E~ma B1/F | 06-4795-7553 | 11:00am-8:0pm | http://www.bibliotheque.ne.jp/osaka/

## 曲奇咖啡
# R·J CAFÉ

地下鐵谷町線天滿橋駅下車步行約 5 分鐘

ECOPRESSO是店內人氣咖啡，每日限量100杯，因整個咖啡杯是用曲奇做成的，所以要趁餅乾塌下前解決掉。記得影相的動作要快！注意杯子的把手只屬裝飾用，飲用時要以雙手捧著。歎完濃滑的咖啡，就可以把杯子吃進肚子了！

大阪市北區天滿 3-2-1 | 06-6809-7502 | 11:00am 0:00pm，周日至 6:00pm | https://www.10sense.co/

## 藝術拉花
# JTRRD café

地下鐵谷町線天滿橋駅 2 號出口步行約 10 分鐘

店內主打一系列色彩繽紛的Art Smoothie，由藝術系畢業的店長田村智美即場配搭和「拉花」，一層層顏色的Smoothie就像雞尾酒般花巧，杯身還貼上切片生果，強調顏色來自天然食物，絕無添加劑。

大阪市北區天滿 3-4-5 タツタビル 1/F5 | 06-6882-4835 | 12:00nn-5:00pm(周一、二休息)

## 童趣奶樽
**Map**20-3
# gourmandise

JR 神戶駅步行約 5 分鐘

不少人就是為了這個招牌牛奶樽，慕名而來打卡呃Like。粉嫩的草莓牛奶，充滿陣陣果香及奶香，另外還有白草莓、朱古力冬甩Latte等口味選擇。

神戶市中央區東川崎町 1-7-5 神戶ハーバーランド umie 1 階 | 078-361-6333 | 11:00am-8:00pm | https://www.gourmandise.co.jp/cafe-store/

## 京都限定版雪條
# KEY'S CAFÉ

100 或 206 號巴士於清水道下車步行約 5 分鐘

八坂之塔雪條「京都本くず氷（¥500）」是日本連鎖咖啡店KEY'S CAFÉ的出品，採用100%天然水果製成，面層撒上八坂之塔造型的可可粉，屬京都限定版冰品。

京都市東山區下河原通八坂鳥居前下ル 4 丁目金園町 388 | 8:00am-5:00pm，周六及日至 6:00pm（周二休息） | keyskafekyoto

關西賞花名所

# 鋪天蓋地賞櫻勝地

花期：約3月下旬至4月中旬

## 淀川河川公園背割堤

京阪本線「八幡市駅」下車步行約 12 分鐘

背割堤位於宇治川和木津川的匯流處，在全日本賞櫻熱點中排名第三，在京都府排名第一。壯觀的櫻花大道綿延1.4公里，250株的「染井吉野櫻」沿著堤邊綻放，淡粉色的櫻花襯托綠油油的草地，美不勝收！遇上藍天日子，對比更鮮明。

櫻花滿開（8分開）時為最美的狀態。

「染井吉野櫻」盛開初期為淡粉紅色，滿開後會逐漸轉白。

綠油油的草皮上 一片迷人粉紅。

「染井吉野櫻ソメイヨシノ」為日本最常見的櫻花品種，約佔全國數量8成，花期的四個重要階段為：**含苞 > 開花 > 滿開 (8分開) > 凋零 (櫻吹雪) > 長出綠芽**。由開花至滿開之間約只有一星期，亦是最佳觀賞狀態。

## 其他人氣賞櫻名所

| | | | |
|---|---|---|---|
| **毛馬櫻之宮公園** | 大阪造幣局旁的公園，長達4.2公里的河畔櫻花步道，種約4,500株櫻花樹 | 大阪市都島區中野町1丁目 | 地下鐵谷町線 • 京阪本線「天滿橋駅」北口步行約15 分鐘 |
| **彥根城** | 琵琶湖東岸的古城，可 乘坐屋形船穿梭護城 河，欣賞河岸的櫻花 | 滋賀縣彥根市金龜町1-1 | JR琵琶湖線「彥根駅」步 行15分鐘 |
| **海津大崎** | 櫻花樹綿延4公里，包圍了整個湖岸 | 滋賀縣高島市牧野町海津 | JR湖西線牧野駅乘坐市內 巴士到「海津大崎口」後下 車步行4分鐘 |

**櫻花預測情報**

**＊注意每年花期或有變動，請於出發前查詢日本氣象局或相關網站的情報。**

**日本気象株式会社**：http://s.n-kishou.co.jp/w/sp/sakura/sakura_top.html
**さくら開花前線**：https://sakura.weathermap.jp
**日本気象協会**：https://tenki.jp/sakura

# 吉野山

大阪阿部野橋駅乘近鐵特急南大阪線·吉野線直達「吉野駅」(山腳入口)，車程約 1 小時 16 分鐘

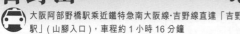

吉野山花期從4月上旬開始，橫跨2-3個星期，由山腳「下千本」一路慢慢綻放至山頂「奧千本」，當山腳櫻花凋零飄落時，表示山頂還在滿開。所以錯過了其他地區的櫻花期，還有機會到吉野山碰下運氣。整個山城種植約3萬餘株櫻花樹，九成為原生櫻種(シロヤマザクラ、吉野桜)，吉水神社內的「一目千本」為最熱門的賞花處，可看到花紅滿山的景致，叫人心花怒放。

櫻花樹遍布整個山頭，視線所及之處均紅粉緋緋。

中千本一帶的商店街有不少茶屋，找一個靠窗位置歎茶兼賞花，十分愜意。

**精華路段**

下千本(吉野山入口) ……▶(乘巴士約15分鐘) 中千本公園(山腰) ……▶(步行約40分鐘) 吉水神社 ……▶(步行約30分鐘) 返回下千本

吉野山分為上、中、下千本及山頂的奧千本。

毛馬櫻之宮公園

彥根城

海津大崎

# 春季限定紫藤花瀑布

## 花期：約4月下旬至5月中旬

「白井大町藤公園」及「平等院」是關西地區賞紫藤花的熱門選擇，尤其佔地70公頃的白井大町藤公園，花藤棚架長達500米，連綿不斷，長長的花朵下垂綻放，有如水珠落下般夢幻。至於大家熟悉的京都平等院，即是印在10円硬幣及萬円紙鈔上的寺廟，在古色古香的環境下賞花，別有一番韻味。

### 白井大町藤公園

JR 山陰本線 /JR 播但線「和田山」駅，轉乘的士約 10 分鐘

**地址**：兵庫縣朝來市和田山町白井 1008

### 平等院

JR 宇治駅下車，沿宇治橋通商店街接表參道，步程約 10 分鐘

**地址**：京都府宇治市宇治蓮華 116

# 尋找心形繡球花

## 花期：6月上旬至7上旬

京都首屈一指的賞繡球花(紫陽花)名所，一個位於觀音寺，另一處是三室戶寺庭園，兩間寺廟內均種有1萬多株的繡球花，滿山遍野地盛開，藍、白、黃、紫、粉紅等五彩的繡球花色彩豐富。據說園內種有心形的繡球花，象徵戀愛幸福，也是賞花樂趣所在。

### 三室戶寺庭園

京阪電車「三室戸駅」下車，步行約 15 分鐘；JR「宇治駅」轉乘的士約 10 分鐘

**地址**：京都府宇治市菟道滋賀谷 21

### 觀音寺

JR 山陰本線「石原駅」下車步行約 15 分鐘

**地址**：京都府福知山市観音寺 1067

# 秋季賞楓景點攻略

賞楓期：約11月中旬至12月上旬

關西賞楓景點眾多，首推近年爆紅的瑠璃光院，每年僅春、秋兩季開放參觀，院方即使將門券漲至2千円，大家還是趨之若鶩。瑠璃光院內的書院供人靜休，最經典的「楓紅倒影」就是從室內拋光的地板上映照出來的，營造出一派寂靜的禪風，贏得不少網民大讚。

琉璃光院的紅葉窗景，交織出紅黃綠的秋色。

八瀨瑠璃光院

永觀堂禪林寺內由黃轉紅中的各種楓色。

永觀堂禪林寺

教林坊優雅的日式庭園造景，以及鋪滿一地的閃亮紅葉。

石之寺 教林坊

## 其他人氣賞楓名所

| | | | |
|---|---|---|---|
| **八瀨瑠璃光院** | 瑠璃光院在秋季因為人潮眾多，院方設參觀人數限制，要耐心排隊等候 | 京都市左京區上高野東山55 | 叡山電鐵出町柳　乘叡山電車至「八瀨比叡山口」駅下車步行約5分鐘 |
| **永觀堂禪林寺** | 寺院境內種植了3,000株楓樹，寺院境內有山坡及池塘，美不勝收 | 京都市左京區永觀堂町48 | JR京都　轉乘5號市營巴士至「南禅寺・永観堂道」站下車步行約5分鐘 |
| **石之寺 教林坊** | 優雅的日式庭園造景，加上古老茅屋建築以及200株楓樹古木盡染鮮紅 | 滋賀縣近江八幡市安土町石寺 1145 | JR 琵琶湖線「安土駅」下車，轉乘的士約 10 分鐘 |
| **箕面瀑布** | 日本瀑布百選之一，沿路一片紅黃相間的楓葉山景 | 大阪府箕面市箕面公園 | 阪急箕面線「箕面駅」下車，沿山路指示步行約 45 分鐘 |

圖片來源：FB@空庭温泉

# 玩通宵@溫泉主題樂園
# 空庭温泉

5/F 弁天湯町的泉水為天然溫泉，有美肌湯之稱。

地下鐵梅田駅乘中央線、JR 大阪駅乘大阪環狀線至「弁天町」駅下車步行約 5 分鐘

空庭温泉佔地約5,000坪，是關西地區最大型的溫泉樂園，內部裝潢以安土桃山時代為主題設計，充滿古代氣息。場內設有女士們最愛的「天然美肌溫泉」和「炭酸泉」，單是岩盤浴就有7種款式。歎完溫泉後更可登上高處「庭見風呂」，欣賞面積達1,000坪的日式庭園景色。這裡不但可以免費借用浴衣，更設有女士專屬化妝室，提供化妝品及美容儀器。另付￥2,000深夜料金，即可逗留在樂園內玩通宵。

弁天湯町設有露天溫泉。

「安土桃山時代」是指日本戰國時代末期，織田信長與豐臣秀吉稱霸日本的興盛年代。當時的建築風格尤其華麗有氣派，裝飾上金碧花鳥畫為其特色。

空庭溫泉通宵營業，玩累了可利用休息室過夜。

場內設有「千本鳥居」打卡位。

戶外庭園面積1,000坪，同時提供足湯。

# 【2/F園區設施一覽】

**女士專屬化妝室**

日本最大型的化妝室，可以任用護膚品，但一些化妝品及美容儀器則需額外付費。

**美妝店・日式雜貨**

美妝店內設有試用區，產品均以米糠、清酒、金箔等天然材料作賣點。

**食街橫丁**

共有3間餐廳供應早午晚餐，甚至有深夜餐單，日式粉麵飯類價位都在1,000円以下。

**熱風橫町**

除了戶外庭園的忍者限定活動，2/F熱風橫町內男士們詼諧地演出「搧風點火」，令室溫上升，務求幫大家促進排汗。

**浴衣租借**

園內提供免費浴衣租借，亦有付費租借和服，大家可與閨密穿著浴衣四處打卡。

**地址**：大阪市港區弁天 1 丁目 2-3

**營業時間**：11:00am-11:00pm(周三休息)
(8月21日、9月11日、10月9日、11月20日、12月18日休息日)

**入場費**：平日 ¥2,640、周六日及假日 ¥2,860、特定日子 ¥3,080

**網頁**：www.solaniwa.com/zh-tw

# 好評超級錢湯
# 延羽の湯 鶴橋店

地鐵鶴橋駅東改札口步行約 5 分鐘

大阪的「錢湯」中評價相當高的一間，最特別是有韓式的藥石汗蒸房，利用漢方藥材及熱力，有助消除疲勞。這裡的露天風呂也很有特色，有高濃度碳酸泉、壺湯、岩風呂，以及關西罕見的「立湯」(站立浸浴)。地點也很方便，距離鶴橋駅只數分鐘步程，隨時可以抽時間去放鬆一下。

不少本地人都是為了這個「藥石汗蒸房」而來的。

可以站著浸的「立湯」，水深130cm。

日語「錢湯」意即大眾澡堂，它曾是江戶時代老百姓的社交場所，近年新一代的錢湯繼承人致力改裝，將傳統澡堂升級為現代化的「超級錢湯」(スーパー銭湯)。除了原有澡堂設施外，同時提供岩盤浴、咖啡店、書室等設備，更可以享受露天風呂，吸引了不少年輕人來消費。

**地址**：大阪市東成區玉津 3-13-41
**電話**：06-4259-1128
**營業時間**：9:00am- 翌晨 2:00am
**入場費**：平日：溫泉 ¥870、汗蒸房 ¥1,080
週六日及假日：溫泉 ¥960、汗蒸房 ¥1,180
**網頁**：www.nobuta123.co.jp/nobehatsuruhashi

佔地兩層的Spa World有十多款不同特色的浴池及桑拿房，實行浸足全世界。

## 鬧市溫泉樂園

# 溫泉大世界酒店

大阪地下鐵御堂筋線、堺筋線動物園前駅 5 號出口即達

要浸過靚溫泉不一定要遠走和歌山或嵐山等郊野，熱鬧繁華的大阪市中心，一樣設有溫泉樂園。溫泉大世界酒店（Spa World Hotel）距離通天閣只有5分鐘步行距離，食完玩完再施施然回酒店浸過夠本，超級寫意。酒店的溫泉浴池以天然湧出的溫泉為基底，更設計多國特色浴池，如羅馬、希臘及分蘭式，與及傳統日式露天風呂。頂層甚至設有合家歡溫泉樂園，讓小朋友也樂在其中。

合家歡溫泉樂園。

韓式桑拿室。

日式露天風呂。

伊斯蘭石浴池。

古羅馬浴池。

新加坡浴池。

**地址**：大阪市浪速區惠美須東 3-4-24
**電話**：06-6631-0001　**營業時間**：24 小時
**入場費**：成人 ¥1,500，中小學生 ¥1,000
**網頁**：https://www.spaworld.co.jp/hantai/

## 溫泉街散策・7大外湯

# 城崎溫泉

JR 大阪駅或新大阪駅乘特急於「城崎温泉」駅下車，車程約 3 小時

擁有1,400年歷史的城崎溫泉，曾獲選日本十大人氣溫泉街之首，更是日本溫泉百選中的第十名。一踏出城崎溫泉車站，馬上感受到溫泉小鎮的氣氛，河岸兩旁的「南、北柳通」有很多特產店。城崎著名的「七大外湯」分布在小鎮內的不同角落，所以街道上常看到身穿浴衣的遊客，嚮著此起彼落的木屐「啪啪」腳步聲，尤其在秋冬季節松葉蟹旺季時，更是人聲鼎沸。

充滿日式風情的街道上，常看到身穿浴衣木屐的遊客。

**地址**：城崎町湯島 357-1　**電話**：0796-32-3663
**網頁**：www.kinosaki-spa.gr.jp

若不夠時間走均七大外湯，可以集中去人氣3湯，包括一の湯、御所の湯及駅舍溫泉。

外湯除下表3個外，還有鴻の湯、まんだら湯、地蔵湯和柳湯。

住客免費浸七大外湯

遊客凡住宿城崎區內的旅館，便可免費取得外湯入浴券。非住客的話，可於外湯現場購買一日入浴券（￥1,300）。

## 城崎溫泉人氣外湯 TOP 3

| | | |
|---|---|---|
| **一の湯** | 鵝黃色的建築外觀非常華麗，館內提供露天浴池及洞窟式風呂 | 城崎町湯島415-1<br>7:00am-11:00pm |
| **御所の湯** | 人氣最旺的一間，外觀仿照京都御所興建，露天風呂有瀑布景致 | 城崎町湯島448-1<br>7:00am-11:00pm |
| **駅舍溫泉さとの湯** | 城崎溫泉車站附近，提供屋頂露天浴池、伊斯蘭風格大浴池、岩石浴池、土耳其桑拿等 | 城崎町今津290-36<br>1:00pm-9:00pm |

# 機器人旅館

Map 5-1

# Henn na Hotel 変なホテル

交通：地下鐵御堂筋線「心斎橋駅」長堀地下街北 7 出口步行約 1 分鐘

一步進酒店大堂即見Check-in櫃台有2位恐龍人在「當值」，一旁還有機器人RoBoHoN在列隊，這群小機器人有內置智能感應，能説多國語言且每小時有舞蹈演出。客人入住酒店時，採全自助式Check-in，自行在恐龍人前的螢幕操作，按照螢幕上中文指示掃描護照、付款及取房卡。房內設有一部Handy手機，可以免費打國際電話，亦可當作Wifi蛋使用和帶出街，十分方便。退房後要寄放行李的話，按一下櫃台上服務鈴，會有服務人員（真人）出來取行李。

**地址**：大阪市中央區南船場 3-5-2
**電話**：050 5576 8350
**房價**：雙人房 ¥4,000 起 / 晚（2022 年 12 月參考價）
**網頁**：www.hennnahotel.com/shinsaibashi

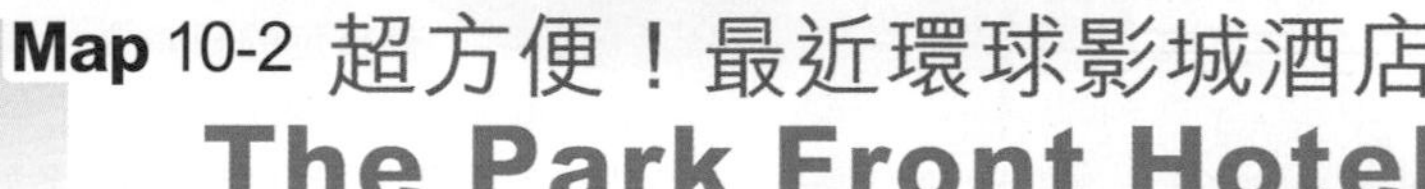

Map 10-2

# 超方便！最近環球影城酒店

# The Park Front Hotel

交通：JR ユニバーサルシティ ( 環球影城 ) 駅步行 1 分鐘

The Park Front Hotel是USJ附近最新開設的酒店，以美國各個城市為主題。除了裝潢新之外，房間寬敞又有城景，而且房型很多，適合一家大小或者三五知己前來。此外，酒店距離USJ入口及JR車站都只是1分鐘步程，旁邊是Universal Citywalk，樓下就有便利店及多間人氣餐廳如Eggs 'n Things和Tully's Cafe，極之方便！另外推薦這裡的早餐，款式多味道又不錯。

**地址**：大阪市此花區島屋 6-2-52　**電話**：06-6460-0109
**房價**：雙人房每晚 ¥20,000 起（連早餐）
**網頁**：http://parkfront-hotel.com

## 芝麻街主題樓層 **Map** 10-2
# 近鐵環球影城酒店

**交通**：JR 桜ノ宮駅步行 5 分鐘

近鐵環球影城酒店於2019年2月中起新增芝麻街主題樓層「Universal Exciting Happy Floor」，酒店共設4種房型，包括主打親子遊的家庭客房及紅粉綁綁的少女客房等，每間房由牆身到天花板以至浴室梳洗用具都色彩繽紛，令人眼前一亮，住客還會收到小禮品一份，驚喜連連。

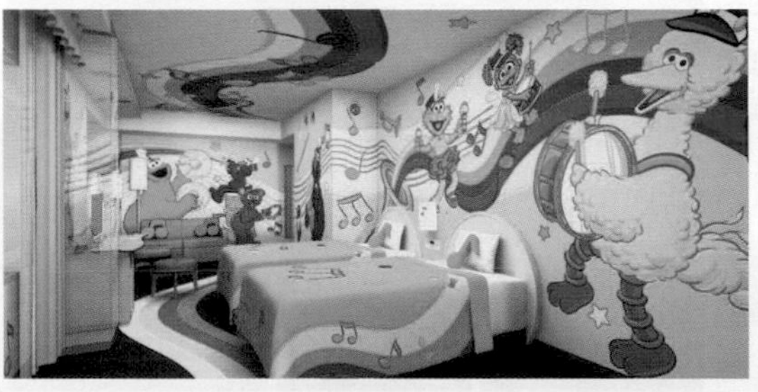

**地址**：大阪市此花區島屋 6-2-68
**電話**：06-6465-6000
**房價**：雙人房 ¥21,200 起 / 晚
**網頁**：www.miyakohotels.ne.jp/hotel-kintetsu

## **Map** 9-2 免費宵夜放題
# 大阪逸之彩酒店

**交通**：地下鐵惠美須町駅 5 號出口即達

EGL Tours東瀛遊首家酒店，位置鄰近惠美須町駅，最大亮點是提供大量免費服務，包括免費借用Wifi蛋、每日有特定的日本文化體驗，例如和服試穿、DIY章魚燒或和扇製作等。另每晚10至11時的宵夜放題，有即製拉麵任食，還有多款清酒、燒酎、啤酒及雞尾酒任飲，啤酒更是採用從杯底注入的特製生啤機器，不少人已在FB搶先打卡，絕對不能錯過。

**地址**：大阪市浪速區惠美須西 1-2-10
**電話**：06-7777-9789
**房價**：雙人房 HK$741 起（視乎日子會有變動）
**網頁**：www.hinode-h.com

# 蜷川實花x型格酒店
# Hotel Anteroom Kyoto

交通：JR 京都駅八条口步行 15 分鐘 / 地下鐵烏丸線九条駅步行 8 分鐘

京都九条知名的設計酒店Hotel Anteroom Kyoto，向來都踩了半隻腳入藝術界。酒店由舊校舍改建，內設有小型藝廊，不定期會舉辦各種展覽。近期酒店邀請了8位日本當代知名的藝術家，設計酒店內的客房，當中最令人注目的就是由蜷川實花的作品。房間由牆壁到天花，以至窗簾及床單，都是以櫻花為主題，視覺效果令人賞心悅目！

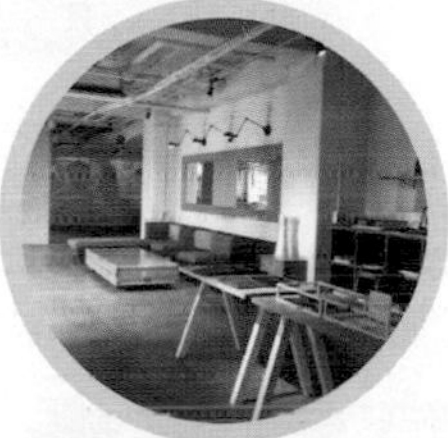

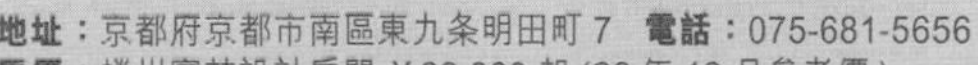

**地址**：京都府京都市南區東九条明田町 7　**電話**：075-681-5656
**房價**：蜷川實花設計房間 ￥22,000 起 (22 年 12 月參考價 )
**網頁**：https://hotel-anteroom.com

# 鴨川無敵景
# Solaria Kyoto

**交通**：地下鐵東西線京都市役所前駅步行約 1 分鐘；京阪電鐵三条駅 12 號出口步行約 2 分鐘

位於鴨川旁，部分客房坐擁河川景，幾分鐘就可以步行至先斗町及錦市場就近在咫尺。酒店附有溫泉風呂，可以穿著房內的浴衣去浸湯，湯池不算很大但有室內及仿露天風呂，環境十分優雅舒服。大浴場旁有洗衣房，方便大家自助洗衫。房間面積最小都有270呎，但房價最平都要￥15,000起，始終一分錢一分貨。房內備有多接口充電插頭，床頭邊又有USB充電插座，絕對是手機救星！

**地址**：京都市中京區木屋町通三条上る上阪町 509
**電話**：075-708-5757
**房價**：雙人房由 ￥21,600 起
**網頁**：http://nnr-h.com/solaria/kyoto_p

## 一應俱全膠囊酒店
# 安心お宿 京都四条烏丸店

**交通**：地下鐵烏丸線「四条駅」、阪急「烏丸駅」3 號出口步行約 3 分鐘

首度進駐關西、提供百種以上免費服務，除了男女膠囊分開樓層，還有室內溫泉及半露天風呂（女性有岩盤浴）。2樓休息室內有漫畫室、免費Wifi及影印機，還有免費飲品供應。房型分為一般膠囊房與豪華膠囊房，豪華房的空間相當實用，將其中一面牆挖空，另闢一角成書房，提供置物架及電腦枱。

尊貴膠囊有額外空間，提供小雪櫃、置物架及電腦枱。

**地址**：京都市下京區綾小路通東洞院東入神明町 239-1
**電話**：0120-083-554
**Check-in**： 3:00pm、Check-out ：3:00pm
**房價**：一人房 ¥8,800 起
**網頁**：www.anshin-oyado.jp/kyoto

## 女士限定
# CAFETEL 京都三条 for Ladies

**交通**：京阪電車三条駅 2 號出口、京都地下鐵東西線三条京阪駅直達

KEIHAN Stays旗下的新旅館，剛於2018年7月開幕。融合了CAFÉ與HOSTEL概念，整間旅館都是女士最愛的打卡位，一樓的咖啡廳更是姊妹淘們的Girl's Talk場地。客房分為3人房及4人床位，部分房間坐擁鴨川河景，房價每人只約¥4,000。旅館地點相當就腳，與京阪電車三条駅及地下鐵三条京阪駅相連。

旅館主打的3人客房，只招待女士入住。

**地址**：京都府京都市東山區大和大路通三条下ル新五軒町 173、京阪三条南ビル
**電話**：0120-083-554　**Check-in**： 4:00pm、**Check-out** ：11:00am
**房價**：三人房 ¥11,806 起（視乎日子而定）　**網頁**：http://cafetel.jp

## 傳統料理店改建
# Hotel Intergate Kyoto 和式風情

**交通**：地鐵烏丸線「四条」駅下車，於 22 號出口步行約 5 分鐘

由傳統料理店「伊勢長」遺跡改建，融合京都風與商務酒店設計，還設有大浴場，房間面積最細都有215呎。早餐由獲得法國Escoffier勳章的名廚江本浩司主理，酒店大堂亦有全天候開放的休息室，免費提供咖啡、茶點。位置雖然不及上述2間就腳，但距離地鐵站步行5分鐘，尚可接受。

**地址**：京都市中京區新町通錦小路上る百足屋町 387
**電話**：075-255-2221
**房價**：雙人房 ¥8,942 起 / 位（視乎日子而定）
**網頁**：www.intergatehotels.jp/kyoto_shijo

# Snoopy 主題酒店 **Map**21-1
# PEANUTS HOTEL

**交通**：地下鐵三宮駅東 3 出口步行約 5 分鐘

2018年8月開幕的PEANUTS HOTEL共有6層高，酒店一樓及三樓設有首次進軍關西的PEANUTS Café 及 PEANUTS DINER，客房分布於四至六樓，分別以「IMAGINE」、「HAPPY」、「LOVE」為主題。全館只有18間客房，房價已包PEANUTS DINER提供的早餐，每一間客房都布置上不同風格，全部緊扣漫畫的情節和經典對白。房內有好多驚喜位，例如床頭的支裝水、原子筆和Memo紙，以及浴室內的牙刷、牙膏及沐浴用品都有Snoopy嘜頭做包裝。粉絲捨唔捨得用呢？

酒店限定的紀念品，史粉們要準備大出血。

**地址**：神戶市中央區中山手通 1-22-26
**電話**：078-200-5848　**網頁**：www.peanutshotel.jp

即使不入住酒店，也可以在餐廳內感受一下《花生》漫畫世界。

**63號房 ¥37,400**
房間布置很有心思，牆身有Snoopy 50年代的初版畫作和經典對白。
**面積：19平方米（162呎）**

**54號房 ¥44,000**
和式客房設計，牆身畫滿櫻花，設計獨一無二。
**面積：25平方米（269呎）**

## 神戶港4星酒店
# Hotel Okura Kobe

**交通**：阪神「神戶三宮」駅東口，於「ミント神戶」Mint Kobe 1 樓 8 號月台有酒店免費接駁車

神戶港的老牌星級酒店，35層樓高的白色建築，客房數達475間，房間十分寬闊，面積最小都有290呎。酒店距離神戶元町商店街只數分鐘路程，步行到唐人街只需5分鐘，附近還有神戶港塔、麵包超人博物館及Harborland Umie商場等大型景點，位置很方便。

**地址**：神戶市中央區波止場町 2-1
**電話**：078-333-0111
**房價**：雙人房 ¥12,160 起（22 年 12 月參考價）
**網頁**：https://www.okura-nikko.com/

## 郵輪形地標酒店
# Meriken Park Oriental Hotel

**交通**：阪神「神戶三宮」駅東口，於「ミント神戶」Mint Kobe 1 樓 8 號月台有酒店免費接駁車

**地址**：神戶市中央區波止場町 5-6 **電話**：078-325-8111
**房價**：雙人房 ¥30,250 起 **網頁**：www.kobe-orientalhotel.co.jp

酒店已開業20多年，外觀看起來就像一艘郵輪，成為神戶的地標之一。房間的落地窗看出去就是神戶塔，旁邊就是Harborland Umie商場，所有客房均有露台，坐擁極佳的夜景。與Hotel Okura Kobe一樣，於三宮駅有免費接駁巴士。

## 平價商務旅館
# Villa Fontaine 飯店

**交通**：JR 三ノ宮駅東口步行約 4 分鐘；
阪神「神戶三宮」駅東口步行約 4 分鐘

位於神戶市中心繁華地段的飯店，距離神戶三宮駅走路只需4分鐘，前往機場也很方便，房間面積雖不及前述兩間大，但以經濟型旅館來講，190呎的空間已相當足夠，算是性價比高的酒店。

**地址**：神戶市中央區旭通 4-1-4 **電話**：078-224-5500
**房價**：雙人房 ¥9,750 起 **網頁**：www.hvf.jp/kobe-sannomiya

# 關西機場交通對策

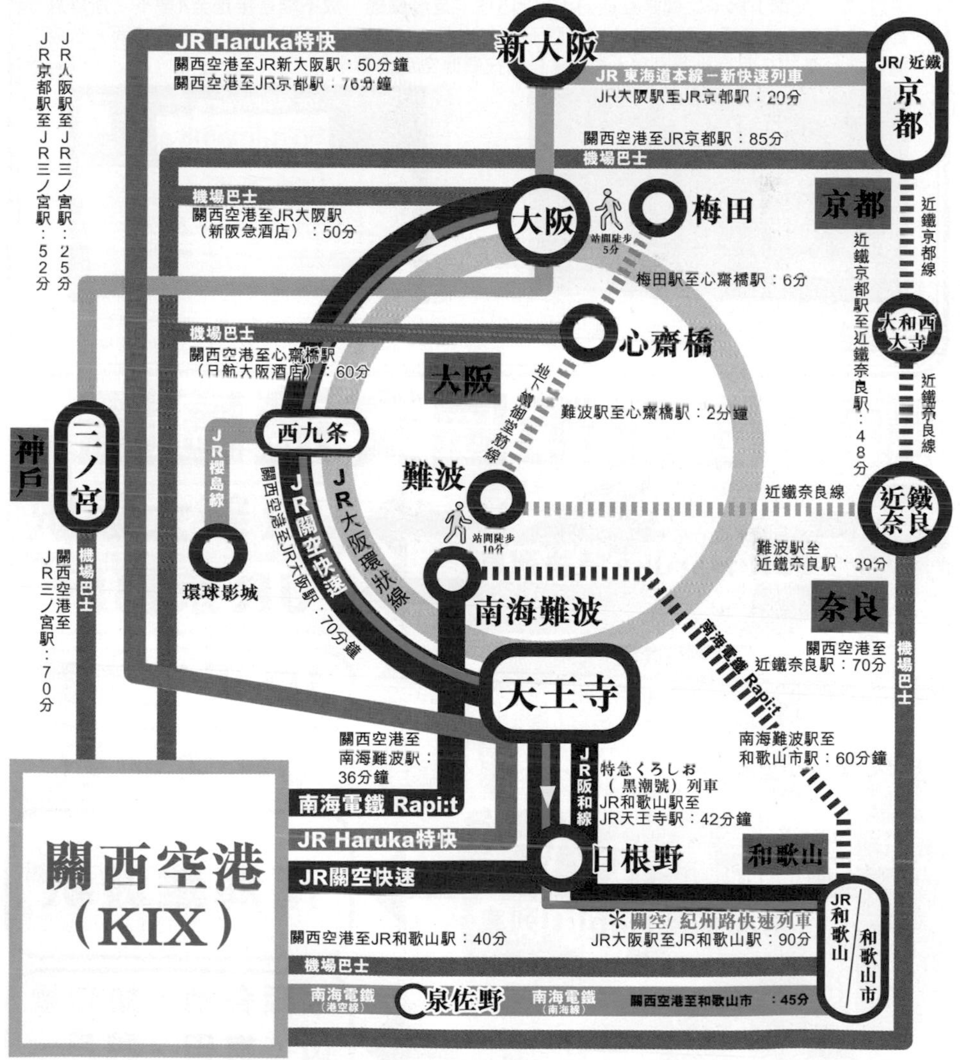

JR Haruka特快
關西空港至JR新大阪駅：50分鐘
關西空港至JR京都駅：76分鐘
新大阪
JR/ 近鐵 京都
JR 東海道本線－新快速列車
JR大阪駅至JR京都駅：20分
關西空港至JR京都駅：85分
機場巴士
JR大阪駅至JR三ノ宮駅：25分
JR京都駅至JR三ノ宮駅：52分
機場巴士
關西空港至JR大阪駅
（新阪急酒店）：50分
大阪
站間徒步5分
梅田
京都
近鐵京都線
近鐵京都駅至近鐵奈良駅：48分
梅田駅至心齋橋駅：6分
大和西大寺
近鐵奈良線
機場巴士
關西空港至心齋橋駅
（日航大阪酒店）：60分
心齋橋
大阪
地下鐵御堂筋線
難波駅至心齋橋駅：2分鐘
神戶
三ノ宮
西九条
JR櫻島線
關西空港至JR大阪駅：70分鐘
JR關空快速
JR大阪環狀線
難波
站間徒步10分
近鐵奈良線
近鐵奈良
難波駅至近鐵奈良駅：39分
環球影城
南海難波
奈良
機場巴士
關西空港至JR三ノ宮駅：70分
南海電鐵Rapi:t
關西空港至近鐵奈良駅：70分
機場巴士
天王寺
關西空港至南海難波駅：36分鐘
JR阪和線
特急くろしお（黑潮號）列車
JR和歌山駅至JR天王寺駅：42分鐘
南海難波駅至和歌山市駅：60分鐘
南海電鐵 Rapi:t
JR Haruka特快
JR關空快速
日根野
和歌山
關西空港（KIX）
*關空/ 紀州路快速列車
JR大阪駅至JR和歌山駅：90分
JR和歌山
和歌山市
關西空港至JR和歌山駅：40分
機場巴士
南海電鐵（港空線）
泉佐野
南海電鐵（南海線）
關西空港至和歌山市：45分

*關空/ 紀州路快速列車：只提供由JR大阪駅單方向往關西空港/ 和歌山方向的列車。

# 搭錯車！（關西空港版）

小編親身經歷，舉家前往大阪度假，住在梅田，由JR大阪駅返回關西空港時，不問因由，見「關西空港」字樣即跳上列車。誰不知這輛列車是叫「關空/紀州路快速列車」，1-4號車卡的確是前往「關西空港」，但5-8號車卡卻會在日根野駅跟前面列車脱離，然後轉往JR和歌山。

當時小編全家人都跳上了第7卡（往和歌山），去到半途才發現「搭錯車」!! 怎辦？

日本的火車卡與卡之間是互通的！但因5號卡是發動機，故不能直接走至4號卡，所以只好先走至第5卡車頭，然後在日根野駅下車步出月台，利用分開車卡的約3分鐘時間，扶老攜幼連行李的在月台上行至第4卡車尾登上往關西空港的車卡！

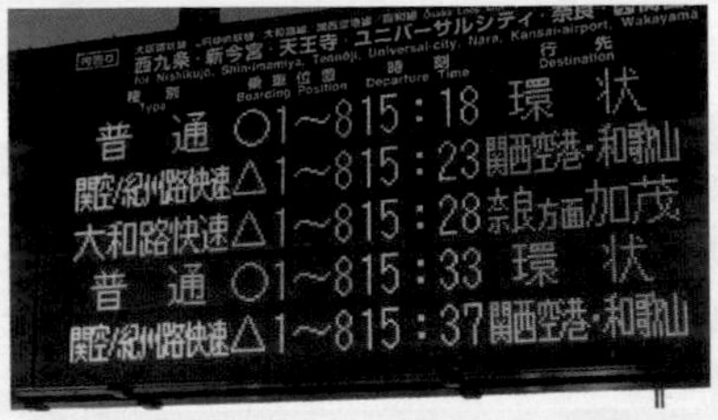


「關空/紀州路快速列車」一車二路：1-4號卡往「關西空港駅」；5-8號卡往「JR和歌山駅」

在JR日根野駅，列車會分開，如上錯車卡，可在日根野駅爭取時間轉換車卡，列車在此站會停約3分鐘。

# 機場往返市區交通圖鑑

**關西空港**

- JR Haruka特快列車 → JR新大阪駅、JR京都駅
- JR關空快速列車 → JR天王寺駅、JR大阪駅
- 南海電鐵Rapi:t列車 → 南海難波駅
- 機場巴士（1/F） → 大阪各地，如和歌山、梅田、神戶、心齋橋、奈良等

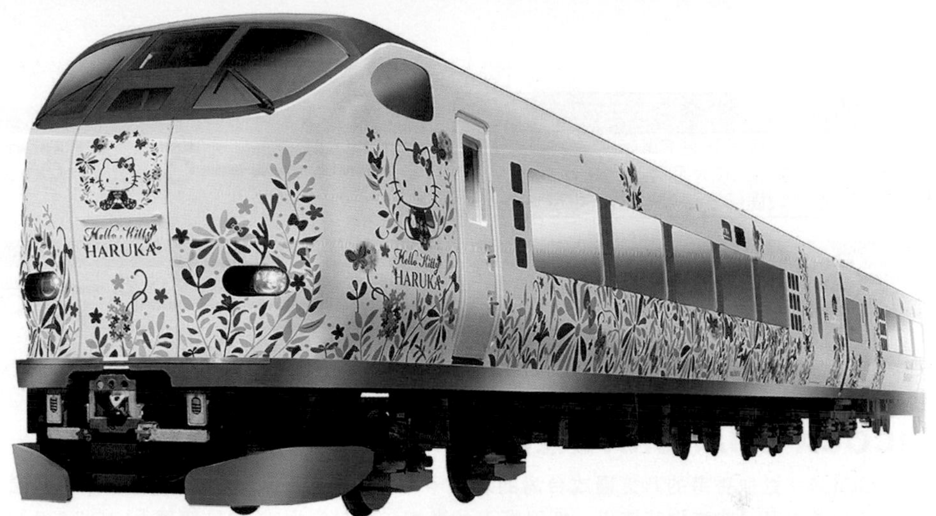


# I.HARUKA 關空特急

HARUKA 其中一款 Hello Kitty 列車，每日由關西機場往返京都對開各4班，由於每日運行時間不同，能否遇上要講運氣。

| 優點 | 缺點 |
|---|---|
| **快捷**：35分鐘達天王寺站，50分鐘達新大阪站，75分鐘達京都站<br>**舒適**：車廂寬敞，設有行李擺放架 | **停站太少**：全程只停天王寺、新大阪站及京都3個 JR 車站，往其他地點要轉車 |

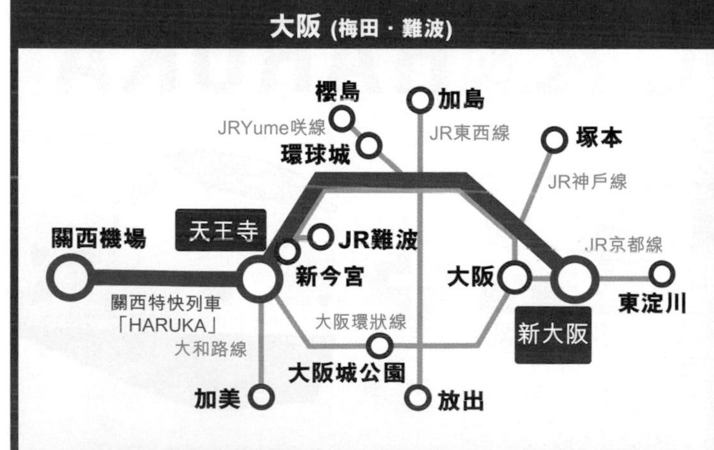


## 轉車對策 *

* 以下路線憑即日 HARUKA 車票可免費轉乘

| 往梅田 |
|---|
| 新大阪站下車轉乘 JR 至大阪站 |
| **往難波** |
| 天王寺站下車轉乘 JR 至難波站 |

| 往神戶 | 往奈良 | 往嵯峨嵐山 |
| --- | --- | --- |
| 新大阪站下車轉乘JR神戶線至三之宮等站 | 天王寺站下車轉乘JR大和路快速線至奈良等站 | 京都站下車轉乘JR嵯峨野線至嵯峨嵐山站 |

京都 (嵯峨嵐山)

關西機場 —— 關空特快列車「HARUKA」 —— 京都 —— 嵯峨野線 —— 二條 —— 太秦 —— 嵯峨嵐山

**班次**：關西機場首班發車6:30，尾班發車22:16；9:00-20:00每小時兩班車，其餘時間每小時一班車

**網址**：https://www.westjr.co.jp/

## 「ICOCA & HARUKA優惠套票」：

「ICOCA」近似香港的八達通或台灣的悠遊卡，可用於關西地區搭乘JR、地鐵、私鐵、巴士等交通工具，或購物時使用。抵達關西的遊客，可於機場或JR站購買「ICOCA & HARUKA優惠套票」，擁有ICOCA卡同時可享HARUKA折扣優惠。

| HARUKA使用區間 | ICOCA & HARUKA優惠 | | 節省 | |
| --- | --- | --- | --- | --- |
| | 單程 | 來回 | 單程 | 來回 |
| 關西機場 -- 天王寺 | 3,200 | 4,400 | 540 | 1,080 |
| 關西機場 -- 新大阪 | 3,600 | 5,200 | 780 | 1,560 |
| 關西機場 -- 京都 | 3,800 | 5,600 | 1,100 | 2,200 |

＊日圓計算 / 截至2019年8月

* 遊客購買時需出示有效護照

*ICOCA卡內含 ￥1,500儲值金和 ￥ 500押金（押金可在退卡時退還）

* 如本身已有ICOCA卡，出示該卡亦可單獨購買「HARUKA折扣券」(上列票價減 ￥2,000)

*HARUKA車票可選單程或來回，回程可定在購買日14天之內，並需選定回程車站

*12歲以下兒童可購買關西地區鐵路周遊券(￥1,100)，憑券乘坐HARUKA及其他列車

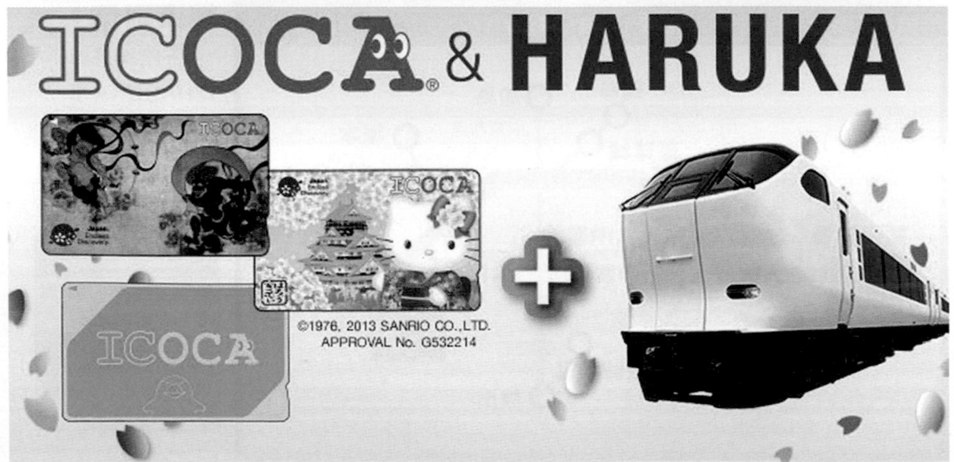

## II. 關西機場快速

### 優點

**方便**：由關西機場至大阪市區，行經大阪環狀線，途經天王寺、梅田等區域

**班次**：繁忙時間每小時有四班車

### 缺點

**行車時間**：關西機場至大阪站需時70分鐘，至天王寺站需時50分鐘

**班次**：關西機場首班發車5:50，尾班發車23:32；12:00-21:00每小時四班車，其餘時間每小時約三班車

**票價**：關西機場往天王寺站 ¥1,080，往大阪站 ¥1,210

**網址**：https://www.westjr.co.jp/

## III. 南海電鐵

住在難波或心齋橋的遊客，除了JR，也可選擇在南海難波站乘南海電鐵往返關西機場。南海電鐵分特急Rapi:t及空港急行兩種班次，前者車程僅半小時，後者也只是45分鐘，非常方便。

**班次**：關西機場首班發車5:45（空港急行）、6:52（特急Rapi:t）；尾班發車23:40（空港急行）、23:00（特急Rapi:t）；每半小時一班車

**票價**：特急Rapi:t ¥1,450，空港急行 ¥930

**網址**：http://www.nankai.co.jp/

## IV. 廉航夜機首選——機場巴士

疫情關係致遊客減少，直至2022年12月下旬，機場巴士暫時仍然停運中。最新消息敬請留意官方網站。

**網址**：www.kansai-airport.or.jp/tw/morning-midnight

## Japan Rail Pass——關西地區火車證

JR推出了四張可以在關西地區使用的火車證，四張所使用的區域也不同，最常用的有兩款，分別是JR West Pass-Kansai Area和JR West Pass-Wide Area。至於JR RAIL PASS（JR日本全國火車證）是全日本適用，價格最貴，一般適用於跨地區使用，例如從青森去大阪、大阪去東京等，跟這些地區性的JR PASS不同。

**JR西日本網頁**：www.westjr.co.jp/global/tc/

## i) JR West Pass － Kansai Area

**票價**：1day(￥2,400)、2days(￥4,600)、3days（￥5,600）、4days（￥6,800）

**可用範圍**：奈良線、京都線、大阪環狀線、神戶線、阪和線、關西機場特快HARUKA號、學研都市線、OSAKA東線、JR YUME SAKI線。

**可使用的列車**：關西機場特快HARUKA號——普通車廂自由席、新快速、快速及普通列車。如乘指定席及特急列車須補回差額，同時也不可乘新幹線。

**購買地點**：JR綠色窗口，關西國際機場也可買到，只限遊客購買。

**建議用法**：關西機場至JR京都駅單程要￥2,900，光是一程已值回票價。若買3日票，翌日安排由京都來回神戶一日遊的話（京都來回神戶￥2,200），第3日往來奈良（來回2程共￥1,440），3天JR車費已省回￥940。當然，若買4日票，並在最後一天前乘Haruka號回關西空港，就實在是終極超值，共省下￥2,640！

**車票資訊**：www.westjr.co.jp/global/tc/

## ii) JR West Pass － Kansai Wide Area

**票價**：5days（￥10,000）

**可用範圍**：1．包括上述Kansai Area的所有路線。
2．來往京都與新宮的KIROSHIO特急列車（經和歌山和白濱）、山陽新幹線（新大阪至岡山段）、超特急列車KOUNOTORI（新大阪至城崎溫泉段）、超特急列車KamAKAZE號（大阪至城崎溫泉段）、超特急列車KINO-SAKI號（京都至城崎溫泉段）、超特急列車THUNDER BIRD號（大阪至敦賀段）。

**可使用的列車**：可用範圍中的列車的指定席。

**購買地點**：JR綠色窗口，關西國際機場也可買到。此外，也可以在網上先填表格預約，並於JR綠色窗口領取。

**適合行程**：如果打算前往白濱，可購買此火車證，因為2天1夜的行程已抵回火車證成本。

（以上套票資料 截至2022年12月）

1) 每人在日本定留期間（以每次簽證為準），只可買一張JR West Pass。
2) 買優惠車票時要預備3份文件：護照、簽證（即護照內那張日本海關的貼紙）及電子機票列印本（iPad或任何電子屏幕顯示均不接受）。

# 大阪

# OSAKA

## 大阪市廣域圖

天神橋筋
梅田
大阪城
堀江
美國村
南船場
心齋橋
道頓堀/難波
環球影城
港區
日本橋
天王寺/新世界

# 大阪府優惠車票攻略

京阪神各地都推出不同的優惠車票，雖然比每次購單程票方便又慳錢，不過一些優惠票的功能重複，又有一些可能用不著，購買時想清楚，無謂慳字得過貧。

## 1. 大阪周遊卡一日券・二日券

**抵買指數：★★★★★**

大阪周遊卡分1日及2日券，除了可在有效期內任坐Osaka Metro大阪地鐵及巴士外，更可以在市內特定的各大名勝觀光點免費入場。2022年官方繼續推出著數方案，免費設施已達40項。但以最高票價計算，前3項依然是原有的Legoland Discovery Center、Santa Maria觀光船、道頓堀River JAZZ Boat。

1日券
¥2,800

2日券
¥3,600

**購票地點**：旅遊服務中心或各大車站

## 免費景點慳到盡

JAPAN NIGHT WALK TOUR
漫步道頓堀，介紹風土人情及人氣食肆。

大阪城御座船
遊覽大阪城內護城河一周。

空中庭園展望台
360度開放式展望台，飽覽大阪街景。

LEGOLAND
以樂高主題的室內體驗型設施。

## ~ 2Day Pass 行程推介 ~

### Day 1
### 港區親子遊

| | |
|---|---|
| 心齋橋←→大阪港 | ¥280x2 |
| 港區　LEGOLAND | ¥2,800 |
| 港區　Santa Maria觀光船(傍晚觀光) | ¥2,100 |
| 港區　天保山大摩天輪 | ¥800 |

### Day 2
### 梅田道頓堀大阪城

| | |
|---|---|
| ¥870 | 心齋橋→難波→森之宮→梅田→心齋橋 |
| ¥1,000 | 道頓堀　水上觀光船 |
| ¥800 | 大阪城天守閣+西之丸庭園 |
| ¥600 | 梅田　HEP Five摩天輪 |
| ¥850 | 梅田　天然溫泉浪花之湯 |

**2日總計 ¥10,380**

**著數咗 ¥6,780!!**

## 2. 大阪一日車票（Enjoy Eco Card）

**抵買指數：★★★★**

¥800

| 使用範圍 | 優點 | 缺點 |
|---|---|---|
| 一天內不限次數搭乘Osaka Metro(大阪地鐵)及大阪市巴士全線 | 只要一天內乘三程以上地鐵已足以回本 | JR、近鐵及私鐵不能使用 |

**購票地點**：旅遊服務中心或各大車站

網址：http://www.kotsu.city.osaka.lg.jp

## 3. 關西周遊卡二天券・三天券（KANSAI THRU PASS）

二天券 ¥4,300　三天券 ¥5,300

**抵買指數：★★★**

| 使用範圍 | 優點 | 缺點 |
|---|---|---|
| • 在指定日子內自由乘坐關西地區的地鐵、私鐵及巴士<br>• 熱門景點惠折扣，如大阪城天守閣入場費減¥100、有馬本溫泉金湯及銀湯入浴費8折優惠 | • 乘坐私鐵往返大阪、京都、神戶、奈良及和歌山等地的旅客<br>• 不需要連續地使用，可以更靈活安排行程 | • JR、奈良及神戶觀光巴士不能使用，南海電鐵或近鐵特急列車需加購特急券<br>• 如不打算一兩天內往返關西多個縣市，此卡並不划算 |

**購票地點**：旅遊服務中心或各大車站

網址：http://www.surutto.com/

## 4. 大阪樂遊券（Osaka e-Pass）

**抵買指數：★★★★**

樂遊券與大阪周遊卡性質相近，都是憑券可以免費進入大阪市的景點，包括梅田藍天大廈空中庭園展望台、HEP FIVE摩天輪及道頓堀水上觀光船等。不過樂遊券不是實體券而是QR code，不能憑券任坐地鐵及巴士，免費入場景點亦較周遊卡少(20項Vs 40項)。不過樂遊券比大阪周遊卡便宜¥1,100（兩天券），是否值得就見仁見智。

1日券 ¥2,000，2日券 ¥2,500，不設小童票

網上購票時只要選定使用日期，便可獲一個QR code，可以憑QR code進入景點。

購票網址：https://www.e-pass.osaka-info.jp/

# 大阪市內交通

## I.Osaka Metro(大阪地鐵)

大阪地鐵是大阪市最重要的交通工具，以8種顏色分為8條路線：

| 路線顏色 | 英文代號 | 編號 | 名稱 |
|---|---|---|---|
| 紅色 | M | 1 | 御堂筋線 |
| 紫色 | T | 2 | 谷町線 |
| 藍色 | Y | 3 | 四つ橋線 |
| 綠色 | C | 4 | 中央線 |
| 粉紅色 | S | 5 | 千日前線 |
| 棕色 | K | 6 | 堺筋線 |
| 淺綠色 | N | 7 | 長堀鶴見綠地線 |
| 橙色 | I | 8 | 今里筋線 |
| 淺藍 | P | 9 | 南港線 |

**使用心得**：地鐵路線雖然眾多，不過遊客最多乘坐的，首推御堂筋線，該線行經梅田、心齋橋、難波(なんば)及天王寺，食買住玩都包攬。至於往海遊館，乘中央線至大阪港站即達。

**票價**：基本票價￥180，並依里程計費　**營業時間**：5:00am-12:00mn

**網頁**：www.osakametro.co.jp

### 大阪地鐵路線圖(局部)

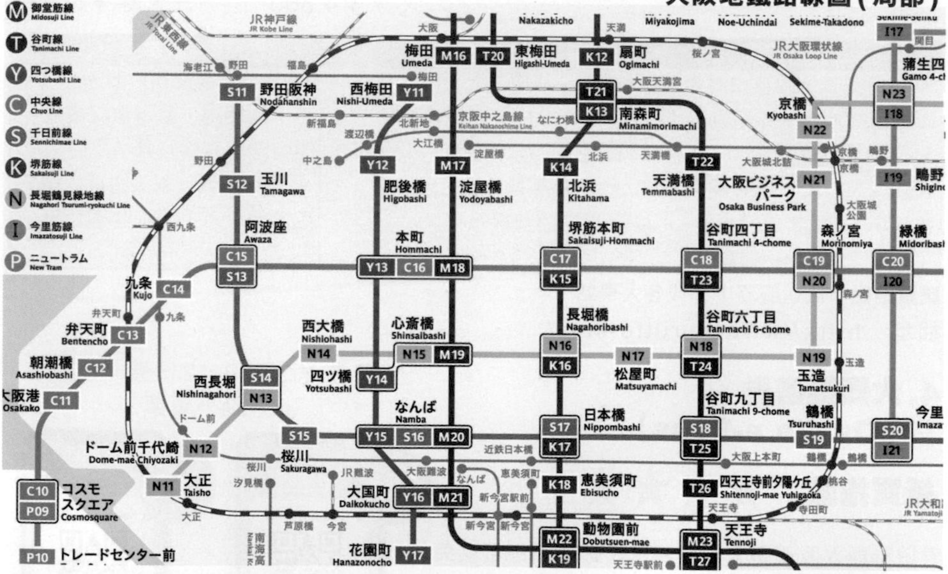

M 御堂筋線 Midosuji Line
T 谷町線 Tanimachi Line
Y 四つ橋線 Yotsubashi Line
C 中央線 Chuo Line
S 千日前線 Sennichimae Line
K 堺筋線 Sakaisuji Line
N 長堀鶴見緑地線 Nagahori Tsurumi-ryokuchi Line
I 今里筋線 Imazatosuji Line
P ニュートラム New Tram

## II.JR

除了往返關西空港及京都及和歌山等周邊地區外，在大阪市內最常乘坐的JR就是環狀線。

**使用心得**：JR環狀線分「外回り」(順時鐘方向)及「內回り」(逆時鐘方向)，如果乘錯方向列車，明明去一個站便變成繞一圈。環狀線常用的車站包括大阪(梅田)、京橋(可轉京阪電鐵前往京都)、森之宮(近大阪城)、天王寺(Haruka轉車)、新今宮(近通天閣)、今宮(轉車難波)及西九条（USJ轉乘站）。

**票價**：￥120　**營業時間**：5:00am-12:00mn

**網址**：https://www.westjr.co.jp/

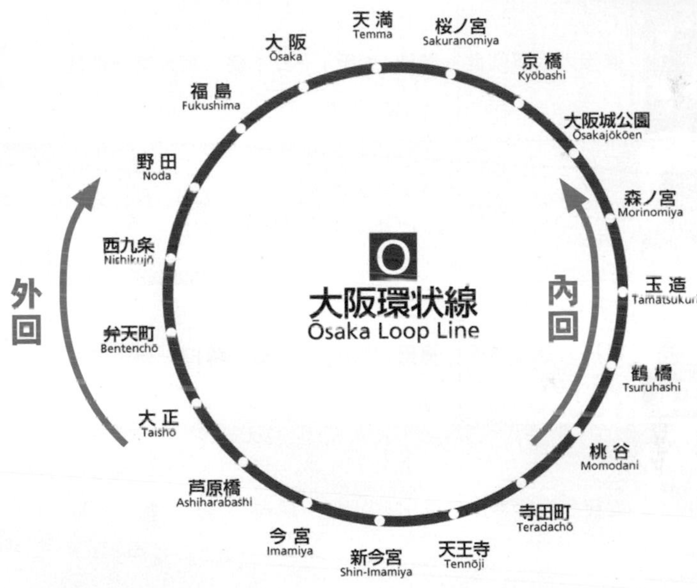


### JR購票方法

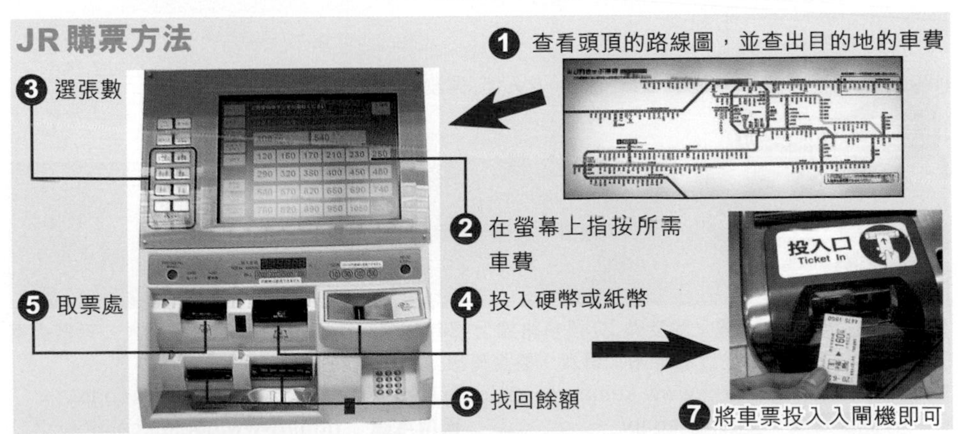

## III. 私鐵

關西是日本私鐵最發達的地區，不過在大阪市內遊覽使用私鐵的機會不多，反而是前往大阪周邊如京都、神戶、奈良、和歌山及高野山等地的主要交通工具。較常使用的私鐵包括：

| 名稱 | 行走地區 | 首站及終站 | 票價(單程) |
|---|---|---|---|
| 京阪電車 | 連接大阪與京都 | 淀屋橋(大阪)→京橋→出町柳(京都) | ¥150-¥470 |
| 近畿鐵道 | 連接大阪與奈良 | 難波(大阪)→日本橋→新大宮→奈良 | ¥150-¥560 |
| 阪急電鐵(京都線) | 連接大阪與京都 | 梅田(大阪)→淡路→烏丸→河原町(京都) | ¥150-¥400 |
| 阪急電鐵(神戶線) | 連接大阪與神戶 | 梅田(大阪)→十三→塚口→神戶三宮 | ¥150-¥320 |
| 阪神本線 | 連接大阪與神戶 | 梅田(大阪)→尼崎→神戶三宮→元町 | ¥140-¥320 |
| 南海電鐵(南海本線) | 連接大阪與和歌山 | なんば(難波)→岸和田→尾崎→和歌山港 | ¥150-¥920 |
| 南海電鐵(高野線) | 連接大阪與高野山 | 難波(大阪)→橋本→極樂橋→高野山 | ¥150-¥1,260 |

**使用心得：**基本上私鐵之間及與JR很多路線上都有重複，而單程票價差別亦不大，考慮選乘那種鐵路，可從鐵路途經的車站，班次，甚至優惠票的種類而決定。

**網址：**
**京阪電車** http://www.keihan.co.jp/
**近畿鐵道** http://www.kintetsu.co.jp/
**阪急電鐵** anshin.co.jp/
**南海電鐵** http://www.nankai.co.jp/

#章魚燒 #霓虹燈箱 #覓食小巷

# 道頓堀・難波
# Dotonbori & Namba

## 交通 往來道頓堀・難波

| 出發站 | 路線 | 到達站 |
|---|---|---|
| 梅田駅 | 地下鐵御堂筋線 9分鐘 | なんば駅（難波） |
| 心斎橋駅 | 地下鐵御堂筋線2分鐘 | なんば駅（難波） |
| 日本橋駅 | 地下鐵千日前線 2分鐘 | なんば駅（難波） |

## 重點推介

固力果廣告板
心齋橋的標誌

法善寺橫丁
古街美食

道頓堀美食特集
人氣拉麵
人氣章魚燒

MAP 2-2
道頓堀・難波
北
戎橋
太左衛門橋
歩行5分鐘
地下鐵千日前線
近鐵難波線
Namba Walk 地下街
日本橋駅
近鐵日本橋駅
日本橋駅
なんば駅（難波駅）
地下鐵堺筋線
南海電鐵難波駅
南OS
北口
中央口
南口
01. 固力果廣告板 2-4
02. とんぼりリバークルーズ 2-5
03. 驚安之殿堂 2-5
04. 食い倒れ太郎 2-6
05. ぐりこ・や Little Osaka 2-6
06. いちびり庵 2-7
07. 道頓堀肉劇場 2-7
08. Tsutaya Ebisubashi 店 2-8
09. 元祖元祿壽司 2-8
10. かに道楽 2-9
11. はり重 2-9
12. 十八番 2-10
13. 本家大たこ 2-10
14. コナモンミュージアム 2-10
15. 神座 2-11
16. 四天王 2-11
17. 金久右衛門 2-11
18. 難波 Dining Maison 2-12
19. 法善寺横丁 2-13
20. 法善寺 2-13
21. Arabiya Coffee 2-13
22. 夫婦善哉 2-14
23. 上方浮世繪館 2-14
24. 松阪牛燒肉M 2-15
25. 北極 2-15
26. Namba SkyO 2-16
27. 重亭 2-17
28. 大阪りくろ 2-17
29. 自由軒 2-18
30. 天下一品 2-18
31. 今井 2-18
32. Namba Parks 2-19
33. EDION 愛電王 難波總店 2-19
34. 千日前商店街 2-20
35. 花月 2-20
36. 丸福咖啡 2-21
37. 若狭家 難波店 2-21
38. 牛かつもと村 難波店 2-22
39. 難波八阪神社 2-22

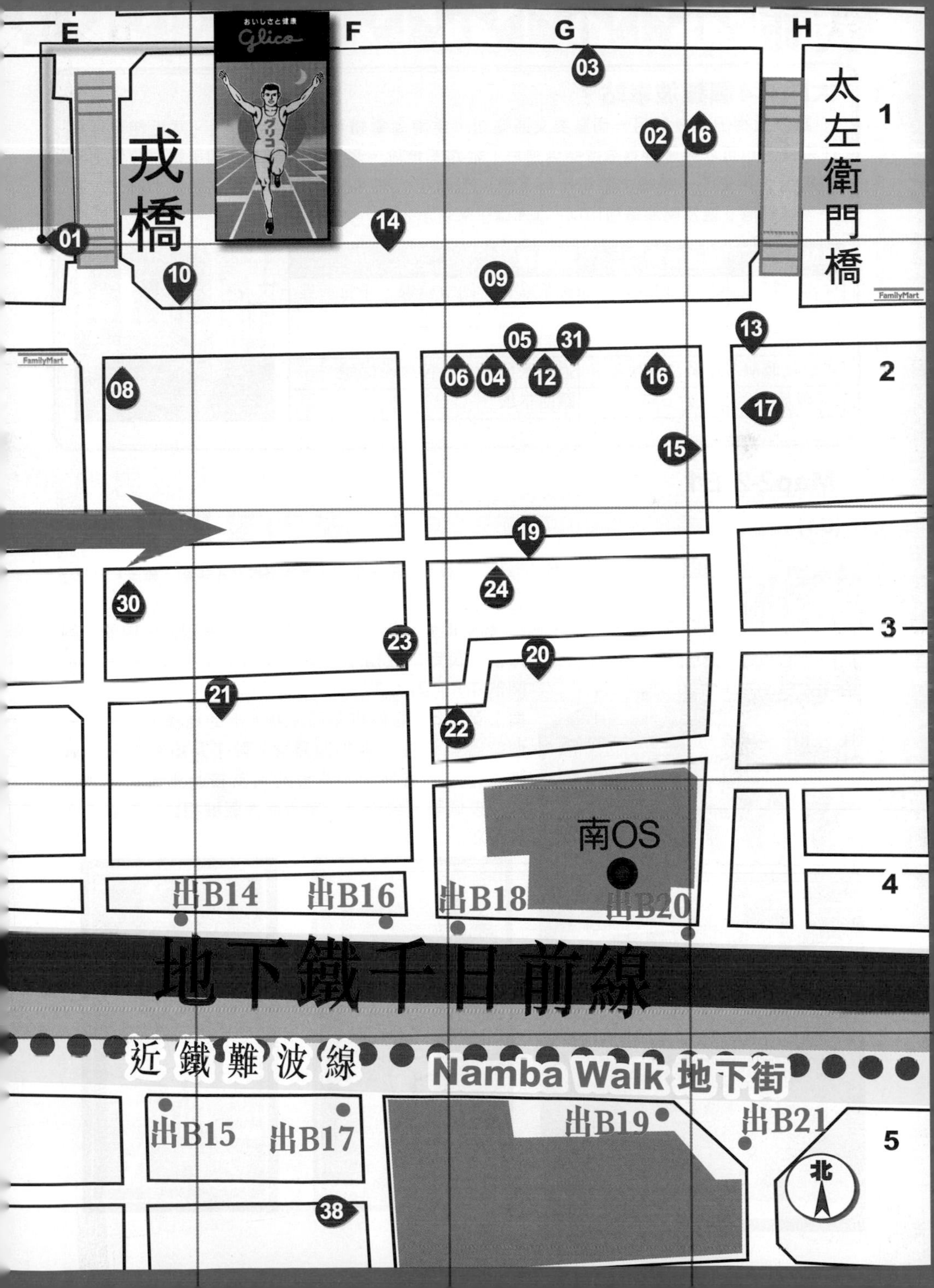

E
F
G
H
1
2
3
4
5
おいしさと健康
Glico
グリコ
戎橋
太左衛門橋
FamilyMart
FamilyMart
01
02
03
04
05
06
08
09
10
12
13
14
15
16
16
17
19
20
21
22
23
24
30
31
38
南OS
出B14
出B16
出B18
出B20
地下鐵千日前線
近鐵難波線
Namba Walk 地下街
出B15
出B17
出B19
出B21
北

### 大阪有4個難波車站？

難波是梅田以外的另一個重要交通樞紐，乘南海電鐵可直達關西空港、乘近鐵可以前往奈良，也可以乘阪神電車連結到神戶、姬路等地區。難波區內共有四個車站，分別由不同鐵路公司營運，各站之間可步行互通。但除了近鐵、JR、阪神的車站稱為「難波」之外，其餘地下鐵及南海電鐵均以「なんば」來表示。

| 車站 | 鐵道公司 | 鐵路線 |
|---|---|---|
| なんば駅 | Osaka Metro (大阪地鐵) | 御堂筋線、四つ橋線、千日前線 |
| なんば駅 | 南海電鐵 | 南海本線 |
| 大阪難波駅 | 近鐵及阪神電車 | 近鐵奈良線、阪神なんば線 |
| JR難波駅 | JR西日本 | 關西本線 |

**Map**2-2/ **E1**

**01**

## 大阪男神
# 固力果廣告板

**地下鐵千日前線、御堂筋線なんば駅（難波）14號出口步行約3分鐘**

眾所周知大阪的固力果廣告板，是到此一遊的影相靚位，位置就在道頓堀與心齋橋交匯處的戎橋側，左圖的第5代固力果人，已於2014年8月拆御，之後再換上第6代。這個燈箱已成為大阪的地標，幾乎每一個遊客都會在此處拍照留念。除了是遊客的熱門景點之外，連當地人也喜歡約朋友在此集合。可想而知，這個固力果燈箱的魅力與大阪城相比，有過之而無不及。

LED版的背景更會隨時間改變。

第5代（霓虹光管版）

第6代（LED版）

# 道頓堀水上觀光船
# とんぼりリバークルーズ

Map2-2/ G1

地下鐵御堂筋線なんば駅（難波）B20 出口步行 4 分鐘

登船處其實就在驚安之殿堂前面，這條筆直的人工運河，全長2.5公里，於1615年完工，船上有導賞員生動地解說，航行路線不算長，越過太左衛門橋、日本橋、新戎橋等9座觀光橋後便折返回起點，花20分鐘感受一下大阪的水都風情也不錯。

INFO

道頓堀，驚安之殿堂前（ン・キホーテ）| 1:00pm-9:00pm，周六 11:00am 開始，周日及公眾假期 11:00am-7:00pm | 全程約 20 分鐘；整點開始計每 30 分鐘一班，5 月底至 6 月底，10 月中至 3 月中停駛 | www.ipponmatsu.co.jp | 大人 ¥900、小童及學生 ¥400

Map2-2/ G1

# 24小時買餐飽
# 驚安之殿堂

地下鐵御堂筋線なんば駅（難波）B20 出口步行 4 分鐘

掃貨熱點

遍布全日本的驚安殿堂，幾乎什麼生活雜貨都有得賣，但凡零食、電器、廚具、服飾甚至連藥妝都有。因為營業至深宵，夜鬼一族都會安排晚飯後到此一遊。至於大樓外牆的黃色摩天輪，一直以來都因機件故障不對外開放。事隔9年，這座77.4米高的摩天輪，已於2018年1月復活。耗資2.5億日圓翻新後，32卡車廂均以不同的吉祥物作布置，每一卡車廂可坐4人。登上摩天輪後，車廂會180度自轉，面向道頓堀川，十分有特色。

各式美妝產品琳瑯滿目，更有驚喜連連的指甲貼。

INFO

大阪市中央區宗右衛門町 7-13 | 06-4708-1411 | 11:00am-2:00am | www.donki.com

食倒太郎是大阪的象徵人物，時時刻刻都有粉絲來找它合照。

## Map2-2/ G2 大阪經典名人

## 04 食い倒れ太郎

地下鐵御堂筋線なんば駅（難波）14 號出口步行 4 分鐘

穿著條紋小丑裝、戴著黑框眼鏡的「食い倒れ太郎」（食倒太郎），原本是一間和洋料理店的吉祥物；該店在2008年結業後，食倒太郎的去留曾成為大阪熱烈討論的話題。在本地人極力維護之下，食倒太郎終於在2009年回歸，同場加映「太郎本舖」販售食倒太郎的周邊商品。2011年因東北大地震，為響應節省電源，食倒太郎一度要停工，翌年才繼續在原址服務大眾。

INFO

大阪市中央區道頓堀 1-7-21

## 固力果手信店 Map2-2/ G2

## ぐりこ・や Little Osaka 05

地下鐵御堂筋線なんば駅（難波）14 號出口步行 4 分鐘

店內有琳瑯滿目的固力果零食，還有當店限定的復刻版餅乾、變身固力果跑手的聯乘精品，產品多得令人失控。店內還有可愛裝修供拍照，例如巨型百力滋棒、巨型蛋卷等。別錯過店門外的固力果布景板，這位「男神」可以說是大阪的象徵，很多遊客都會專程來排隊打卡。

INFO

大阪市中央區道頓堀 1-7-21 | 06-6484-0240 | 10:00am-8:00pm | https://www.glico.com/jp/shopservice/glicoya/dotonbori

大阪限定伴手禮 ⑥

# いちびり庵 Map2-2/ G2

掃貨熱點

地下鐵御堂筋線なんば駅（難波）14 號出口步行 5 分鐘

いちびり庵就在食倒太郎旁邊，這裡雲集各種大阪特色手信，其中最特別的是食倒太郎的商品，很多是市面上罕見的限定款式。いちびり庵早在天正年間（即1573年 至1593年）創業於大阪，當時是賣文具紙品，直到昭和時代才轉賣工藝品，到了昭和49年（1974年），才正式轉營到現時的模式。

既然不能帶一個大阪燒回去，不如帶這些仿真度極高的大阪燒脆餅。

食倒太郎的產品永遠都是這裡的人氣商品。

INFO

大阪市中央區道頓堀 1-7-21 中座くいだおれビル 1 階（道頓堀店）；大阪市中央區難波 1-7-2（本店）| 06-6212-5104（道頓堀店）；06-6211-0685（本店）| www.ichibirian.jp | 10:00am-11:00pm（道頓堀店）；10:00am-10:30pm（本店）

Map2-2/ A1 勁量牛肉蓋飯

# ⑦ 道頓堀肉劇場

地下鐵千日前線、御堂筋線、四つ橋線なんば駅（難波）25 號出口即見

道頓堀肉劇場即使平日中午來都大排長龍，招牌菜是大劇場蓋飯，包括牛背肉、橫膈膜、雞頸肉、豬脊肉等，4種肉片在碗內滿滿的堆成小山，分量十足，白飯加大都不用加錢；每月2號、9號、29號三日幫襯的話，連肉量都可以免費加大。

堆成小山一樣的燒肉，淋上超濃厚醬汁。

INFO

大阪市中央區道頓堀 2-2-2 | 06-6214-2951 | 11:00am-11:00pm | https://nikudonsenmonten.com/index.html

大阪充電站 08 **Map2-2/ E2**

# Tsutaya Ebisubashi店

地下鐵御堂筋線なんば駅（難波）14 號出口步行 3 分鐘

Tsutaya Ebisubash位於戎橋筋商店街入口旁，是一棟集書店、咖啡店、藥妝店於一身的複合式小商場。由地庫1樓至5樓為蔦屋書店，銷售書籍、唱片及雜貨；1至2樓是Starbuck咖啡店，2樓有靠窗的座位，可以看著這邊的熙來攘往的街景。3樓為首次進駐關西的日本著名化妝點評網Cosme的實體店，店內的美妝用品更以人氣度來排列，方便搜購。

INFO

大阪市中央區道頓堀 1-8-19 | 06-6214-6262 | 10:00am-10:00pm | www.tsutaya.co.jp

**Map2-2/ G2** 09

迴轉壽司始祖

# 元祖元祿壽司

地下鐵御堂筋線なんば駅（難波）14 號出口步行 5 分鐘

於1958年創業的元祖元祿壽司，是全日本第一間以迴轉方式經營的壽司店。店門口上方的巨手握壽司十分搶眼，道頓堀的人潮本來就多，再加上這家店真的超人氣，常看見門口大排長龍。元祿的創辦人白石義明，當時從Asahi啤酒廠的運輸帶上取得靈感，將其引用於壽司店中，成功改革及招攬更多顧客。

INFO

大阪市中央區道頓堀 1-6-9 | 06-6211-8414 | 11:30am-9:30pm( 周三休息 )| www.mawaru-genrokuzusi.co.jp

## 午市平食蟹餐
# かに道楽 ⑩

**Map2-2/ E2**

地下鐵御堂筋線なんば駅（難波）14 號出口步行 3 分鐘

かに道楽（蟹道樂）外牆的大蟹模型，已成為道頓堀另一個地標。這間蟹道樂除了是必吃之外，也是必到的「旅遊景點」。如果想吃得節省一點，可於午餐時候來到，這裡的午市套餐由￥2,000至￥4,000，晚餐則由￥3,500至￥8,000。店門外設有外賣攤位，售賣蟹壽司及炭火燒鱈場蟹腳，也有一些精品出售。

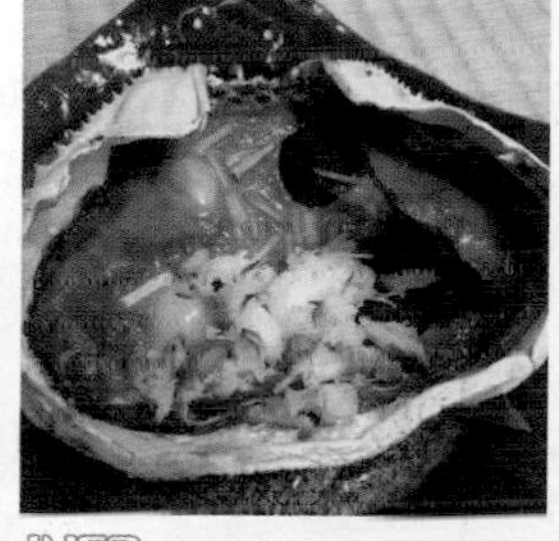

INFO

大阪市中央區道頓堀 1-6-18 | 06-6211-8975 | 11:00am-10:00pm | http://douraku.co.jp

## 和牛專門店
# はり重 ⑪

**Map2-2/ A1**

地下鐵御堂筋線なんば駅（難波）14 號出口步行 1 分鐘

はり重創業過百年，店內設有專櫃專售高級和牛，如松阪牛、但馬牛，也經營西餐廳，別因為他們老字號氣派而腳步，店內無論是牛扒、咖喱、意粉等午餐食物大約￥1,000左右便有交易，豐儉由人。

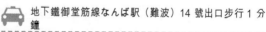

店內還設有肉類外賣專櫃

滑蛋牛肉飯 ￥800

INFO

大阪市中央區道頓堀 1-9-17 | 06-6211-7777 | 11:30am-10:30pm （L.O.9:15pm，逢周二休息）| www.harijyu.co.jp

# 【道頓堀人氣章魚燒】

## 脆口章魚燒 ⑫
## 十八番 Map2-2/ G2

地下鐵御堂筋線なんば駅（難波）14 號出口步行 5 分鐘

道頓堀有多間章魚燒店，每一間各有其擁護者，最具人氣之一便是十八番，標榜每天從市場直送新鮮章魚，保證都是新鮮食材。麵漿是由櫻花蝦、天かす（炸麩）、生薑和牛奶混合而成。口感較一般章魚燒飽滿紮實，不走軟脸路線，因加入炸麩的關係外皮變得脆口，吃時還會嚼到脆粒。再簡單地灑一些紫菜及柴魚碎在上面，即使不加太多醬汁，章魚燒本身就很好吃。

INFO

大阪市中央區道頓堀 1-7-21 | 06-6211-3118 | 11:00am-9:00pm | 章魚燒：￥500/6 個、￥800/10 個

## ⑬ 大大件用料十足
## Map2-2/ H2 本家大たこ

地下鐵御堂筋線なんば駅（難波）14 號出口步行 5 分鐘

本家大たこ創業於昭和47年（1972年），小小的攤位卻生意非常好，標榜使用壽司店等級的章魚。店方毫不吝嗇用料，小丸子內加入大塊的章魚肉，柴魚片也是大片地灑在上方，真材實料。章魚燒接到手時，熱騰騰的柴魚片在章魚燒上飛舞飄香。除了招牌章魚燒外，店內還供應啤酒及串炸等食物。

INFO

大阪市中央區道頓堀 1-4-16 | 06-6211-5223 | 10:00am-11:00pm，賣完即止 | 章魚燒：￥450/6 個、￥750/10 個、￥1,500/20 個

## 章魚燒主題店 ⑭ Map2-2/ F2
## コナモンミュージアム

地下鐵御堂筋線なんば駅（難波）14 號出口步行 5 分鐘

コナモンミュージアム以主題館形式經營，店舖樓高四層，地面是賣章魚燒擋攤，地庫B1/F餐廳內可以吃到神戶的明石燒；二樓博物館展示章魚燒、大阪燒等食材的歷史；三樓有DIY模型體驗教室，可以製作章魚燒模具。

INFO

大阪市中央區道頓堀 1-6-12 | 06-6214-6678 | 11:00am-10:00pm | www.shirohato.com/konamon-m | ￥530 起

# 【道頓堀人氣拉麵】

## 真正大阪拉麵 ⑮
## 神座 Map2-2/ H2

地下鐵御堂筋線なんば駅（難波）14 號出口步行 5 分鐘

神座的初代店主布施正人，就在道頓堀一條小巷中開店，當時只有9個座位卻可以日賣500碗麵，後來更擴展到關東，與來自京都的天下一品為關西拉麵打出名堂。這裡是用醬油湯底配幼身麵條，簡單的加入叉燒，但原來店家說秘密是當中的大白菜，因為大白菜提起了湯的甜味。

人氣No.2的煮玉子ねぎラーメン，￥830。
這些辣韮菜拌入拉麵中可以增添香味。
這裡是先付款買麵然後入座。

INFO
大阪市中央區道頓堀 1-7-25 | 06-6211-3790 | 周一至四 11:00am-10:00pm，周五至日到 11:00pm | https://kamukura.co.jp/

## 四種拉麵元素 ⑯
## 四天王 Map2-2/ G2

地下鐵御堂筋線なんば駅（難波）14 號出口步行 4 分鐘

熙來攘往的街道上豎立著「四大王」字樣的大招牌，店內提供三款拉麵，包括醬油味、鹽味、味噌味。四天王的豚骨湯底是用雞骨、昆布、牛蒡、洋蔥等12種食材下去熬煮出來。淺淺的醬油香帶點白芝麻的味道，菌也適當地提昇湯底的豐富度。麵條是店方自家製手打麵，軟硬算適中，叉燒則來自鹿兒島的黑豚肉，肥瘦比例剛好。

INFO
大阪市中央區道頓堀 1-7-1 | 06-6212-6350 | 24 小時 | 醬油味 ￥730、鹽味 ￥750、味噌味 ￥780

## 大阪冠軍拉麵 Map2-2/ H2
## 金久右衛門 ⑰

地下鐵御堂筋線なんば駅（難波）14 號出口步行 4 分鐘

連續3年獲日本美食網站「食べログ」醬油拉麵No.1，主打的黑醬油拉麵，是一般港人難以接受的鹹度。烏漆的湯底第一口喝下去是苦鹹味，慢慢化為甘醇，最後香氣餘韻依舊。這種先苦後甘的感覺，有點像在喝咖啡。不愛重口味的人，建議點另一款「金醬油拉麵」，使用薄口醬油，湯底以雞骨及豚骨熬煮，有叉燒、半熟蛋、竹筍及大量的蔥花，整體配搭得很好。

黑醬油拉麵 ￥850
金醬油拉麵 ￥850

INFO
大阪市中央區道頓堀 1-4-17 | 06-6211-5502 | 11:00am- 翌日 8:00am，周六日 24 小時營業 | king-emon-dotonbori.com

## 難波美食總匯 ⑱ Map2-2/B4

# 難波 Dining Maison

地下鐵御堂筋線難波駅出站即達

難波高島屋是高島屋在關西的旗艦店，網羅了日本國內外頂級人氣精品品牌。當中的7-9F難波Dining Maison，匯聚三十多間食肆，是血拼完後休息充電的好地方。

INFO

大阪市中央區難波 5-1-5 高島屋 7-9F | 03-6273-1467 | 11:00am-11:00pm | | https://www.diningmaison.jp/

## 【美食推介】

### 肉處 KISSYAN 8/F

網羅最高級的A5和牛，透過購買整頭牛的進貨方式，以最實惠的價格提供最上乘的食材，讓顧客能盡情享用道地的燒肉、涮涮鍋、壽喜燒。午餐時段另外推出和牛漢堡排套餐，讓食客以更經濟價錢嘗頂級美味。

### 揚八 8/F

串炸是大阪的名物，揚八把串炸炮製得精益求精，令炸物鬆軟酥脆。駐場侍酒師更會精選適合的酒類配合食物，最啱三五知己在此把酒談天。

### 大阪黑門市場 鮪魚時代 7/F

總店於1927年已於黑門市場開業，鮪魚（吞拿魚）蓋飯與刺生有口皆碑。必試「藍鰭鮪魚三昧蓋飯」（本マグロ三昧丼），一次過吃到鮪魚三個不同部位，口感大滿足。

### 惠亭 7/F

炸豬排專門店，豬排選取最上乘豚肉，再以秘製炸漿及純正植物油精炸而成，更規定每炸60塊豬排便要更換新油，確保每一道出品都至善至美。

## 古樸覓食小巷
# 法善寺橫丁

⑲ Map2-2/ G3

地下鐵千日前線なんば駅（難波）14 號出口步行 2 分鐘

法善寺橫丁就在法善寺旁，這條狹窄的小巷充滿懷舊味道，由明治時期發展至今，從前來聽曲藝「落語」（相聲）的遊客絡繹不絕。法善寺橫丁長約80米、寬3米的石板小路兩側掛上充滿情調的燈籠，頗具江戶風情。整條老街有超過60間餐廳，有大阪燒店、燒肉店，也有頗富盛名的紅豆湯名店、喝鈍豬排飯店，絕對是覓食好地方。最吸引人的是這裡充滿濃厚的大阪懷舊氣息，即使不打算在此用膳，來散步觀光也很不錯。

日語橫丁是小路的意思，石板路兩旁餐廳林立，很有日式風情。

任何時候來都見到排隊參拜的人龍。

## 灑水除煩惱
# 法善寺

⑳ Map2-2/ G3

地下鐵千日前線なんば駅（難波）14 號出口步行 2 分鐘

已超過380年歷史的法善寺，創建於西元1637年。在第二次世界大戰時本堂曾被燒毀，重建後至今已成為人氣鼎盛的寺廟。第一次來參拜的人，一定感到吃驚，整座「水掛不動尊」全身滿布青苔，因為參拜的信眾不斷在神像上澆水祈願，日積月累下來便長滿青苔。據說在神像上淋水有病痛痊癒、消除煩惱和願望成真的寓意。

INFO

大阪市中央區難波 1-2-16 | 06-6211-4152 | 全日 | houzenji.jp/

## 老舗喫茶店
㉑ Map2-2/ F3
# Arabiya Coffee

地下鐵千日前線なんば駅（難波）14 號出口步行 2 分鐘

創業於1951年，是大阪老字號的咖啡店，於大阪市大正區設有自家的焙煎工場，沖出的咖啡頗有專業水準。店內裝潢非常復古舒適，全室木質餐桌茶几，連牆上的Menu都是用木板雕刻，室內的磨豆機、壁燈、吧台旋轉座椅，都刻畫著歲月的痕跡。推薦點一杯招牌特調咖啡￥450，自家烘焙的咖啡豆有一股獨特的香氣，不具苦澀而帶微酸且甘醇，果然有老店的風範。

大部分的單身熟客，都會自動自覺坐上吧台旋轉座椅。

INFO

大阪市中央區難波 1-6-7 | 06-6211-8048 | 時間：周一至五 11:00am-6:00pm，周六日及假日 10:00am-7:00pm(周三不定休) | arabiyacoffee.com/

## 法善寺名物紅豆湯
# 夫婦善哉

㉒

Map2-2/ G3

地下鐵千日前線なんば駅（難波）14 號出口步行 2 分鐘

每客紅豆湯有兩碗，男左女右，可以體會幸福滋味。

夫婦善哉創業於明治16年（1883年），店內只賣一款紅豆湯甜點，有熱的「夫婦善哉」、冷的「冷し善哉」，以及夏季限定的「冰善哉」。紅豆湯的日語發音似善哉，故名為夫婦善哉，每一份有兩碗，據説情侶或夫妻一起吃，會非常幸福甜蜜。大阪人出身的織田作之助於1940年出版的同名小説《夫婦善哉》，有許多關於大阪的描寫，故事描述男女主角經常來夫婦善哉共享紅豆湯。

INFO

大阪市中央區道頓堀 1-2-10 | 06-6211-6455 | 10:00am-10:00pm | 紅豆湯 ¥815 | https://sato-res.com/meotozenzai/

Map2-2/ F3 日本傳統藝術

㉓

# 上方浮世繪館

地下鐵千日前線なんば駅（難波）14 號 出口步行 2 分鐘

浮世繪是日本的傳統版畫藝術，在江戶時代（1603-1868年），大阪和京都地區被稱為「上方」，故上方浮世繪指的是源於上方地區的傳統藝術。館內展示各種木板印刷的版畫，這些的作品主題多為歌舞伎的表演者，描繪古時的民間風情。遊客參觀展品之餘，也可以參加版畫體驗，學習製作浮世繪，一樓還有小賣店販售和風布袋及小精品。

INFO

大阪市中央區難波 1-6-4 | 06-6211-0303 | 11:00am-6:00pm（最後入館時間 5:30pm）；逢周一休息 | www.kamigata.jp | 門票 ¥500

## 口碑評價高 Map2-2/ G3

# 松阪牛燒肉M ㉔

地下鐵千日前線なんば駅（難波）Namba Walk B16號出口步行3分鐘

曾於2015年TripAdvisor網站公佈的「外國遊客日本人氣餐廳排行榜2015」中佔第5位，一直受到相當高的評價。這間燒肉專門店出售的松阪牛均備有證書，品質有所保證，店內有懂說中文的店員駐場，餐單上更有英、日語的牛肉部位示意圖。由於店方是整頭牛購入，所以除了一般常見的西冷、牛肩脊之外，還可以點選一些較特別的如牛心、胃等部位，讓食客一嘗真正的松阪全牛宴。

牛肉的雪花紋和色澤讓人無法抗拒。

INFO

大阪市中央區難波1-5-24 | 06-6211-2904 | 5:00pm-12:00mn | www.matsusaka-projects.com

---

## ㉕ 懷舊紅豆雪條

# Map2-2/ B3 北極

人氣名物

地下鐵千日前線なんば駅（難波）E1出口即達

創業於昭和20年（1945年）的「北極」，店面不大，但藍底紅字大招牌，在商店街上十分顯眼。「北極」至今仍保留大阪傳統風味，堅持每一支雪條都是手工製作，特徵是斜插的雪條棍。據說是為了方便食用，可以吃到最後一口冰都不易掉落。雪條口味選擇非常多，最受歡迎的有紅豆、芋頭、朱古力、檸檬、菠蘿、牛奶等，是消暑聖品。

每一支雪條都是手工製作，特徵是斜插的雪條棍。

INFO

大阪市中央區難波3-8-22 | 06-6641-3731 | 周一至四 11:00am-20:00pm，周五 11:00am-9:00pm，周六 10:00am-9:00pm，周日 10:00am-8:00pm | www.hokkyoku.jp | ¥170起

難波新場

# Namba SkyO

Map2-2/ A4

南海難波駅北改札口直達

如果大家打算在難波出入關西國際機場的話，不妨在回港當日到南海難波駅上蓋的全新商場吃個鮮味刺身，或者嘆一個精緻的日式料理。

Namba SkyO除了與南海難波站直結外，與地下1樓與7樓部分區域為高島屋百貨大阪店的擴充營業區，外國旅客返國如欲從難波搭車前往關西機場，這裡也有行李寄放。

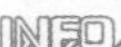

中央區難波5丁目1-60 | 10:00am-9:00pm（部分店家有異）| www.nambaskyo.com/lang-hk.html

## 茶寮 つぼ市製茶本舗

5/F

總店位於堺市，已有超過170年歷史的茶葉專門店。貫徹「日常生活中的茶」概念，以貼地的價錢向大眾推介日本優質茶品。

## TOWEL FACTORY HIORIE

5/F

「泉州毛巾」是大阪名物，百多年前已開始製造毛巾，是許多日本人心目中的毛巾發源地。除了「泉州毛巾」，同場亦發售今治毛巾，同樣以優異吸水性及良好觸感冠絕日本。

## 象印食堂

6/F

香港人對「象印ZOJIRUSHI」家電一定認識，家裡的電飯鍋或熱水瓶可能都用誌品牌。象印食堂顧名思義是用象印家電烹調美食，包括一嘗以高級電飯鍋「炎舞炊」煮出來的白飯，味道是否「零舍不同」。

# 和洋風蛋包飯 ㉗
# 重亭 Map2-2/ B3

地下鐵千日前線なんば駅（難波）Namba Walk B17 出口步行 2 分鐘

重亭在1946年開始營業，以和洋美食作主打，人氣食物有漢堡扒及蛋包飯，至今已賣了六十多年。漢堡肉加了蛋黃和切得很幼細的洋蔥，醬汁則以蕃茄醬、糖、醬油和高湯等秘製而成，用來拌白飯是很不錯的選擇。蛋包飯只是¥820，分量足夠讓男生們裹腹。

INFO

大阪市中央區難波 3-1-30 | 06-6641-5719 | 11:30am-3:00pm；4:30pm-8:00pm；逢周二休息，如遇公眾假期則翌日補休 | www.jyutei.com

芝士蛋糕底部鋪上提子乾，帶來特別的口感。

店內也兼售其他甜品如泡芙及西餅，不過風頭都比芝士蛋糕蓋過。

# ㉘ Map2-2/ B3 老爺爺芝士蛋糕
# 大阪りくろ（Rikuro）

地下鐵御堂筋線なんば駅（難波）11 號出口步行約 2 分鐘

大阪除了Pablo芝士撻出名，另一款「大阪りくろ（Rikuro)」也是芝士界名物。Rikuro創業於1956年，其出爐的蛋糕有廚師嘜頭做商標，常被通稱為「老爺爺芝士蛋糕」。這裡的芝士蛋糕口感棉密輕盈，採用丹麥忌廉、北海道十勝牛乳及日本土雞蛋炮製，每一個直徑18cm，只售¥865，難怪一出爐即售罄。大阪りくろ有多間分店，但難波的分店在2樓設有cafe及少量座位。

INFO

大阪市中央區難波 3-2-28 | 0120-572-132 | 9:30am-8:00pm、 2/F Cafē 平日 11:30am-5:30pm | www.rikuro.co.jp

## 招牌咖喱達人

# 自由軒

**Map2-2/ B3**

地下鐵千日前線なんば駅（難波）Namba Walk B17 出口步行 2 分鐘

自由軒創業於明治43年（1910年），店內裝潢很樸實，沒有故意賣弄西洋風格。招牌菜「月見咖喱飯」跟其他日式咖喱飯不同，是將咖喱汁與白飯拌勻來吃，最後將一隻生雞蛋打在飯上，可以增加咖喱的順滑口感與降底辣度。很簡單的一道料理，好吃與否見仁見智。日本著名作家織田作之助的作品中曾提過自由軒的咖喱飯，牆上也掛上「織田作文學發祥の店」的相框作招徠。

INFO

大阪市中央區難波 3-1-34 | 06-6631-5564 | 11:30am-9:00pm（逢周一休息）| www.jiyuken.co.jp

**Map2-2/ E3** 京都系拉麵

(30)

# 天下一品

地下鐵御堂筋線難波駅 14 號出口步行 1 分鐘

京都派的天下一品跟大阪派的神座，近年為關西系拉麵打出名堂，雖然兩者各有風格，但仍然深受大眾喜歡，所以在全國都廣開分店。天下一品早在1971年便已創業，他們的加盟店只買了湯底和麵條的版權，因此不同分店都有不同的配料，就算連叉燒豬肉都各有風味和製法。

INFO

大阪市中央區難波 1-6-16 | 06-6211-8016 | 時間：11:30am-3:00pm，5:00pm-12:00mn，周六日及假日 11:00am-12:00mn( 周一休息 ) | www.tenkaippin.co.jp

## 老字號烏冬店

# 今井

**Map2-2/ G2**

地下鐵御堂筋線なんば駅（難波）14 號出口步行 3 分鐘

在道頓堀的鬧市內，隱藏了一家開了幾十年的烏冬老店，很多日本的傳媒都有報導過，但較少遊客留意到。店家以北海道南部的昆布和九州熊本的青花魚碎製成湯底，再加入獨門秘製的調味料，提升鮮甜味。招牌菜是油豆腐烏冬，也是大阪的名氣食品之一，價格亦非常大眾化，只要￥760便可以吃到。

INFO

大阪市中央區道頓堀 1-7-22 | 06-6211-0319 | 11:30am-9:30pm，周三休息 | www.d-imai.com

きつねうどん油豆腐烏冬，￥880。

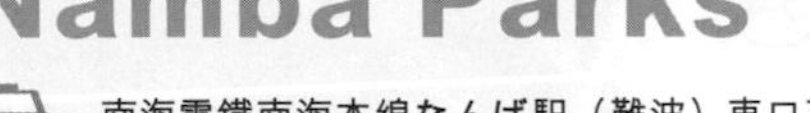

## 關西六本木Hills Namba Parks

**Map**2-2/ **B5** (32)

 南海電鐵南海本線なんば駅（難波）東口直達

原址是大阪棒球場，重建後變成購物中心；這附近不僅是交通方便，更緊鄰著高島屋百貨。整棟建築物外牆設計成波浪形，由東京六本木Hills的建築師Job A Jerde所設計，頂樓是空中庭園，戶外空間佔地相當多，擺上了各種花卉和綠色植物。商場內有全大阪最大規模的複合式電影院，還有超過300間服飾店和餐廳，其中有一些蠻有趣的小店子，不妨去發掘一下。

位於6樓的「菜蒔季」主打各種和洋蔬食料理。

INFO

大阪市浪速區難波中2-10-70 | 06-6644-7100 | 商店11:00am-9:00pm、餐廳11:00am-11:00pm、空中庭園10:00am-12:00mn | www.nambaparks.com

**Map**2-2/ **B3** (33) 一次買齊家電雜貨

## EDION愛電王 難波總店

 地下鐵御堂筋線なんば駅（難波）E3號出口

2019年6月新開幕的「EDION愛電王 難波總店」，從關西機場坐南海電鐵可直達。樓高9層的商場除了一般家電、藥妝雜貨外，各種數碼相機、美髮美容儀器等大小型電器都一應俱全，重點是所有商品均可退稅。館內7樓是電玩天堂，有Bandai、Neverland及LEGO等品牌玩具助陣；8樓搜集了遊客最喜愛的人氣產品，包括符合「海外規格」的美容家電、藥妝、日本雜貨，可以一次過買齊熱門貨品及退稅。另外，9樓更有「難波拉麵座」，集合9間人氣拉麵名店，掃完貨有得醫肚。

INFO

大阪市中央區難波3丁目2番18號 | 06-6630-6733 | 10:00am-9:00pm（7/F&8/F營業至10:00pm、9/F 11:00am-9:30pm）| https://namba.edion.com

## 愈夜愈熱鬧
# 千日前商店街

Map2-2/ C3 

地下鐵千日前線なんば駅（難波）Namba Walk B20 出口直達

千日前商店街緊鄰道頓堀與難波，與戎橋筋商店街平行，是難波一帶龐大商圈的一環。北面接道頓堀，東面接日本橋駅，地下還有難波Walk地下街。與其他商店街一樣，沿路有遮陽棚的屋頂，但這邊氛圍比較庶民一些，有許多創業50年以上的料理店、居酒屋，深受當地人喜愛。

INFO

大阪市中央區千日前 1 | 06-6648-6461 | 因各店而定 | www.sennichimae.com

## 喜劇劇場
# 花月

Map2-2/ C4

地下鐵御堂筋線難波駅 E5 號出口，步行 3 分鐘

單看名字你不會想到這裡是一個專門演喜劇的劇場，這裡由一個大阪的百年演藝企業 －吉本興業開設的一個喜劇舞台，很多本地捧場客。在2012年改建之後，加入了手信店和多間食店，方便觀眾在等候入場時消磨時間。演出的喜劇類型分別有：落語（講古）、漫才（棟篤笑）、喜劇（話劇）等。

劇場不時和多個品牌聯乘合作，提供許多限定商品。

INFO

大阪市中央區難波千日前 11-6 | 0570-550-100 | 視乎不同劇目而定 | www.yoshimoto.co.jp/ngk

# 老牌咖啡店 丸福咖啡 ㊱ Map2-2/ C2

地下鐵千日前線なんば駅（難波）Namba Walk B22 出口步行 2 分鐘

丸福咖啡創業於昭和9年（1934年），分店遍布大阪、東京。創辦人伊吹貞雄先生的秘傳烘培法依舊傳承至今，香醇的咖啡深受本地人喜愛。位於千日前的總店，曾經是小說《薔薇の雨》的場景（田辺聖子著），室內的裝潢和擺設充滿著歷史的痕跡，但絕非殘舊那種，而是散發著一股歐洲懷舊氣息。店內的鬆餅和芝士吐司亦是大人氣餐點，歷久而不衰的味道吸引一眾遊客來朝聖。

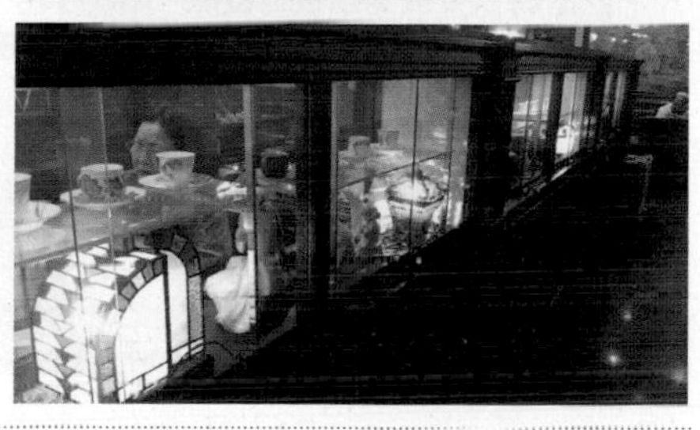

INFO

大阪市中央區難波千日前 1-9-1 | 06-6211-3474 | 8:00am-11:00pm（早餐 8:00am-11:00am）| www.maru-fukucoffeeten.com

# Map2-2/ B1 巨無霸海鮮丼 ㊲ 若狹家 難波店

地下鐵御堂筋線なんば駅（難波）步行 7 分鐘

若狹家的海鮮丼除了經濟實惠外，更以選擇繁多而聞名，無論三文魚、吞拿魚、甜蝦、帶子、蟹柳、海膽或八爪魚，你諗得到或諗不到的，都可以加在丼飯之內，據說組合加加埋埋共300款，對選擇困難的朋友，不妨由最具人氣的三料丼飯入手：有海膽、三文魚子及生蔥花吞拿魚碎肉。滿滿一碗都是￥1,320，非常抵食。

食肆座位有限，食完快快離場。

食得豪一些，滿滿一碗擠滿7-8款海鮮，埋單都不用￥2,000。

三料丼飯￥1,320。

INFO

大阪市中央區道頓堀 1-7-5 | 06-4708-1750 | 11:00am-11:00pm

## 吉列牛排 38 Map2-2/ F5

# 牛かつもと村難波店

地下鐵御堂筋線なんば駅（難波）20 號出口步行 3 分鐘

近年在日本又掀起了吃吉列牛的熱潮，最初由京都勝牛開始，然後慢慢再發展出更多吉列牛店，牛かつもと村是其中一間，而且本地客比較多，因為京都勝牛在外國的名氣畢竟也比較大。吃的時候要放到鐵板上微煎一下，小心不要煮太熟，好的牛扒其實只要稍微煎一下已經很好吃了。

套餐由￥1,300起，視乎部位及分量大小。

INFO

大阪市中央區難波 3-3-1 | 06-6643-3313 | 11:00am-10:00pm | https://www.gyukatsu-motomura.com/shop/namba

## Map2-2/ A5 獅子舞台

# 39 難波八阪神社

地下鐵御堂筋線なんば駅（難波）5 號出口或南海なんば難波駅步行 6 分鐘

京都有著名的八坂神社，在難波其實也有一個非常注目的八阪神社。神社內供奉著素盞鳴尊、奇稻田和八柱御子等神明。這裡的獅子殿高12公尺、寬11公尺、深10公尺，是日本最大的獅子頭。獅子眼睛裝有照明設備，在晚上投射出燈光，更顯威風凜凜。每年1月第3個星期日舉行的綱曳神事（拔河祭神儀式），被指定為無形民俗文化財；另每年7月中的夏祭最尾一天，傍晚時就會於獅子舞台奉納獅子舞和民踊，有興趣可以來感受一下氣氛。

日本人深信獅子舞能夠趨吉避凶。

INFO

大阪市中央區浪速區元町 2-9-19 | 06-6641-1149 | 6:00am-5:00pm | nambayasaka.jp

#名物美食 #藥妝店

# 心齋橋
# Shinsaibashi

交通 往來心齋橋

| 出發 | 路線 | 目的地 |
| --- | --- | --- |
| 梅田駅 | 地下鐵御堂筋線 6分鐘 | 心斎橋駅 |
| なんば駅（難波） | 地下鐵御堂筋線2分鐘 | 心斎橋駅 |

重點推介

Pablo
半熟芝士撻

宇治園
抹茶雪糕

長崎堂本店
長崎蛋糕

MAP 3-2
心齋橋
Rolex
LV
地下鐵御堂筋線
地下鐵長堀鶴見綠地線
CRYSTA 地下街
心齋橋駅
步行5分鐘
PARCO
日航
大丸
(北館)
(本館)
大丸
(南館)
Matsukiyo
(F4-1)
心齋橋筋商店街
大阪帝國
戎橋
01. 心齋橋 PARCO 3-3
02. 長崎堂本店 3-4
03. 帰 ってきた
宮田麺児 3-4
04. THE GUEST
cafe&diner 3-5
05. CANDY ·
A · GO · GO 3-5
06. Le Croissant Shop 3-6
07. Cat cafe MoCHA 3-6
08. 串かつだるま
心斎橋店 3-7
09. 和幸豬排 3-7
10. Crysta 地下街 3-8
11. 焼肉萬野 心斎橋店 3-8
12. 鈍屋拉麵 心齋橋店 3-8
13. Salon de Mon cher 3-8
14. Pablo 3-9
15. WEGO 3-9
16. 宇治園 3-9
17. 麵屋ガテン 3-9
18. 大丸 3-10
19. La Promessa 3-10
20. しゃぶ亭 3-10
21. はなまるうどん 3-10

## 大阪商圈逛街地圖
## 心齋橋 ○ 美國村 ○ 南船場 ○ 堀江

心齋橋、美國村、南船場、堀江是一個互相連貫的商圈，四個區範圍不算很大，徒步10分鐘左右即抵達。若以地下鐵「心斎橋駅」為中心，其北面為南船場，西側是美國村與堀江，往南面跨過戎橋就是道頓堀。

**心齋橋：**以心齋橋筋商店街為中心，全長約580米有近200間店鋪。由南面道頓堀的戎橋口，一直延伸至北面Crysta地下街入口旁。

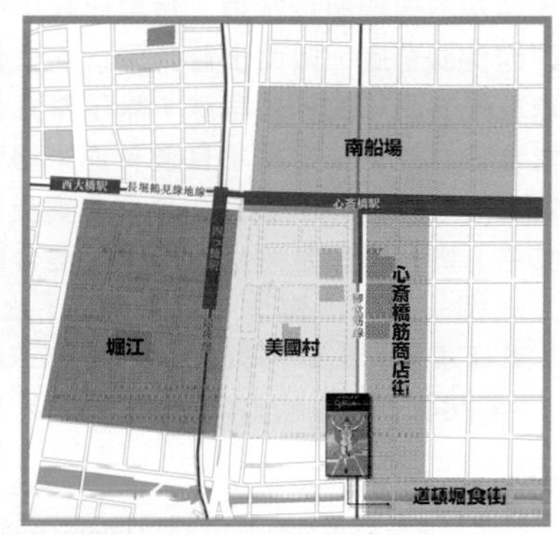


**美國村：**指的是地下鐵御堂筋線西側、由長堀路至道頓堀之間，以三角公園為中心的範圍，是年輕人聚集的地方。

**南船場：**由心齋橋駅到本町駅方向（佔半區）就是南船場區域，也是心齋橋商店街往北延伸的區域。

**堀江：**精品店、流行服飾等型人店鋪雲集於此，穿過四つ橋筋向西行，見到Orange Street舊稱「立花通」即到。

## 心齋橋全新百貨 Map3-2/ B3
# 心齋橋 PARCO (01)

地鐵御堂筋線「心斎橋駅」6 號出口步行約 2 分鐘至南館

心齋橋PARCO是心齋橋難波一帶最新的百貨公司，剛於2020年11月開幕。商場樓高14層，集娛樂購物於一身。為吸引年輕一族，PARCO特別引入「怪獸哥斯拉」以及「角落生物」等人氣動漫商品專門店。此外，商場又融合了「集市」、「時尚」、「美食」、「動漫」、「運動」等多樣化主題，滿足不同年齡人士的shopping訴求。

INFO

大阪市中央區心斎橋筋 1-8-3 | 06-7711-7400 | 10:00am-8:00pm | https://shinsaibashi.parco.jp

## 古早味長崎蛋糕 02

# 長崎堂本店 Map3-2/ C4

地下鐵御堂筋線「心斎橋駅」6 號出口步行約 3 分鐘

藏匿於熱鬧商店街的巷弄內、創業1919年的長崎堂，以濃郁醇厚的長崎蛋糕打響名堂。堅持嚴選國產雞蛋、砂糖、小麥粉等食材，吃到的是無添加的傳統單純味道，烤製過程中還固意讓砂糖沈澱至底，因此出爐時蛋糕邊會保留些砂糖粒，名副其實的古早味。除了整盒外賣也有堂食座位提供，必試項目還有赤米饅頭，曾於2017年全國菓子大博覽中獲金菓賞受賞。如同其名，赤米饅頭是將紅米磨碎後混合山藥同蒸，一個一個手工製作。店家連同「水晶糖」及「彩虹寒天」等菓子拌碟，推出「赤米饅頭套餐」(￥864)，只有大阪本店才享用到。

深受本地人歡愛的長崎蛋糕百年老店。

經典的長崎蛋糕，沿用古老傳統製法。

赤米饅套餐及水晶糖都是大阪本店的限定商品。

INFO

大阪市中央區心齋橋筋 2-1-29 | 06-6211-0551 | 10:00am-6:00pm(周二及三休息) | www.nagasakido.com/top

麵質超彈牙有嚼勁，￥850。

## Map3-2/ D3 人氣三色沾麵

# 03 帰ってきた宮田麵児

地下鐵御堂筋線「心斎橋駅」5 號出口步行約 5 分鐘

由日本搞笑藝人「てつじ」經營的沾麵店，以小麥製作的麵條有三款，一種是用全麥製成的KK100，麥香較濃郁；另一種麵條偏白的TM3，是以美國小麥製成。至於金黃色的招牌麵T2G-D，則混合了二種不同小麥製作，曾獲2016年大沾麵博覽會(大つけ麵博)的優勝獎。沾麵送上時會附一小碗濃稠的魚湯，由於麵身粗闊及捲曲，拌入湯汁時能讓麵條吸收魚湯的精華，每一口都好滿足。

INFO

大阪市中央區東心齋橋 1-13-5 | 06-6484-6676 | 11:00am-4:00pm、5:30pm-9:00pm (周一休息) | https://miyata-menji.com/

期間限定店

Map3-2/ B3

# THE GUEST cafe&diner

04

地下鐵心斎橋駅 5 號出口

The Guest Cafe&Diner經常與不同的動漫或卡通角色聯乘推出期間限定美食，所有原創菜單一般以西日料理為主，款款都有卡通嘜頭，例如2022年就有「Chiikawa家族」助陣，可愛到唔捨得食。室內布置也會隨不同主題而改動，同場當然還有周邊商品出售，不妨去朝聖一下。

忌廉梳打有香橙、草莓及芒果味 ¥1,100

造型可愛的Chikawa炒飯 ¥1,430

鬼馬的Chikawa監獄炒飯 ¥1,540

超萌的Chikawa精品。

INFO

大阪市中央區心齋橋筋 1-8-3 心斎橋 PARCO 百貨 6F | 06-6281-8922 | 11:00am-8:00pm | http://the-guest.com

Map3-2/ B3

超萌糖果屋

# 05 CANDY · A · GO · GO

地下鐵御堂筋線「心斎橋駅」6 號出口
步行約 2 分鐘

五彩繽紛的糖果店，一排排透明塑料罐裝滿了五顏六色的糖果，店員的女僕打扮也十分吸睛。全店有超過130種來自世界各地的糖果琳瑯滿目，各式各樣的軟糖、棉花糖、棒棒糖……滿載大家的童年回憶。旁邊還開了一間商店街內第一間章魚燒「築地銀だこ(築地銀章魚燒)」和鯛魚燒的店舖。2樓的主題咖啡幾乎每1至2個月就會換一次主題，例如Miffy、Hello Kitty等都出現過。

INFO

大阪市中央區心齋橋 1-6-1 心齋橋 161 大廈 | 06-6484-5989 | 11:00am-9:00pm | www.candyagogo.com

## 長龍麵包店 06 Map3-2/ B4
# Le Croissant Shop

地下鉄御堂筋線「心齋橋駅」6 號出口步行約 2 分鐘

Le Croissant Shop位於商店街的轉角位置，小小的店面每日都有一大堆本地人在排隊，人氣No.1的熱銷商品是新鮮的迷你牛角包，熱呼呼的散發一股奶油香，麵包大小剛好，屬於酥鬆不紮實的那種，吃起來不會有負擔。法式麵包也很好吃，鋪滿各種材料，南瓜、起司、合桃、明太子，材料大塊大塊地鋪在法式麵包上，十分誘人。

當店人氣第一的迷你牛角包，新鮮出爐很酥脆。¥250/5

INFO

大阪市中央區心齋橋筋 2-7-25 | 06-6211-9603 | 11:00am-9:00pm | www.le-cro.com

## Map3-2/ C3 毛小孩大召集
# 07 Cat cafe MoCHA

地下御堂筋線「心齋橋駅」5 號出口步行約 3 分鐘

Cat cafe MoCHA是日本著名的寵物café連鎖店，在東京、橫濱、京都、大阪與名古屋等城市都有分店，而且多數選址在最繁盛的地區。心齋橋店選址也超就腳，距離地鐵站只有3分鐘路程。在店內有接受20隻可愛的毛孩每天搔首弄姿，等著一班奴才來事奉。這裡的收費亦很有彈性，平日每10分鐘收費 ¥200，累計至 ¥2,400為上限。如果想令自己更受歡迎，可再花 ¥500購貓零食，到時貓貓便乖乘的埋身任你打卡。

INFO

大阪市中央區東心齋橋 1-18-11 Liberty 心齋橋大廈 1F | 06-6125-5966 | 10:00am-8:00pm | https://catmocha.jp/shop/shinsaibashi/ | 平日 ¥200（10 分鐘）、¥2,400（最高收費）；假日 ¥250（10 分鐘）、¥2,700（最高收費）

# 大阪元祖串炸店 08 Map3-2/ C4
# 達摩串炸（串かつだるま）心齋橋店

地下鐵御堂筋線「心齋橋駅」6 號出口步行 5 分鐘

串炸是大阪名物，既經濟又惹美，最適合一班朋友一邊開餐一邊飲啤酒吹水。達摩串炸開業於昭和四年(1929年)，至今接近100歲，絕對是大阪元祖串炸店。門口經典的「嬲爆爆」廚師大叔，更是無人不知。近年因為防疫的原因，店內加了像迴轉壽司店的輸送帶，把炸物即造即送往食客座位，衛生又企埋。

「嬲爆爆」大叔是達摩串炸經典Icon。

酥脆而不油膩的炸物。

醬汁牛筋也是必試菜式。

店內為防疫而安裝了輸送帶。

INFO

大阪市中央區心齋橋筋 1-5-17 | 06-6121-5594 | 11:00am-10:30pm | https://www.kushikatu-daruma.com/tenpo_shinsaibashi.html

# 09 Map3-2/ D2
# 美國進口豚肉 和幸豬排

地下鐵御堂筋線「心斎橋駅」CRYSTA 地下街南 10 出口步行約 1 分鐘

和幸豬排是日本一大型連鎖炸豬排店，豬肉主要由美國進口，揀選脂肪成分、卡路里及膽固醇都較低的品種。裹在豬肉外層的麵包粉，採獨家製成的專用吐司，令熱度慢慢地滲進豬肉內部，完全鎖住豬肉的鮮美。而醬汁是用蕃茄、蘋果、洋蔥等食材與數種香料秘製；連沙拉醬也使用日本國產柚子特製而成。一絲不苟的態度，炮製出與別不同的豬排。

INFO

大阪市中央區南船場 2 長堀地下街 1 號內 B1/F | 06-6282-2036 | 11:00am-10:00pm | www.wako-group.co.jp

## 橫跨三站的地下街
# Crysta 地下街

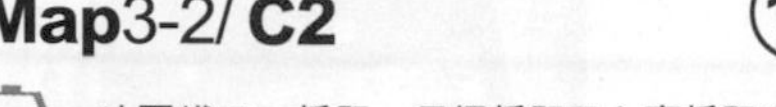

**Map**3-2/ **C2** ⑩

地下鐵四つ橋駅、長堀橋駅及心斎橋駅直達

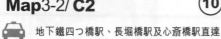

Crysta 地下街全長共730米，橫跨了四つ橋、心齋橋及長堀橋三個地鐵站。各地鐵站均可直達地下街，也可從地下街出口通往各個購物點，十分方便。這裡的店舖以二線品牌為主，亦有不少生活雜貨的店舖，也有飲食區。Fancl及3 Coins 也有設店在此。

INFO

大阪市中央區南船場 4 丁目長堀地下街 8 號 | https://www.crystaweb.jp/

## 食肉獸至愛
# 焼肉萬野 心斎橋店

**Map**3-2/ **C1** 

地下鐵御堂筋線「心齋橋駅」步行 5 分鐘

到日本吃烤肉是旅客「Must Do List」三甲之一，而焼肉萬野共準備了約八十種的牛肉部位，由牛五花肉到牛胃及其他內臟，保證令你大開眼界。

INFO

大阪市中央區南船場 3-3-1 BRAVI 三休橋 1F | 06-6245-3911 | 11:30am-12:00mn | https://www.mannoya.com/

## 24小時麵店
# 鈍屋拉麵 心齋橋店

**Map**3-2/ **C4** 

地下鐵御堂筋線「心齋橋駅」6 號出口步行 5 分鐘

鈍屋拉麵雖然不算大阪著名拉麵店，勝在24小時營業。皇牌的溏心蛋拉麵湯底以豬骨熬煮超過20小時而成，配合色澤金黃的溏心蛋及肥瘦適中的叉燒，一碗僅售￥800，絕對價廉物美。

INFO

大阪市中央區心齋橋筋 1-5-7 セーナビル 1F | 06-6245-0883 | 24 小時

## 瑞士卷專家
# Salon de Mon cher

**Map**3-2/ **A2** ⑬

地下御堂筋線「心齋橋駅」出站即達

Mon cher的堂島瑞士卷（堂島ロール），更被譽為「世界上最好吃的蛋糕捲」。而Salon de Mon cher布置亦非常有歐洲貴族的氣派，連餐具都全部採用精美銀器，感覺瞬間晉身為上等人。

INFO

大阪市中央區西心齋橋 1-13-21| 06-6241-4499 | 10:00am-7:00pm| https://www.mon-cher.com/

## 人氣長龍半熟芝士撻 ⑭

# Pablo

**Map3-2/ B4**

地下鐵御堂筋線「心斎橋駅」6號出口步行約2分鐘

半熟芝士撻 ¥980

元祖級芝士撻店Pablo在2011年於大阪創立，其撻皮香脆，裡面是爆漿的半熟芝士。2017年推出的流心芝士撻Pablo Nude Cheese Tart（パブロヌード），雖體積較小，但流心芝士餡入口即融，面層果醬味道亦不會太甜，邪惡到極！

INFO

大阪市中央區心齋橋筋 2-8-1 心齋橋ゼロワンビル 1/F | 06-6211-8260 | 10:00am-8:00pm，周六日及假日至9:00pm | www.pablo3.com

## 年輕人平價服飾 ⑮

# WEGO

**Map3-2/ C3**

地下鐵御堂筋線「心斎橋駅」6號出口步行3分鐘

WEGO在日本全國都有好多分店，主打年輕人服飾，以原宿街頭風及古著風為主，而且以價錢平價取勝。他們的款式很貼近年輕人需要，一般在￥3,000以下便有交易。

INFO

大阪市中央區心齋橋筋 1-4-23 | 06-6120-9575 | 11:00pm-9:00pm | www.wego.jp

## 心齋橋皇牌名物 ⑯

# 宇治園

**Map3-2/ C3**

地下鐵御堂筋線「心斎橋駅」」6號出口直達

宇治園創業於明治二年（1869年），已有差不多150年歷史，是京都抹茶的名店。其實除了雪糕，店內還有其他的茶葉選購。而且2樓更設茶座，可以靜靜地品嚐宇治園過百年的茶藝。

INFO

大阪市中央區心齋橋筋 1-4-20 | 06-6252-7800 | 11:00am-7:00pm | www.uji-en.co.jp

## 日本新世代拉麵 ⑰

# 麺屋ガテン なんば心斎橋

**Map3-2/ A5**

地下鐵御堂筋線「心齋橋駅」6號出口步行7分鐘

曾在Yahoo!的「最強次時代拉麵日本第一決定戰」中獲勝的麵屋ガテン（GADEN），必試其重量級拌麵，除了豐富的配料，豆芽菜、大蒜和豬油也可無限加添。

INFO

大阪市中央區心齋橋 2-7-28 萬壽福ビル 1F | 06-6213-2666 | 11:30am-10:00pm

## 老牌本土百貨 ⑱
# 大丸 Map3-2/ B3

地下鐵御堂筋線「心齋橋駅」6 號出口直達

大丸百貨開業於1928年，心齋橋店是大丸的總店，建築已有上百年歷史。2009年，大丸再收購鄰近的SOGO，打造為北館，成為關西的超級百貨。本館主打成熟時裝，地下有超市；南館主打家具。北館最精彩，生活雜貨，年青時裝等。

大丸心齋橋店本館及南館。

大丸心齋橋店北館。

INFO
大阪市中央區心橋筋 1-7-1 | 06-6271-1231 | 10:00am-8:00pm | www.daimaru.co.jp

## 芝士瀑布 Map3-2/ D3 ⑲
# La Promessa 心齋橋

地下鐵御堂筋線「心齋橋駅」6 號出口步行 3 分鐘

意大利餐廳La Promessa必試菜式「天使的意粉」(天使のパスタ)，店員會在客人面前把一大塊芝士逐塊削到盤中，又或索性把融化的芝士如瀑布般傾倒於菜式上，令芝士控大大滿足。

INFO
大阪市中央區心齋橋筋 1-14-14 | 06-4708-3632 | 11:30am-11:30pm | https://lapromessa.owst.jp/

## 一人涮涮鍋老店 ⑳

# しゃぶ亭 Map3-2/ C3

地下鐵御堂筋線「心齋橋駅」6 號出口步行約 2 分鐘

這裡全部使用銅鍋，因為銅鍋傳熱快又可以保存更多營養，但成本比較高，一般店都很少用。此外，他們的豆腐是選用80年老店的豆腐，還有自家調配的芝麻汁。價錢十分大眾化，由￥1,639起，相當划算。

INFO
大阪市中央區心齋橋筋 1-4-11 しゃぶ亭ビル 1/F 至 4/F | 06-6243-2941 | 11:00am-11:00pm | www.shabutei.co.jp

## 平價烏冬 Map3-2/ B4
# はなまるうどん ㉑

地下鐵御堂筋線「心齋橋駅」6 號出口步行約 4 分鐘

はなまるうどん（Hanamaru）來自四國香川縣，目前在全國已有200多間分店，價錢大眾化，幾百日圓就可以有一碗質素不錯的烏冬。這裡採用自助形式點餐，各式小菜都有價錢標示，烏冬種類包括：清湯（かけ）、湯汁（ぶっかけ）、竹屜（ざる）、半熟蛋汁（かま玉）等，吃完請記得把托盤放回「返却口」。

INFO
大阪市中央區心齋橋筋 2-8-7 | 06-6214-7870 | 10:00am-10:00pm | www.hanamaruudon.com

#美式流行文化 #名物小吃 #Vintage古著店

# 美國村
# America Mura

## 交通 往來美國村

梅田駅 → 心斎橋駅：地下鐵御堂筋線 6分鐘

なんば駅（難波）→ 心斎橋駅：地下鐵御堂筋線2分鐘

## 重點推介

北極星本店
元祖蛋包飯

甲賀流
人氣章魚燒

元祖アイスドッグ
必試熱狗雪糕

MAP 4-2
美國村
01. 三角公園 4-3
02.Poppin Sweeties 4-3
03.Actus 4-4
04. 甲賀流 4-4
05. 北極星本店 4-5
06. 元祖アイスドッグ 4-5
07.King Kong 4-6
08.Magnets 4-6
09.OPA 4-6
10.Big Step 4-7
心齋橋駅
四ツ橋駅
地下鐵長堀鶴見緑地線
CRYSTA 地下街
地下鐵四つ橋線
地下鐵御堂筋線
心齋橋筋商店街
東横Inn
New Osaka
日航
Via Inn
Hearton 心齋橋
Parco
大丸 (北館)
大丸 (本館)
大丸 (南館)
步行5分鐘
Hotel Dormy Inn
大阪帝國
APA Hotel
FamilyMart
北

## 關於美國村の人形街燈

全美國村共有50座人形設計的街燈，每一座街燈都塗上不同的圖案，晚上照亮著整個美國村，使美國村的日與夜都有不同風格。當地商會每年舉行活動或與藝術家合作，粉飾全區，替街燈畫上特別的圖案，下次逛街別掛住看手機，抬頭望一望這些美國村獨有的街燈吧。

美國村地標 **Map4-2/ B3**

## 三角公園

01

地下鐵御堂筋線「心斎橋駅」7 號出口步行約 5 分鐘

本名為御津公園，是美國村的地標之一，附近小食店林立。公園於1997年重新規劃後便成為了當地的街頭劇場。園內有圓形階梯，遊人可以坐在這裡看街頭表演，同時也歡迎任何人上場獻技。表演大多於周末和公眾假期進行，平日則成為遊人的歇息處。此外，因為地方寬敞，也成為區內會合的熱門地標。

INFO

大阪市中央區西心齋橋 2-11-34

**Map4-2/ C4**

人氣打卡雪糕店

## Poppin Sweeties

02

每一片花瓣都是用不同味道的雪糕砌出來。

地下鐵御堂筋線「心斎橋駅」7 號出口步行約 3 分鐘

店面相當細小狹窄，可以從6種Gelato中選擇你喜愛的口味和顏色，包括芒果、草莓、朱古力、雲尼拿、抹茶及藍莓等。任選三色價錢為￥400，多付￥50就可以自由組合，變成彩虹Gelato，店方還很貼心附上紙托避免滴到手。同場加映2018年全新推出的Deco Ice-Creamデコアイス(￥750)，雪糕上有好多繽紛可愛的糖霜曲奇，有愛心款、星星、月亮、花花等造型。相機食先！這個很合理吧！

INFO

大阪市中央區西心齋橋 2-1-13 福井ビル 1/F | 06-6211-8577 | 1:00pm-8:00pm

## 環保家品店 Actus

03

Map4-2/ D3

 地下鐵御堂筋線「心斎橋駅」7 號出口即見

提到日本的家具品牌，很多人都會想起FRANC FRANC，然而來自東京的ACTUS，也是日本人常光顧的家具店。品牌的概念希望每個人都可以擁有一個平凡卻非常舒適的「安樂蝸」。店內除了引進一些國際知名的家具外，還有一系列自家設計的生活用品，製作過程強調使用安全物料，符合環保原則。家具店樓高兩層，採用自然光為設計基調，營造舒適、明亮的購物空間。

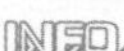

大阪市中央區西心齋橋 1-4-5 | 01-2099-4521 | 11:00am-7:00pm(每月第三個周三休息) | www.actus-interior.com

## 【美國村名物】

位於三角公園對面，2/F設有20個座位。

## 04 章魚燒老店 甲賀流

Map4-2/ B3

地下鐵御堂筋線「心斎橋駅」7 號出口步行約 5 分鐘

2016-17年榮登米芝蓮美食指南的甲賀流，其本店就位於美國村三角公園對面。創業40年的甲賀流用料嚴謹，採用100%日本產的木魚和海苔，以及新鮮的章魚配上獨門醬汁，傳統口味章魚燒一份有10顆，¥500售價絕對是價廉物美。甲賀流出名吃法多變，吃膩了傳統口味，可試下日式蝦餅夾章魚燒的口味，2粒章魚燒¥230，像三文治一樣分量剛好。

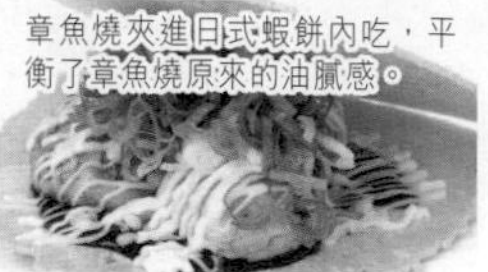
章魚燒夾進日式蝦餅內吃，平衡了章魚燒原來的油膩感。

INFO

大阪市中央區西心齋橋 2-18-4 | 06-6211-0519 | 10:30am-8:30pm，周六及假日前至 9:30pm | www.kougaryu.jp

# 元祖蛋包飯
# 北極星本店

**Map**4-2/ **C5**

05

地下鐵御堂筋線「心斎橋駅」7 號出口步行約 7 分鐘

店內備有中文Menu，雞肉蛋包飯是北極星的招牌，¥780。

很多人以為蛋包飯是從外國傳入，其實是由日本人發明，只是貌似外國的Omelette 而已。傳承超過三代的北極星，於大正11年(1922年) 創業，至今已有90年歷史，是人稱日本蛋包飯的始祖。北極星的招牌蛋包飯，每一份都使用兩顆雞蛋煎出來，蛋包的半熟蛋液和炒得飽滿的米飯融合後，口感更顯香滑，難怪每年能售出5萬份。

店內外的裝潢都極有日本特色，店內則採用塌塌米座位設計。

INFO

大阪市中央區西心齋橋 2-7-27 | 06-6211-7829 | 平日 11:30am-9:30pm、周六及日 11:00am 10:00pm | http://hokkyokusei.jp

店內貼滿老闆娘與明星的合照。

# 06 **Map**4-2/ **B3** 雪糕熱狗
# 元祖アイスドッグ

地下鐵御堂筋線「心斎橋駅」7 號出口步行 5 分鐘

熱狗店隨處可見，但雪糕熱狗 ( Ice Dog) 便只此一家。這店前身為理髮店，老闆娘荒井榮子後來覺得在美國村經營小吃店大有可為，遂店子改為雪糕屋，並將六甲牧場雪糕引入店舖，一改傳統熱狗形象，創造出現時這款新奇美味的熱狗雪糕，成為美國村的代表小食。

炸麵包夾著雪糕，一次過滿足兩種口感，¥450。

INFO

大阪市中央區西心齋橋 1-7-11 | 06-6281-8089 | 11:00am-9:00pm | https://www.ice-dog.net/

## 二手黑膠唱片店 King Kong

Map4-2/ C3

07

地下鐵御堂筋線「心斎橋駅」7 號出口步行約 5 分鐘

在日本不難發現二手CD店，但要找到二手黑膠唱片店就不容易了。KING KONG除了售賣二手CD、鐳射影碟之外，更有二手黑膠唱片出售。店方還會搜購一些限量版或者唱片公司傳宣的唱片，喜歡音樂的人士，這裡應該是個不能錯過的寶庫。提提大家，看到門外寫著「買取」字眼，就是接受二手放售的意思。

現在已很少見的三吋細碟。

INFO

大阪市中央區西心齋橋 2-9-28 | 06-6211-2630 | 11:00am-8:00pm（不定休）| www.kingkong-music.com

## 男裝古著店 Magnets

08

Map4-2/ B4

地下鐵御堂筋線「心斎橋駅」7 號出口步行約 6 分鐘

Magnets美式古著店於1993年開業（分店位於神戶），店內出售多個美國品牌男裝古著，例如Champion、Southland、Oshkosh等，貨品種類豐富，包括Tee、恤衫、外套、迷彩服、鞋、帽等，惟部分二手貨或有破損及污漬，入手時需檢查清楚，確是否能接受。另外，店內也有少量懷舊家具、飾物、Fire King餐具出售。

INFO

大阪市中央區西心齋橋 1-6-14 ビッグステツプ B1 | 12:30nn-7:00pm( 周二休息 ) | https://magnetsco.exblog.jp/

## 主打女性商場 OPA

09

Map4-2/ C2

地下鐵御堂筋線「心斎橋駅」7 號出口直達

OPA 是美國村裡最大型的商場，主攻女性市場，共分為本館和きれい館( 美容館) 兩個部分，本館樓高13層，大多是年輕品牌，中層店舖集中了一些較前衛的服裝。至於きれい館，就比較適合OL，樓高6層，主打護膚化妝品，亦有美容中心。

INFO

大阪市中央區西心齋橋 1-4-3 | 11:00am-9:00pm | www.opa-club.com/shinsaibashi

# 年輕人消閒熱點 Map4-2/ C3

# Big Step

地下鐵御堂筋線「心斎橋駅」7 號出口步行約 3 分鐘

美國村既然是大阪的年輕人潮流熱點，當然少不了一些大型商場，雲集不同類型的潮流服飾。BIG STEP 的原址是一所中學，後來於1993年改建成現時高八層的商場，也成為了美國村的其中一個地標。這裡的品牌幾乎都是以年輕人為對象，3樓還有飲食樓層，4樓則是戲院 CINEMART。

INFO

大阪市中央區西心齋橋 1-6-14 | 06-6258-5000 | 11:00am-8:00pm；餐廳營業至 11:00pm | www.big-step.co.jp

## 10a Thank You Mart

Thank You Mart 在日本有很多分店，全店都是均一價￥390。店內有部分是專賣古著，而且有時還會找到有牌子的二手衫，也不時有從外國進口的衣服。除了古著，這裡還有很多全新的精品發售，包括鞋、眼鏡、手機殼等，所以吸引了不少學生前來，是年輕人尋寶的地方。

很有美國色彩的手機殼。

古著也是均一價￥390。

INFO

Big Step B1/F | www.390yen.jp

## KINJI used clothing 10b

一般認為中古店都是很擠逼，而且擺放也未必很整齊。但KINJI 卻是推翻這種感覺。KINJI的商品數量多達上萬件，中古、全新的男裝女裝都整齊地擺放出來，由於地方也寬敞，所以逛起來比一般古著店都要舒適。這裡的二手衣服價錢是￥1,080-￥6,300左右，而且也有不少名牌貨品。

INFO

Big Step 2/F | 06-6281-1515 | www.kinji.jp

#原創文化基地 #潮逛樓上舖
南船場
Minami Senba
大阪農林会館
林会館
交通 往來南船場
梅田駅
地下鐵御堂筋線 6分鐘
心斎橋駅
なんば駅（難波）
地下鐵御堂筋線2分鐘
重點推介
Aranzi Aronzo
阿朗基本店
B-side label
大阪原創貼紙
大阪農林會館
個性小店雲集

01.Organic Building 5-2
02. 浜崎健立現代美術館 5-2
03. 大阪農林會館 5-2
04.Aranzi Aronzo 5-3
05.B-side label 5-3
06.IKR51 5-4
07.Door House 5-4
08.Daiso 南船場店 5-5
09. そばよし 5-5

## 南船場地標 01 Map5-1/ B1

# Organic Building

地下鐵御堂筋線、長堀鶴見綠地線「心斎橋駅」3 號出口步行約 5 分鐘

舊商廈林立的南船場一向是大阪潮人聚集地，這裡有不少售賣飾品和潮服的樓上舖，很適合愛捐窿捐罅的人來尋寶。南船場不可錯過的還有著名的地標Organic Building，這座九層高的大樓於1993年建成，出自意大利建築師Gaetano Pesce 的手筆，以環保綠化及模枋細胞排列為設計概念，橘紅色的大廈外牆種植了130多個盆栽，牆上的水管用於澆花灌溉，築起了一個空中花園的感覺，二十多年來一直是南船場的注目地標。

INFO

大阪市中央區南船場 4-7-21

## Map5-1/ B2 02 私人藝術館

# 浜崎健立現代美術館

INFO

大阪市中央區南船場 4-11-13 | 06-6241-6048 | 11:00am-7:00pm（周六、日及假日不定休）| www.kenhamazaki.jp

地下鐵御堂筋線、長堀鶴見綠地線「心斎橋駅」3 號出口步行約 4 分鐘

該美術館是現代派藝術家浜崎健的私人畫廊，浜崎健1992年由英國旅遊回到大阪後，於心齋橋開設第一間個人畫廊「RED GALLERY 」。全館以紅色為概念，館主常自稱為「RED MAN 」，他喜歡以紅色裝束示人，並認為紅色代表母親的子宮，美術館2樓就有販售浜崎氏的原創Tee。

## 舊商廈活化 Map5-1/ D1 03

# 大阪農林會館

地下鐵御堂筋線、長堀鶴見綠地線「心斎橋駅」1 號出口步行約 5 分鐘

南船場的舊式商廈一向備受當地潮人追捧，將寫字樓改建為工作室、畫廊或小商店。大阪農林會館就是一個好例子，該大廈建於昭和5年(1930年)，距今已有80多年歷史，前身是三菱商事大阪支店。大樓內的公眾地方仍保留昭和年代的舊貌，在這裡購物逛街仿如尋寶。

大門前有各店舖的廣告招牌。

樓梯保留了當時的木造扶手。

INFO

大阪市中央區南船場 3-2-6 | 06-6252-2021 | 建議 12:00nn 後前往（營業時間及休息日各店不同）| www.osaka-norin.com

# 阿朗基南船場本店 Map5-1/ A1

# Aranzi Aronzo 04

地下鐵御堂筋線、長堀鶴見綠地線「心斎橋駅」3 號出口步行約 5 分鐘

紅透日本、香港及台灣的Aranzi Aronzo阿朗基，是大阪本土原創的卡通精品，並以大阪為總店及工作室，貨品比其他店更齊全。其設計的玩偶角色甚有個性，可愛得來又帶點趣怪，若要數當今最具人氣的，當然是河童、熊貓、兔妹妹、森林小子Kiccoro等都贏得不少女生的歡心。

Aranzi Aronzo以南船場為其工作室。

各式文具及精品，色調簡約清新。

INFO

大阪市中央區南船場 4-13-4 | 06-6252-2983 | 11:00am-6:00pm | www.aranziaronzo.com

# Map5-1/ A1 幽默藝術

# 05 B-side label

地下鉄御堂筋線「心斎橋駅」3 號出口步行約 5 分鐘

在大阪起家的B-side label專售各種搞笑題材的貼紙，其中最具人氣的草泥馬、貓咪、小雞、熊貓及企鵝等，都是B-side label的原創經典角色，十分搞笑幽默。整間店陳列著3,000款原創貼紙，依尺寸不同分為￥200、￥300及￥800三種價錢，所有貼紙皆防水及防UV，最適合用來貼行李箱、水樽、手機等物品。這些貼紙還有一年保養，舉凡貼紙有破損、脫色，只要憑單據如實告知都可以更換。

各種Tote bag、手機殼、襟章等周邊商品應有盡有。

貼紙全部防水和防UV，更有年保用。

企鵝、草泥馬、熊貓等貼紙是當店人氣之選。

INFO

大阪市中央區南船場 4-14-3 第二飯沼ビル 3/ F | 06-6251-3337 | 12:00nn-7:30pm（周三休息）| www.bside-label.com

## 視覺與味覺的饗宴
# IKR51

06

Map5-1/ C1

地下鐵御堂筋線「心斎橋駅」1號出口步行約 2 分鐘

日本美食網站Tabelog的人氣話題食店，經常接受電視台及傳媒採訪。店內有吧枱位、餐枱位及榻榻米座位，招牌餐點是三文魚子蛋黃丼。北海道直送的特選三文魚子，來貨後還需經主廚醃漬2日，以清酒及味醂浸泡過後，粒粒晶瑩剔透，滿滿的鋪蓋在米飯上，配搭半熟溫泉蛋，帶來視覺和味覺的雙重享受。

海膽三文魚子蛋黃丼 ¥2,600

INFO

大阪市中央區南船場 3-11-27 日宝シルバービル 1/F | 06-6120-0051 | 11:30am-2:30pm、7:00pm-10:00pm | www.facebook.com/ikr51

Map5-1/ B1

## 潮牌聯乘餐館
# Door House

07

地下鐵御堂筋線「心斎橋駅」3 號出口步行約 5 分鐘

Door House是Urban Research副品牌Urban Research Doors旗下的特色餐館，位於Doors南船場店隔壁。在這裡能享受到有機食材所製作的菜色，平日會提供僅千多日元的午市套餐，包括主菜、沙律及餐湯，有蛋包飯、漢堡包、意粉等多種選擇。餐廳內更不時舉行不同市集，可在這裡購入有機食品、餐廳特製甜品及各種展出商品等。

INFO

大阪市中央區博勞町 4-4-4 | 050-2017-9049 | 11:00am-8:00pm，Cafe11:30am 開門 | www.urban-research.co.jp

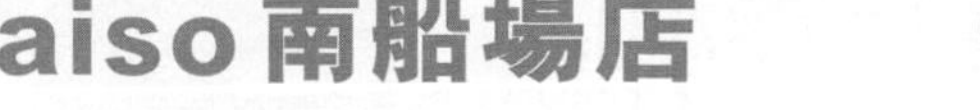

## 100円店掃貨
# Daiso 南船場店

Map5-1/ C1

08

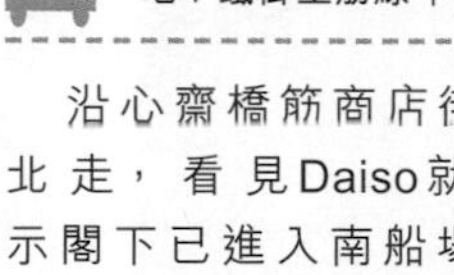

地下鐵御堂筋線「心斎橋駅」1 號出口步行約 3 分鐘

沿心齋橋筋商店街往北走，看見Daiso就表示閣下已進入南船場的範圍。樓高三層過萬呎的Daiso是同區中面積最大的一間，商品數量也多，而且空間寬敞明亮非常好逛，各種文具、餐具和零食都有，款式都不像是從100円店買的貨品。Daiso 一向都很多Hello Kitty產品，這裡也有大量可愛的髮飾、文具及家品出售。

米奇及米妮的布質徽章，可以替你的Tote Bag裝飾一下。

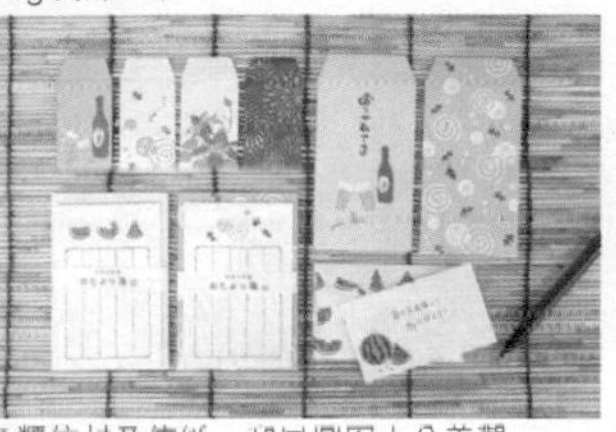
各類信封及信紙，和風圖案十分美觀。

日系筷子座，餐具控在這裡應該會有收穫。

INFO

大阪市中央區南船場 3-10-3 | 06-6253-8540 | 9:30am-9:00pm | www.daiso-sangyo.co.jp

09

## 手工蕎麥麵
# そばよし

Map5-1/ C1

地下鐵御堂筋線「心斎橋駅」1 號出口步行約 4 分鐘

そばよし是蕎麥麵老牌專門店，店中的招牌之一「割子振舞そば」¥1,800-¥3,100，是地道的關西風味，手工製作的蕎麥麵採用北海道產的蕎麥，配合京都大幸寺傳入的古法秘方炮製。蕎麥麵共有三層（盒）並附上白芝麻，自己動手將芝麻磨細後，連同蔥花灑在麵條上，配搭天婦羅、山藥泥等配菜一起吃。

手工製作的蕎麥麵，沿用京都大幸寺傳入的地道製法。

INFO

大阪市中央區南船場 3-8-11 | 06-6251-3933 | 11:00am-9:30pm，週二休息 | www.sobayoshi.com

#潮人蒲點 #質感生活雜貨

# 堀江 Horie

## 交通 往來堀江

地下街步行

地下鐵四つ橋線6分鐘

四ツ橋駅

7號出口步行約10分鐘至

## 重點推介

Orange Street
潮牌雲集

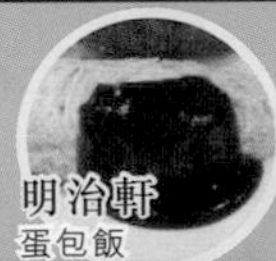

明治軒
蛋包飯

Asoko
玩味雜貨店

A
B
C
D
1
2
3
4
地下鐵長堀鶴見綠地線
四ツ橋駅
CRYSTA 地下街
出1
出2
出3
出4
出5
出6
地下鐵四つ橋線
東横Inn
01.Orange Street（立花通り） 6-2
02.Hysteric Mini 6-2
03.BIOTOP 6-2
04.Horie 明治軒 6-3
05.Groovy Ice Cream GUFO 6-3
06.和Cafe なが岡 6-4
07.Patisseric Ordinaire 6-4
08.Timeless Comfort Cafe 6-5
09.Art House 6-5
10.Maru Sankaku Shikaku 6-6
11.Override 6-6
步行5分鐘
堀江公園
FamilyMart
北
MAP 6-1
堀江

### 四ツ橋？四つ橋？

「四ツ橋駅」為Osaka Metro(大阪地鐵)「四つ橋線」之車站，穿過地下通道可與長堀鶴見緑地線「心斎橋駅」互通。四つ橋線中使用的「つ」字，與四ツ橋駅用的「ツ」字，兩者其實發音相同(tsu)，只是日文平假名與片假名之分別。

大阪潮人集中地

**Map6-1/ C4**

## Orange Street(立花通り)

01

地下鐵四つ橋線四ツ橋駅 6 號出口步行約 3 分鐘

逛完心齋橋筋商店街，跨過美國村三角公園向西行，不到3分鐘就會來到堀江。堀江從前是家具批發的集中地，有「家具の町」之稱，其後因行業沒落而逐漸轉型。堀江的地標街道「立花通り」在1990年正式改名為Orange Street，自從A.P.C法國品牌時裝店進駐後，有不少設計掛帥的服飾及家品潮店陸續登場，堀江因此變成了可媲美東京代官山的時尚商圈。

由美國村走到堀江，首先見到的是Orange Street牌坊。

INFO

大阪市西區南堀江 1 丁目 | 10:00am-7:00pm(視乎各店營業時間)

INFO

大阪市西區南堀江 1-12-19 四ツ橋スタービル 1/F | 06-6535-7666 | 10:30am-7:00pm | www.hysteric-mini.com

**Map6-1/ C3**

黑超B潮服

## Hysteric Mini

02

地下鐵四つ橋線四ツ橋駅 6 號出口步行約 3 分鐘

很受太太們追捧的黑超B服裝品牌，旗下的童裝個性十足，以一個帶著黑超、含著奶咀的BB嘜頭成功打入國際市場。Hysteric Mini 的設計色彩鮮艷活潑，有別於一般日系服飾。雖然是主打小朋友市場，卻順理成章變成大人們的至愛。

複合式潮店

**Map6-1/ C4**

## BIOTOP

03

地下鐵四ツ橋駅 6 號出口步行約 4 分鐘

南堀江的橘街 (Orange Street) 一帶，有許多型格店舖林立，其中一座4層高的建築物「BIOTOP」，分別販賣植栽、服飾、香薰及美妝產品等。除了Chloe，Saint Laurent Paris 等大牌外，也有不少出自BIOTOP的自家設計。逛累了，不妨到 1樓的BIOTOP CORNER STAND或4樓的屋頂花園餐廳CUBIERTA，歎杯咖啡及享用PIZZA。

INFO

大阪市西區南堀江 1-16-1 | 06-6531-8223 | 11:00am-8:00pm | www.biotop.jp

古早味蛋包飯 Map6-1/ C4

# Horie 明治軒 04

地下鐵四つ橋線四ツ橋駅 6 號出口步行約 5 分鐘

大阪知名的洋食館明治軒，早於1925年創業，是心齋橋店的姊妹店。明治軒的招牌蛋包飯 ¥700，沿用由開業以來的食譜，堅守傳承下來的製法，炒飯中充滿濃郁番茄香，澆在蛋上的醬汁，以獨特配方炮製，用紅酒、番茄、牛肉、洋蔥及多種香料熬煮，交融成多層次的味道。除了蛋包飯之外，這裡的咖喱豬扒也有一定的實力，麵衣脆而不油膩，加上特製的醬料，十分開胃。

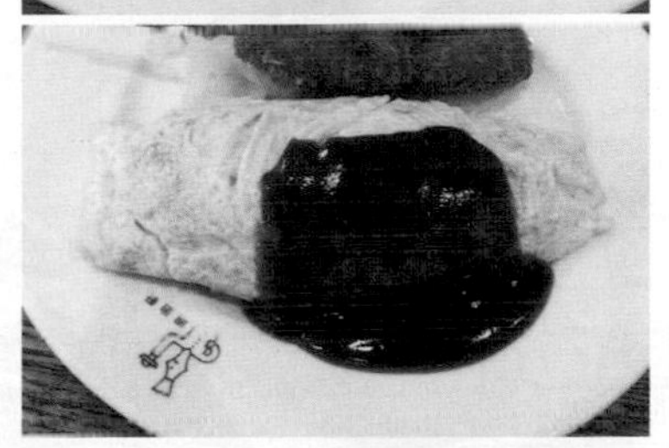

INFO

大阪市西區南堀江 1-14-30 | 06-6539-8250 | 11:30am-9:30pm（L.O. 8:30pm）；逢周三及每月第二個周日休息 | http://meijiken.crayonsite.net

Map6-1/ C2 05

玻璃樽裝雪糕

# Groovy Ice Cream GUFO

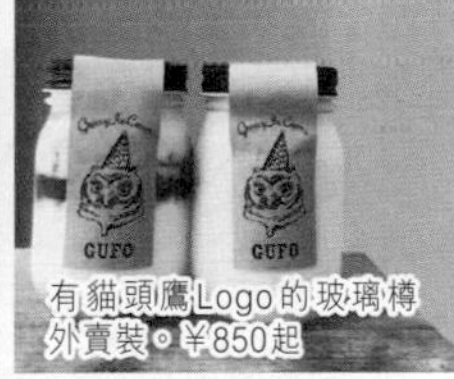

有貓頭鷹Logo的玻璃樽外賣裝。¥850起

首選榛子口味雪糕，再灑上覆盆子和蜜糖堅果粒，2+1的香味混在一起。

地下鐵四つ橋線四ツ橋駅 6 號出口步行約 2 分鐘

店舖使用知名意大利品牌Carpigiani雪糕機，做出口感細滑的雪糕。軟雪糕有牛奶味(¥380)和榛子味(¥480)兩種口味，普通雪糕則有多種口味(單球 ¥380、雙球 ¥620)。客人可另加 ¥50配搭焦糖醬或果醬等，亦可加 ¥90配上曲奇餅碎、堅果粒等配料，最特別的是外賣可裝在有可愛頭鷹Logo的透明玻璃樽內。推薦嚐一下榛子口味雪糕，濃厚的榛子醇香在口腔歷久不散。

INFO

大阪市西區北堀江 1-11-9 | 06-6534-7171 | 12:00nn-7:00pm（周三休息，如遇假日照常） | https://gufoice.shop-pro.jp

## 無添加茶飲
# 和Cafeなが岡

Map6-1/ A1 06

地下鐵西大橋駅 3 號出口步行約 2 分鐘

「和Cafeなが岡」主打日本茶和日式甜品，採用大阪北浜創業160年的「先春園」的優質茶葉，啖啖充滿醇酣的天然茶香。店內除了提供抹茶、煎茶、綠茶等冷熱飲品，還有各式冰品、紅豆湯、茶碗蒸、意粉、三文治等輕食。

INFO

大阪市西區北堀江 2 丁目 9 番 1 號 BEARE 北堀江 1 樓 | 06-6626-9600 | 12:00nn-8:00pm | www.wacafenagaoka.com

Map6-1/ A4 07 甜品日常

# Patisserie chocolaterie Ordinaire

地下鐵四つ橋線四ツ橋駅 6 號出口步行約 8 分鐘

招牌Ordinaires蛋糕。

除了朱古力，小店也會按不同季節推出限定口味。

Patisserie Ordinaire顧名思義乃是「朱古力和甜品的日常」，店主長谷川益之與太太原本只想打造一間甜品小店，奈何出品太出色，歷年來獲獎無數，包括榮獲「日本菓子協會」頒發的蛋糕類優勝獎，令小店成為區內名店。現時店主兼主廚的丈夫負責蛋糕，妻子則負責朱古力，兩人分工合作，招牌產品Ordinaires蛋糕共五層，頂層為朱古力片，下面為朱古力及檸檬蛋糕，是夫婦二人的心血。

INFO

大阪市西區南堀江 2-4-16 フアヴール南堀江 1F| 06-6541-4747 | 11:00am-7:00pm | https://patisserieordinaire.wixsite.com/ordinaire

二合一家品＋咖啡店

Map6-1/ B4

# Timeless Comfort Cafe

08

地下鐵四つ橋線四ツ橋駅 6 號出口步行約 4 分鐘

Timeless Comfort為大型連鎖家品店，全日本有20多間分店。左邊入口是家具雜貨場，共佔兩層，主力賣家具、廚房用品、家居擺設；另一邊則是咖啡廳，經常有人在門外排隊，很多食材從美國直送，店內的意粉套餐，會免費附送Bagel。漢堡包是店內最具人氣的食物，使用全人手製的國產牛漢堡肉，鮮嫩多汁，午市套餐￥1,015起，非常抵食。

周一至五才有的套餐，漢堡包連飲品、前菜、餐湯、薯條和洋蔥圈，￥1,015起。

如果不想等太久，可以在12時或者下午2時後前來，避開午餐時間。

INFO

大阪市西區南堀江 1-19-26 Asplund Building | 06-6533-8620 | 11:00am-8:00pm（午市：11:30am-2:00pm）| www.timelesscomfort.com

09 藝術家GALLERY

Map6-1/ C3

# Art House

地下鐵四つ橋線四ツ橋駅 6 號出口步行約 2 分鐘

Art House開業超過十年，這裡既是大阪藝術家們發表作品的場所，更是一班新進藝術家的搖籃。2樓全層為展覽廳，定期展出本地插畫家、造型設計師或藝術家們的作品；地面1樓主力寄賣藝術家們的手作品，貨品精美又易於欣賞，如各種服飾、明信片、文具或飾物等，周六及日不時還有駐場的藝術家開班教授手藝。

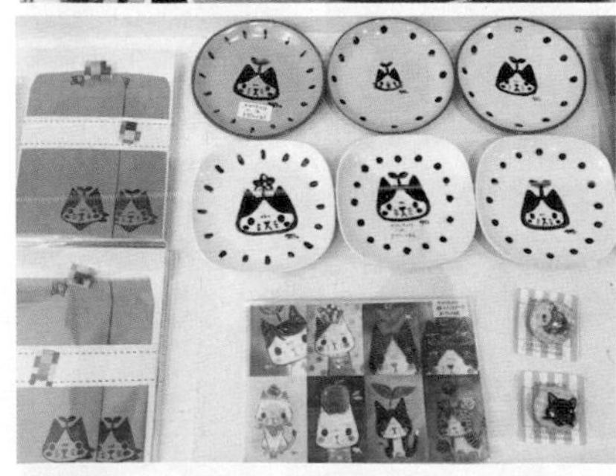

INFO

大阪市西區北堀江 1-12-16 | 06-4390-5151 | 11:00am-7:00pm(周三、四休息) | www.art-house.info

道頓堀&難波
心齋橋
美國村
南船場
堀江
梅田

## 堀江話題鮮果撻

Map6-1/ C2

# Maru Sankaku Shikaku

⑩

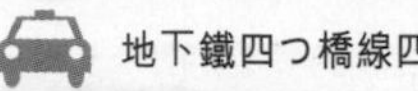

地下鐵四つ橋線四ツ橋駅 6 號出口步行約 3 分鐘

Maru Sankaku Shikaku的鮮果撻共有8至10種口味選擇，可以自由組合，像外賣Pizza一樣，砌出七色鮮果撻，有藍莓芝士、和風柚子、焦糖香蕉、抹茶Tiramisu等。撻皮經過兩度烘焙，口感特別酥脆，店內不時推出期間限定的新口味，例如初夏會有水蜜桃和芒果撻，全部均一價每片￥594，一次過買8件較划算￥4,276。

像Pizza一樣的鮮果撻，自由組合8件裝價錢是￥4,276。

外賣包裝盒很精緻，單片是三角形的盒子。

INFO

大阪市西區北堀江 1-17-1 | 06-6537-7338 | 11:00am-7:00pm | https://bridge-mss.jp/

## 優質帽子店

Map6-1/ C4

# Override

⑪

地下鐵四つ橋線四ツ橋駅 6 號出口
步行約 4 分鐘

在大阪起家的Override，是一間自家設計的帽子專門店，在全日本有30多間分店，在大阪就以堀江店最大規模。店內除了有賣自家品牌的帽子外，也有國際品牌如深受潮人喜愛的Kangol、來自紐約的單車服飾品牌CHARI & CO，及意大利手工帽Reinhard Plank 的精選帽子，每間分店的帽子種類都不一樣。

經典風格的棒球帽採用平頂設計PILLBOX SNAP BACK TICKET，￥5,000。

INFO

大阪市西區南堀江 1-15-4 | 12:00nn-8:00pm | 06-6110-7351 | http://overridehat.com

#商場地標 #交通網絡總匯

# 梅田 Umeda

## 交通 往來梅田

心斎橋駅 ——地下鐵御堂筋線7分鐘—— 梅田駅

天王寺駅 ——JR大阪環狀線16分鐘—— 大阪駅

梅田駅 ⇄ 大阪駅 徒步互通

## 重點推介

Grand Front Osaka

梅田大Mall王

Lucua & Lucua 1100

精品美食匯聚

空中庭園

日本夕陽百景

01.Osaka Station City 7-4
02.UHA 7-5
03.OMOSHIROI BLOCK 7-5
04.Baton d'or 7-5
05.Bakery & Cafe 7-5
06.Entree Marche 7-6
07.Eki Marche Osaka 7-6
08.Pokemon Center 7-7
09.CACAO SAMPAKA 7-7
10.LUCUA & LUCUA 1100 7-8
11.阪急三番街 7-10
12.阪急百貨 7-12
13.Grand Front Osaka 7-13
14.Links Umeda 7-16
15.新梅田食道街 7-17
16.Yodobashi Umeda 7-18
17.Hep Five 7-18
18.空中庭園展望台 7-19
19.滝見小路 7-20
20.UNIQLO OSAKA 7-21
21.Loft 梅田店 7-21
22.幸せのパンケーキ 7-21

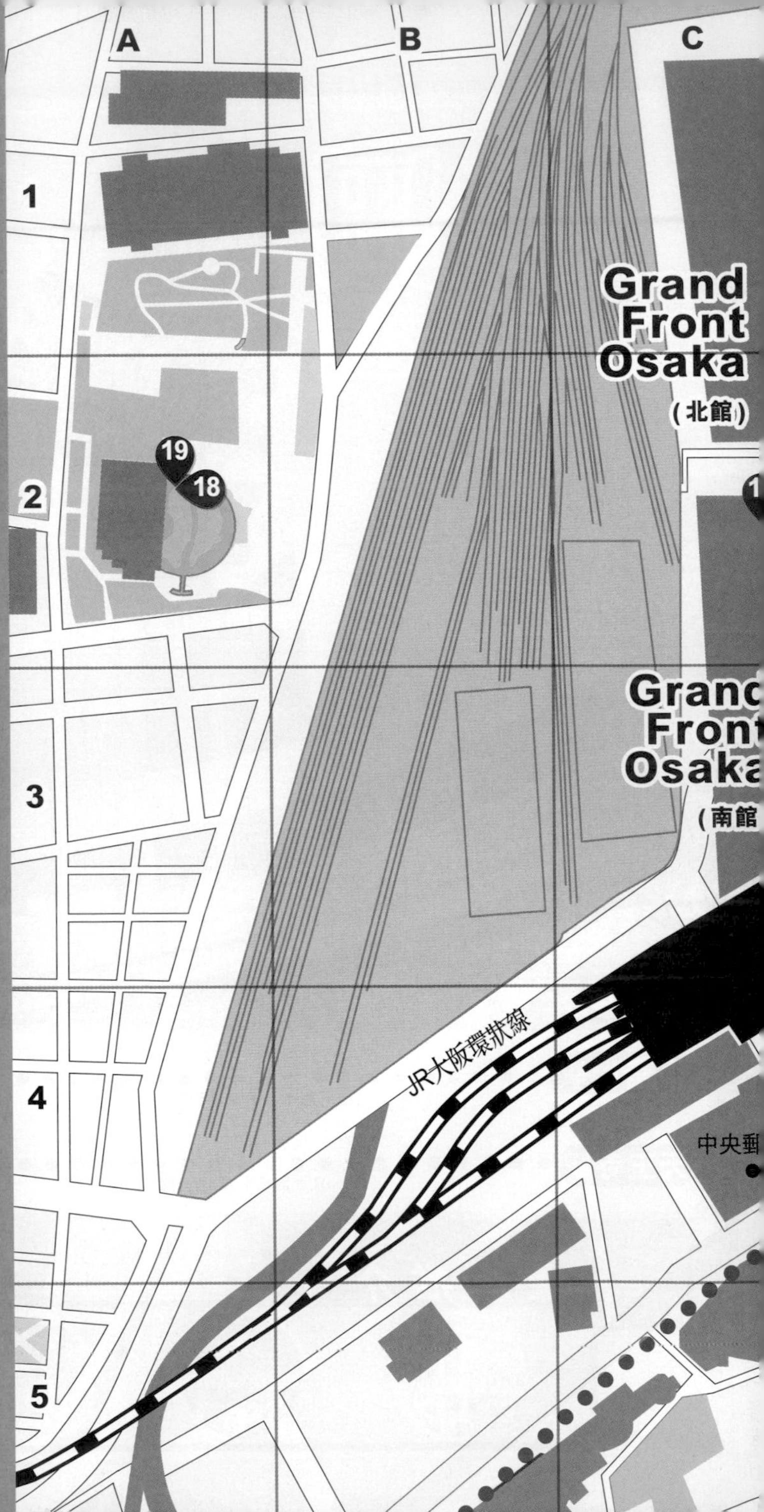

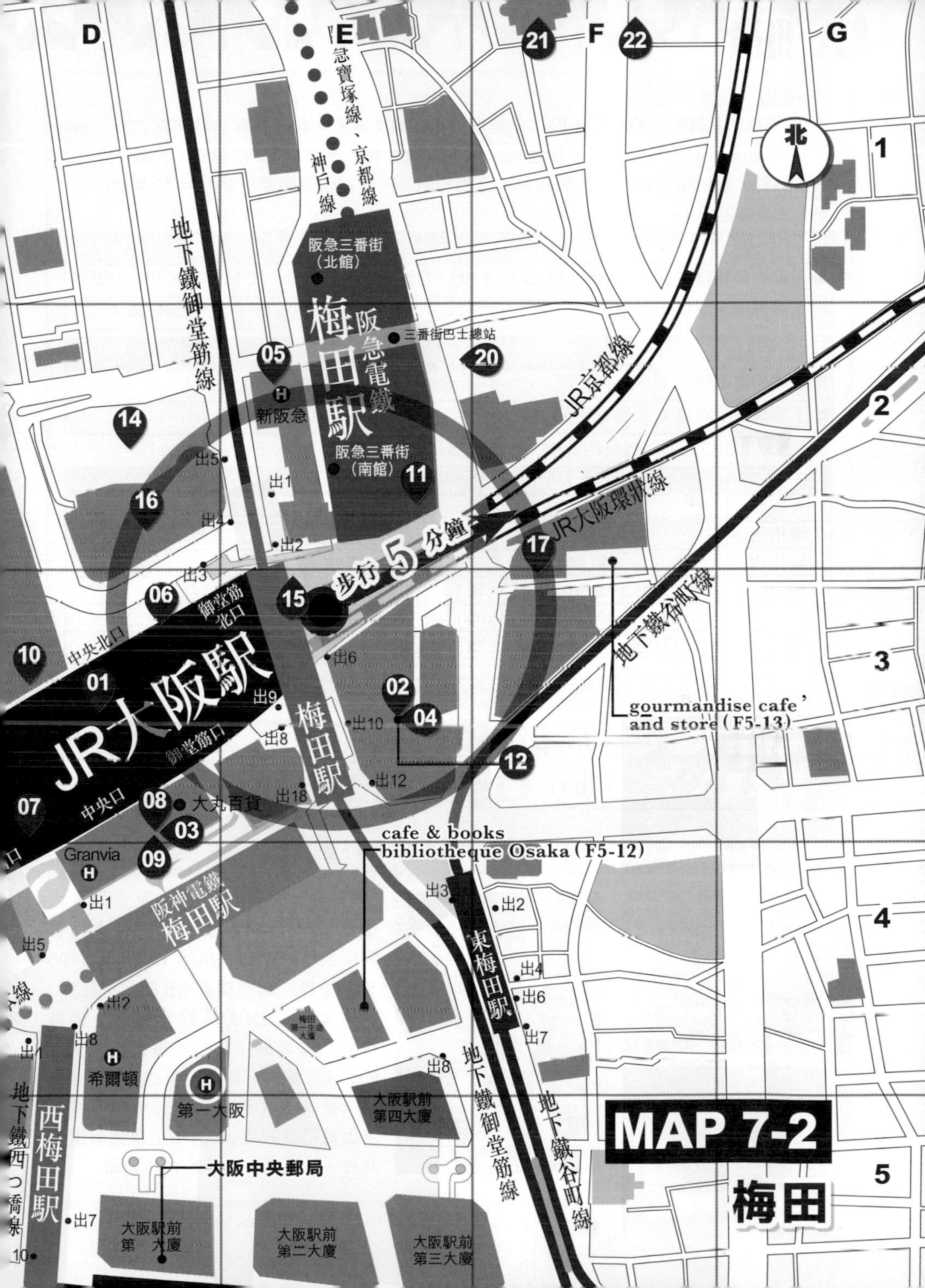

MAP 7-2
梅田
JR大阪駅
阪急梅田駅
阪急電鐵
梅田駅
阪神電鐵
梅田駅
東梅田駅
西梅田駅
步行 5 分鐘
阪急三番街（北館）
阪急三番街（南館）
三番街巴士總站
新阪急
中央北口
中央口
御堂筋北口
御堂筋口
大丸百貨
Granvia
希爾頓
第一大阪
大阪中央郵局
大阪駅前第一大廈
大阪駅前第二大廈
大阪駅前第三大廈
大阪駅前第四大廈
梅田第一生命大廈
cafe & books bibliotheque Osaka（F5-12）
gourmandise cafe' and store（F5-13）
JR京都線
JR大阪環狀線
地下鐵御堂筋線
地下鐵谷町線
地下鐵四つ橋線
阪急寶塚線、京都線
神戶線
北

## 大阪駅＝梅田駅？

梅田是大阪最熱鬧的精華地段，亦是各鐵路線的交匯處，此區共有六個車站之多，各車站緊鄰並可穿過天橋及地下街連接，人流穿梭如鯽。除了JR車站稱為「大阪駅」之外，其餘大阪地鐵分別有梅田駅及東、西梅田駅；而阪神阪急電鐵於2019年10月起改稱為「大阪梅田駅」。

| 北改札口（北面出口） | |
|---|---|
| **地下鐵中央北口：** | LUCUA & LUCUA 1100、Osaka Station City、GFO、梅田空中庭園 |
| **地下鐵御堂筋北口：** | Hep Five、阪急三番街、茶屋町、Whity 梅田地下街、Yodobashi |

| 南改札口（南面出口） | |
|---|---|
| **地下鐵中央南口：** | 大丸梅田店、Hotel Granvia、E-ma、阪神百貨店 |
| **地下鐵御堂筋南口：** | 阪急百貨 |

＊注意以上出口方向距離目的地仍一段路，須再步行前往。

| 車站 | 鐵道公司 | 鐵路線 |
|---|---|---|
| 大阪駅 | JR西日本 | 大阪環狀線、京都線、神戶線、寶塚線 |
| 大阪梅田駅 | 阪急電鐵 | 阪急神戶線、阪急京都線、阪急寶塚線 |
| 大阪梅田駅 | 阪神電車 | 阪神本線 |
| 梅田駅 | Osaka Metro（大阪地鐵） | 御堂筋線 |
| 東梅田駅 | Osaka Metro（大阪地鐵） | 谷町線 |
| 西梅田駅 | Osaka Metro（大阪地鐵） | 四つ橋線 |

大阪駅的列車月台相當壯觀。

**Map**7-2/ **D3**

## 01 Osaka Station City 大阪車站城

JR 大阪駅中央口直達；地下鐵御堂筋線梅田駅中央北口

Osaka Station City由南北兩棟大樓及JR大阪駅組成。南門有大丸百貨、北門有LUCUA & LUCUA 1100及伊勢丹，南門廣場1/F的「水時計」曾被美國CNN網站評選為「全球最美的12座時鐘」之一。車站城中央5/F的時空廣場，有一台高達9米的金時鐘，是本地人見面約會的地標，從廣場上更可以俯瞰JR的鐵軌及列車進出月台，是鐵道迷打卡的大熱景點。

INFO

大阪市北區梅田 3-1-3 Osaka Station City | www.osakastationcity.com

# 【梅田必買土產】

梅田是心齋橋以外購買手信的另一選擇，車站上蓋及周邊大型商場林立，數個熱門購物點，如大丸梅田、Entree Marche及阪急百貨等均是梅田區的購物戰場。以下為大家整理多款人氣手信，請勿錯過。

## UHA味覺糖 Cororo ⑫

Cororor專門店發售的豪華版軟糖，有巨峰味和香印葡萄味道等多款口味。不但比通常版的軟糖大顆，且混有果汁精華果凍粒和果肉，非常有口感且多汁，媲美真實水果。專門店更不時提供季節限定口味，值得一試。￥540/8粒（4袋）

## ⑬ OMOSHIROI BLOCK

清水寺造型的便條紙，只限在大阪及東京出售！將所有的MEMO紙撕完，清水寺的迷你「紙雕」就會出現。雖然每個索價￥10,000，仍然炙手可熱！一度被一掃而空！

## Bâton d'or ⑭

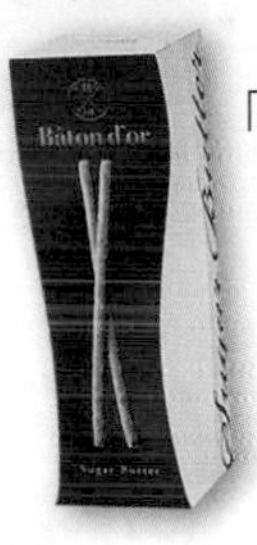


被譽為LV版的百力滋「Bâton d'or」，口味隨季節更換，Sugar Butter是最經典及固定的常設口味，充滿牛油香及幼細的砂糖顆粒。

## Bakery & Cafe BLUE JEAN ⑮

人氣貓形麵包除了原味，還有抹茶口味（￥550），麵包內混入栗子粒，食落更有咬口，成功俘虜少女心。

② & ④ 大阪市北區角田町 8-7 阪急百貨 B1/F

③ 大阪市北區梅田 3-1-1 大丸梅田店 10-12/F Hands

⑤ 大阪市北區芝田 1-1-35 大阪新阪急酒店 B1/F

## 關西銘菓手信店 Map7-2/ D3

# Entrée Marché 06

JR 大阪駅中央口即達

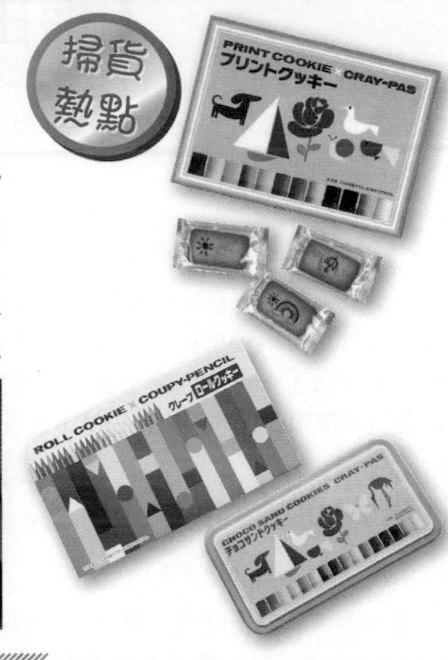


與便利店打通的一站式手信店，有多到眼花的大阪土產及銘菓，最吸引的是關西限定的手信專櫃，陳列著各式各樣的伴手禮，不可錯過的有日本經典蠟筆品牌Sakura Coupy Pencil的新搞作曲奇系列商品，包括威化餅、蛋卷、曲奇餅及朱古力豆，用完鐵盒又可收藏。地點就在JR大阪駅的中央出口，可以在回程往機場之前，作為最後衝刺的搜購點。

Sakura Coupy Pencil的曲奇系列商品率先在大阪推出，￥648-￥1,080/盒。

INFO

JR 大阪駅內中央檢票口前（與 7-Eleven 打通） | 06-6440-1122 | 7:00am-9:30pm

---

掃貨熱點

## 車站內商店街 Map7-2/ D3

# 07 Eki Marché Osaka

驚安殿堂設店於大阪駅，地點相當方便。

Frais Frais Bon！這間店主打的濃郁芝士蛋糕，￥1,550。

JR 大阪駅櫻橋口直達

集結美食、雜貨、藥妝等30多間店舖，各類大阪特產如章魚燒、蛋包飯、拉麵樣樣有。Eki Kitchen分為四區：包括Cafe & Dining、Kitchen、Style、Life Support，旁邊還有ALBI小型購物中心。大人氣的驚安殿堂也有進駐Eki March ē，這間EKIDONKI 面積雖較細但商品有一萬多款，同樣可以退稅，只是沒有提供24小時營業。不能錯過的還有新開的Frais Frais Bon！這裡主打的濃郁芝士蛋糕，綿密的忌簾配合濃滑的芝士，冷藏過後有如雪糕一樣的口感。

INFO

JR 大阪駅內（近櫻橋口）| 075-365-7528 | 10:00am-10:00pm（各店營業時間有異）、7:00am-11:00pm （EKIDONKI ）| www.ekimaru.com

# 大阪限定小精靈 Map7-2/ D3

# Pokémon Center 08

JR 大阪駅中央南口直達；地下鐵御堂筋線梅田駅中央南口

位於大丸梅田店的Pok é mon Center，面積僅次於東京店，除了有售寵物小精靈的電玩產品、模型之外，還有大阪限定的周邊商品，穿著各種制服或祭典禮服的比卡超（皮卡丘）公仔尤其受歡迎，一隻隻陳列在貨架上，還有大量的文具、帆布袋、餅乾等應有盡有，很多都未必能在外面買到。

INFO

大阪市北區梅田 3-1-1 大丸梅出店 13/F | 06-6346-6002 | 10:00am-8:00pm | www.pokemon.co.jp/gp/pokecen/osaka

# Map7-2/ D3 西班牙皇室御用朱古力

# 09 CACAO SAMPAKA

JR 大阪駅中央南口直達

CACAO SAMPAKA是西班牙皇室御用朱古力品牌，誕生於巴塞羅那。CACAO SAMPAKA經營的餐廳位於大丸梅田百貨7樓，樓底超高配上落地大窗，可以把梅田一帶繁盛的風光盡收眼底。CACAO SAMPAKA精選世界各地最優質的可可豆，而朱古力都是由西班牙以人手製作，再直送到日本。至於CACAO SAMPAKA背後的團隊，則包括米芝蓮三星級傳奇餐廳「El Bulli」的主廚和糕點師，更榮獲日本著名飲食網tabelog選為2020及2022年度一百強名店，出品自然有保證。

INFO

大阪市北區梅田 3-1-1 大丸梅田店 7/F | 06-6341-7470 | 10:00am-8:00pm | https://cacaosampaka.jp/

道頓堀&難波 心齋橋 美國村 南船場 堀江 梅田

## 濕平快閃掃貨 Map7-2/ D3

# LUCUA & LUCUA 1100 ⑩

掃貨熱點

 地下鐵大阪駅中央北口、JR 大阪駅中央口直達

位於大阪車站上蓋，一出車站即達，東館LUCUA主攻職場女性，和西館主打年輕人市場的LUCUA 1100總稱為「LUCUA osaka」，當中有不少人氣商店及食肆進駐，如蔦屋書店、MOOMIN、Loft、Sarabeth's SHOP等，合共加起來超過400間商店，可退稅店舖達230間。兩棟商場1、3、5樓相通及可通往對面的大丸百貨，7樓亦有天橋相連。

INFO

大阪市北區梅田 3-1-3 | 06-6151-1111 | 10/F：11:00am-11:00pm、B1-9/F：10:00am-8:30pm、B2/F：11:00am-11:00pm | www.lucua.jp

# 【LUCUA】

## 姆明粉絲必訪 10a

# MOOMIN SHOP

姆明專門店有很多特色商品，不少是日本國內限定，姆明粉絲絕不能錯過。除了主角姆明之外，還有其他配角的精品發售。這套卡通來自芬蘭，所以商品設計都甚有北歐味道。

INFO

06-6151-1297 | moomin.co.jp/spot/2870

## 選購手信救星 10b

# Birthday Bar

店內的商品以家居雜貨為主，例如可愛造型的餐具系列，款式設計都好有心思，產品比想像中多元化及實用，總有一款適合用來送禮。

INFO

06-6151-1398 | http://birthdaybar.jp/brand/birthdaybar/html

# 【LUCUA 1100】

西館的Lucua 1100前身就是大阪三越伊勢丹，現在成為了主打年輕人市場的百貨店，九樓全層更是本地文青蒲點「蔦屋書店」。

## 10c 進口食材補給站
## KALDI Coffee Farm

KALDI Coffee Farm本來是主打賣咖啡豆，後來發展到有多達300間分店，除了咖啡還專門入口外國的貨品，價格也較百貨公司或超市合理。KALDI Coffee Farm的店面不大，但貨品的種類繁多，來自世界各地50個國家的餅乾、糖果、飲料、調味料等應有盡有，而且很多在香港都難以買到，喜歡煮食的朋友不能錯過。

這裡每天都有咖啡試飲。

INFO
06-6151-1514 | 10:30am-8:30pm | www.kaldi.co.jp

## 東瀛風家品
## 私の部屋 10d 7/F

私の部屋販售生活雜貨，原來已有45年的歷史，第1間店在新潟開業以女性為市場對象，搜羅特色設計的廚具及家居品，而且還有是北歐風的餐具，也有結合現代感與和風設計的家品，女生一定會喜歡。

富士山的餐具一向都是人氣之選。

INFO
06-6151-1444 | 10:30am-8:30pm | www.watashinoheya.co.jp

## 嶄新風貌
# 阪急三番街

Map7-2/ E2

地鐵梅田駅北改札口出閘轉右步行1分鐘；JR大阪駅御堂筋北口走到地鐵梅田駅北改札口轉右

與阪急梅田站相連的阪急三番街，一向集美食和購物於一身，是大阪其中一個繁忙的地下商場。歷史悠久的阪急三番街，繼在2017年作全面翻新、引進36間新店鋪，並新增了「Hankyu Brick Museum」(LEGO主題)及梅茶小路後，2018年4月又再翻新了商場北館的地下2樓Umeda Food Hall，佔地相當於5個籃球場般大，場內分為5大美食區，共有18間食肆，提供一千個座位並延長營業時間至晚上11時。

INFO

大阪市北區芝田 1-1-3 |
www.h-sanbangai.com

# 【商鋪推介】

## Hankyu Brick Museum

北館1/F

阪急三番街的一大地標Hankyu Brick Museum，將原先的水族館通道改造為繽紛的積木牆，並以Lego模型把阪急和阪神電鐵的沿線街廓風景重現出來。

既然以積木做主題，怎會少得LEGOStore呢？

## 北館 B1/F Kiddy Land

最受歡迎的Kiddy Land仍然不變，這裡的雜貨飾品最齊全，可以搜羅到最新卡通玩具精品。

5大美食區集合18間食肆，座位足可容納一千名客人。

## 北館 B2/F 11c 美食天堂 Umeda Food Hall

美食街的18間餐廳中有不少是首次進駐關西的食肆，包括神戶甜品專門店Yorkys Creperie及人氣意式料理Italian Dining PESCA。場內除了一般的卡座及四人座，也設有梳化席。全場坐位共1,000個，就算繁忙時間搵位開餐應該都不會太難。

INFO
10:00am-11:00pm

## 【精選食肆】

### Yorkys Creperie

Yorkys是來自神戶的可麗餅名店，超巨型的可麗餅，餅皮香軟Q彈，裡面注滿濃郁卡士達醬及鮮忌廉。必吃草莓可麗餅，選取福岡特產的草莓，以紅(あ)、圓(ま)、大(お)和甜(う)而聞名，一定要用湯匙來品嚐。

可愛的圓形都甩，也是人氣甜品。

Yorkys的草莓及焦糖可麗餅。

### お好み焼　清十郎

在大阪當然要試大阪燒。清十郎的大阪燒被譽為「大阪正宗味道」，店家嚴選食材和高湯，再配合祕製的炸麵衣，自己動手就能炮製出傳統美味。

### Italian Dining PESCA

PESCA是大阪近年大熱的意式料理店，該店最特別的派皮披薩(パイツツア)，不用傳純意式薄餅餅皮，改用北海道產麵粉與低水份奶油混合的批皮，令披薩散發出豐厚的牛油香氣，感覺似食牛角酥。

## 大阪NO.1老字號百貨 ⑫
# 阪急百貨

**Map7-2/E3**

掃貨熱點

地下鐵御堂筋線梅田駅步行 3 分鐘；JR 大阪駅御堂筋口步行 2 分鐘；阪急電鐵梅田駅步行 2 分鐘

樓高13層的阪急百貨，這裡從平價風味的小吃至高檔的國際名牌樣樣齊全，B1層的食品部經常大排長龍，話題不斷。B1層更可連接阪急電鐵及地下鐵梅田駅，交通相當方便。遊客在1/F及B1/F的服務中心出示護照，可以拿到9.5折優惠券。

INFO

大阪市北區角田町 8-7 | 06-6361-1381 | hankyu-dept.co.jp | 商店 10:00am-8:00pm，周五及六至 9:00pm；12-13/F 餐廳 11:00am-10:00pm | 退稅：消費滿 ¥5,000 以上（未含稅），將扣除 1.1% 手續費，退稅總金額為 6.9%。

**B1/F**

## 人氣薯片皇 12a
# GRAND Calbee

GRAND Calbee 是卡樂 B (Calbee) 旗下的高檔副線，而位於阪急百貨B1層的梅田店就是全球首個銷售點，看見每日的排隊人龍便知道其人氣度之高，當地人更透露每到下午3點店內的商品就已完售。近期的人氣大熱有Potato Basic及Potato Roast兩種口味，100%使用北海道產馬鈴薯以及獨有的厚切製法，更有季節限定的口味登場，敬請注意。

Potato Basic及Potato Roast。

INFO

06-6361-1381 | www.calbee.co.jp/grandcalbee

## 職人手烤蝦餅
# 桂新堂 12b

**B1/F**

1866年創業以來超過150年歷史的桂新堂，專售日式蝦餅，近年走新派精美路線，原隻蝦子製成的烤全蝦餅，連殼都可以一齊食，真材實料又鮮味十足。

**海老づくし**
盒內有原隻大蝦烤製的蝦餅，¥2,400/8小包。

**幸運だるま**
幸運不倒翁海老蝦餅，¥600/盒。

**福々まねき**
招財貓蝦餅分為紅、白兩色各3片，¥600/盒。

INFO

06-6361-1381 | www.keishindo.co.jp/

# 梅田巨Mall王 Map7-2/ C2
# Grand Front Osaka ⑬

JR 大阪駅 2 樓天橋及地下 1 樓（LUCUA 方向）直達

佔地近50萬平方呎的Grand Front Osaka有別於一般傳統的Shopping Mall，這裡有展示各家品牌的概念產品及活動，最適合親子遊。Grand Front Osaka共分為南館、北館和Umekita廣場三大區，店鋪加起來逾270間，當中有數十間更是初登陸關西的名氣品牌，例如Zara Home、Dean & Deluca Cafe等。值得一提，Umekita廣場是出自著名建築師安藤忠雄手筆，以「水」為主題，在寸金尺土的城市中打造了瀑布階梯。

穿過大阪駅的Osaka City，就可以看到Grand Front Osaka。

| Umekita Cellar | |
|---|---|
| B1/F | 梅北廣場地下1樓的美食樓層 |
| **南館** | |
| 1-6/F | 商店、食肆 |
| 7-9/F | Umekita Dinning美食樓層 |
| 9/F | 空中花園 |
| **北館** | |
| B1-3/F | The Lab、世界啤酒博物館（B1/F）、貯物櫃（2/F） |
| 5/F | 商店、食肆 |
| 6/F | Umekita Floor美食樓層 |

## 100円巴士 UMEGLE-BUS

在Grand Front Osaka和JR北新地駅間循環運行，每隔10分鐘一班車，綠色車身與站牌十分容易辨認。繞行路線包括茶屋町→Grand Front Osaka→大阪駅→西梅田駅→北新地駅→東梅田駅等共12個站。

**票價**：¥100（小孩 ¥50）、1日乘車劵 ¥200（小孩 ¥100）
**運行時間**：10:00am-9:00pm

鬧市中的水空間，流露著安藤忠雄的簡約風格。

INFO

大阪市北區大深町 4-20 | 066-372-6300 | www.grandfront-osaka.jp | 商店 11:00am-9:00pm；餐廳 11:00am-11:00pm；Umekita Cellar 10:00am-10:00pm、Umekita Floor 11:00am-11:30pm

# 【南館】

## 排長龍甜品點
## Qu'il fait bon
13a

這間甜品店無論在任何時候都超有人氣，就算是外賣的部分，也一樣要排隊。招牌水果批和水果撻都是女士的至愛，如果不想排太久，建議在開門時10點前來，其他時間預計至少花30分鐘以上。若外賣返酒店享用，可以花少一點時間。

INFO

06-6485-7090 | 10:00am-9:00pm |
www.quil-fait-bon.com

## 百年水果老店
## 堀内果實園
13b

來自奈良吉野的堀內果實園Horiuchi Fruit，在明治36年（1903年）已開始務農，專門栽種果樹。近年除了售賣新鮮水果，更兼營水果甜點和輕食。雖然是百年老店，難得產品的包裝以至店面一點都不老土，還大受少女歡迎。

INFO

06-6467-8553 | 10:00am-9:00pm|
https://horiuchi-fruit.shop-pro.jp/

## 立食壽司
## 寿司　魚がし日本一
13c

日本一壽司擁有二百年歷史，在日本全國都有分店。雖然是知名老店，食物價錢卻非常貼地，最平甚至￥75都有交易。梅田店為了方便上班族，特別設有立食位，讓食客第一時間便食到新鮮的手握壽司。

INFO

06-6485-8928 | 11:00am-10:00pm |
https://www.susinippan.co.jp/

## 切粒沙律專賣店
## GATE2 FIELDER'S CHOICE
13d

潮流崇尚綠色，GATE2 FIELDER'S CHOICE清一色只提供沙律，店家每天搜羅最新鮮的蔬菜瓜果，切粒讓客人自行挑選，再配以混合16種稻米的米飯或玉米包，把最清新無添加的口味送上。店家更以沙律×棒球為概念，店內以棒球場為藍本，貫徹健康的主題。

INFO

06-4256-6766 | 10:00am-9:00pm |
http://www.fielderschoiceandco.com/

# 【北館】

B1/F
一站式供應世界各地的啤酒。

## 13e 全球啤酒百選 世界のビール博物館

有來自英、美、德、比利時等50個國家超過200種啤酒，販賣區連歐美地區的啤酒杯都有出售。全店有700個座位，除了啤酒也供應助酒美食。啤酒價錢由￥750起，也可直接點一客Museum Beer Set ￥2,680，一次過有5杯，種類每日替換，幾個朋友分享剛剛好。

INFO
06-6371-6968 | 11:00am-11:00pm | http://www.world-liquor-importers.co.jp/osaka/osaka_beer/index.html

## 有趣互動體驗 The Lab 13f

B1-3/F

The Lab佔了4個樓層，從B1到3樓，並分為Event Lab、Cafe Lab和Active Lab，在The Lab內有超過100間本土公司的有趣展品，充分表現出日本人的創意。各機構輪流展出最新的科研成果，作品題材都是圍繞日常生活，同時可以學習最新的知識和科技，相當有趣。

除了B1的展館要入場費之外，其他都是免費入場。

INFO
06-6372-6427 | 10:00am-9:00pm

## 13g 夜貓宵夜場 Umekita Floor

在Grand Front Osaka可以讓你玩大半天，在北館6樓，有個Umekita Floor，這裡有幾間酒吧，將類似蘭桂坊的氣氛帶到室內，酒吧營業到凌晨4點，還有多間人氣餐廳，包括近年人氣的「近畿大學水產研究所」，真的可以由朝玩到晚。

INFO
06-6485-7441 | 11:00am-11:30pm

## 梅田飲食購物新焦點 Map7-2/ D2

# Links Umeda ⑭

地下鐵御堂筋線梅田駅 4、5 號出口；
JR 大阪駅御堂筋北口步行約 1 分鐘

Links Umeda剛於2019年底落成，即成為區內購物新焦點。B1F的OISHI-MONO橫丁（オイシイもの横丁），設有超過20間食肆，又有食品專區「LINKS MARCHE Eat&Walk」，就算對Shopping沒興趣，一樣能吸引一群好食之徒。

INFO

大阪府大阪市北區大深町 1-1

## 【精選商店】

### 新鮮組まぐろ屋 14a

專售來自長崎縣對馬市產的極品藍鰭吞拿魚。對馬島因其湍急的洋流而成為世界上最適合吞拿魚養殖的島嶼，據説可以培育出脂肪豐厚的吞拿魚。食店把這種極品食材製作刺身、蓋飯及壽司，卻以親民價發售，因而大受歡迎。

INFO

LINKS UMEDA 1F | 7:00am-9:00pm

### 焼きはまぐりSTAND 14b

這裡的花蛤由三重縣桑名市直送，既新鮮又肥美，店家用簡單的炭燒，配現磨的花椒、花椒、芝麻鹽上桌，已是人間美味。另一推介「親子丼」，除了雞蛋和雞肉再加上白酒、泡菜、番茄和羅勒蒸製，味道與別不同。

INFO

LINKS UMEDA B1F（OISHIMONO 橫丁）|
11:00am-12:00mn

### Harves（ハーベス） 14c

大型食品超級市場，除了新鮮食品及便當，更有許多關西地區限定的零食小吃，是經濟掃貨的好地方。

INFO

LINKS UMEDA B1F （LINKS MARCHE Eat&Walk） | 9:30am-10:00pm

## 庶民美食街 Map7-2/E3

# 新梅田食道街 ⑮

地下鐵御堂筋線梅田駅 2 號出口即見；JR 大阪駅御堂筋北口步行 2 分鐘

兩層高的小型餐廳商場，全部都是中低價的餐館，而且食客以當地人為主。早自昭和 25 年（1950年）這裡就開始營運為當地民眾而服務，至今已聚集了近一百間的大阪特色餐館，包括大阪燒、章魚燒、串炸及各種鄉土料理。

INFO

大阪市北區角田町 9-26 | 06-6312-1869 | http://shinume.com

## 人氣章魚燒

# ⑮a はなだこ

來大阪吃章魚燒，大家一定會想起道頓堀一帶，其實在梅田的新梅田食道，便隱藏了一間相當有人氣的章魚燒店，由開店到關門，店前都人山人海。はなだこ設開放式店面，客人一邊排隊一邊可以看到店員用純熟的手法弄章魚燒。他們的章魚燒皮脆，餡料跟粉漿的比例剛好，香甜的外皮包著啖啖肉，難怪每天都如此多人。

INFO

06-6361-7518 | 10:30am-11:00pm

## 夠 local 立食串炸

# 松葉總本店 ⑮b

串炸也不一定要去天王寺新世界！松葉以串炸聞名，早於昭和24年（1949年）便在此營業，質素絕對比得上新世界那邊的老店，由開店便人山人海，很多大阪人都愛到這裡吃串炸。全店都是立食，如果不懂日語最好站在吧台前，因為你可以直接在這邊拿取食物。這裡的串炸非常便宜，大部分都由￥108起。

INFO

06-6312-6615 | 平日 2:00pm-10:00pm，周六日及假日 11:00am-9:30pm | matsuba-sohonten.com

## 大型電器百貨

**Map7-2/ D2**

# Yodobashi Umeda ⑯

地下鐵御堂筋線梅田駅 4、5 號出口；
JR 大阪駅御堂筋北口步行 1 分鐘

由地庫2樓開始至8樓，共10層，地下2樓至4樓為電器部，除了電器也有售賣最新的玩具。其他服裝、雜貨店則集中在5樓至7樓，餐廳設在8樓。這裡很配合遊客的需要，晚上10時才關門，而且電器部更有懂中文或英文的店員服務旅客。

影音部

相機部

玩具部

INFO

大阪市北區大深町 1-1 | 06-4802-1010 | 電器部 9:30am-10:00pm（其他各店有異）| https://www.yodobashi.com/

⑰

## 紅色摩天輪地標

**Map7-2/F3**

# Hep Five

地下鐵御堂筋線梅田駅步行 5 分鐘；JR 大阪駅御堂筋北口步行 3 分鐘；阪急電鐵梅田駅步行 5 分鐘

阪急集團旗下的商場，雲集170間服飾店、精品店、食肆，甚至設有大型電影院，全都主攻年輕人路線。場內一樓中庭掛著一座巨型紅色鯨魚母子，由前日本樂隊米米 club 的成員石井竜也設計。館外的紅色摩天輪離地106米高，更是梅田的注目地標。

INFO

大阪市北區角田町 5-15 | 06-6313-0501 | 11:00am-9:00pm，摩天輪營業至 11:00pm | www.hepfive.jp | 摩天輪門票 ¥600

## 漫畫周邊商品 ⑰a

# Jump Shop

《週刊少年 Jump》所開設的漫畫精品店，主要販售連載過的作品包括《龍珠超》、《BLEACH》、《海賊王》等周邊商品，店內陳設各種文具、服飾、零食等限量商品包羅萬有，各個年齡層的動漫迷都可以在這裡找到一些回憶。

《銀魂》和《龍珠》棉花糖。

INFO

06-6366-3722 | 11:00am-9:00pm

## 浪漫星光大道

# 空中庭園展望台

Map7-2/A2

⑱

地下鐵御堂筋線梅田駅 5 號出口、JR 大阪駅中央北口，途經 Grand Front Osaka 後穿越梅田地下道即見，步程約 10 分鐘

高達173米的空中庭園，被打造成拍拖勝地，除了39樓有戀愛神社、情人雅座，頂樓還有愛心鎖扣區等設施。空中庭園是無遮掩的露天平台，拍出來的照片效果超高清，不會有透過玻璃窗拍攝的反光問題。展望台共有兩層，40樓的是360度開放式庭園，如遇上雨天或天冷季節，則可以移玉步到39樓的室內觀景台。空中庭園被評選為「日本夕陽百景」，建議大家黃昏前到訪，除了可以欣賞夕陽，夜幕低垂後，地面上鑲嵌的蓄光石隨即變成「星光大道」，有種漫步在星空的錯覺。

INFO

大阪市北區大淀中 1-88 梅田藍天大廈 39-40/F（梅田スカイビル）| 06-6440-3855 | 9:30am-10:30pm（最後入場 10:00pm）| https://www.skybldg.co.jp/tw/ | 成人 ¥1,500、小學生 ¥700

由地面往上拍的角度超壯觀。

目睹整座城市有如沈浸在金黃色的餘暉中。

35樓的扶手電梯像時空隧道般夢幻。

大阪最佳拍拖勝地。

圓形屋頂提供360度視野，萬家燈火景色盡入眼簾。

## 懷舊美食橫丁
# 滝見小路

⑲ Map7-2/A2

地下鐵御堂筋線梅田駅 5 號出口、JR 大阪駅中央北口，途經 Grand Front Osaka 後穿越梅田地下道即見，步程約 10 分鐘

這條美食街「滝見小路」位於空中庭園同一座大廈的B1層，小路的通道上有著許多懷舊布置，如老爺車、交番（警局）、鳥居及神社等，彷彿走進昭和年代的大阪街頭。滝見小路 聚集了很多大阪老字號食店，比較有名的是喝鈍炸豬扒專門店、きじ木地、芭蕉庵等，每間店面都不大及座位有限，且人潮都集中在這數間老店，不想花太多時間排隊的，建議平日下午到訪。

INFO

大阪府大阪市北區大淀中 1-88 號梅田藍天大廈 B1/F

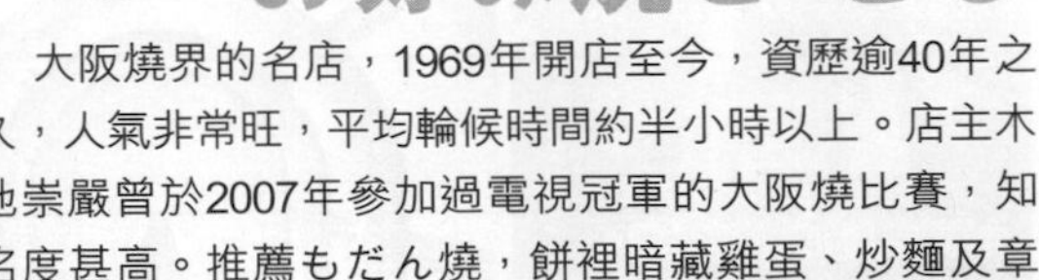

## 大阪燒名店
# お好み焼き きじ

19a

大阪燒界的名店，1969年開店至今，資歷逾40年之久，人氣非常旺，平均輪候時間約半小時以上。店主木地崇嚴曾於2007年參加過電視冠軍的大阪燒比賽，知名度甚高。推薦もだん燒，餅裡暗藏雞蛋、炒麵及章魚粒十分吸引，各種食材味道都襯托得剛好，果然是名不虛傳。店主感激台灣人當年援助日本311地震救災，將門牌號碼刻上海角7號。

店主木地崇嚴是著名的大阪燒達人。

INFO

11:30am-9:00pm( 周四、第 1 及第 3 個周三 ) | $ ¥800 起

## 和菓子古早味
# 芭蕉庵

19b

繼承了始創於明治元年（1868年）的和菓子古早製法，芭蕉庵的招牌甜品是「笑來美餅」，類似大菜糕及蒟蒻的混合甜點；餐桌上有石磨讓客人自己動手體驗，將傳統丹波產黑豆磨粉及過篩，取其香味並灑在笑來美餅上一齊食。

INFO

11:00am-8:00pm | $ ¥1,050（笑來美餅連抹茶）

## 關西最大旗艦店 Map7-2/E2

# UNIQLO OSAKA ⑳

阪急梅田駅茶屋町出口步行 3 分鐘；地下鐵御堂筋線梅田駅步行 5 分鐘；JR 大阪駅御堂筋北口步行 6 分鐘

雖然Uniqlo和GU現在於日本不難找到，但這間關西最大的旗艦店卻和一般的Uniqlo不同，除了佔地10,000平方呎之外，服裝款式更是最齊，店內有大量Crossover聯乘產品，很多都是當店限定的。這裡還有世界最大級童裝部和關西首間UT專區（UNIQLO Tee的簡稱，專營男裝Tee），來到這裡會有不一樣的體驗。在地庫兩層，則是副線GU，這樣便可以一次過把兩間店都逛完了。

INFO

大阪府大阪市北區茶屋町 1-32 | 06-6292-8280 | 11:00am-9:00pm | www.uniqlo.com/jp

## Map7-2/ F1 ㉑ 9層高商場

# Loft 梅田店

地下鐵梅田駅、阪急梅田駅茶屋町方向步行 8 分鐘；地下鐵中津駅 4 號出口步行 6 分鐘

JR 大阪駅那邊有 Tokyu Hands，在茶屋町這邊就有一間9層高的綜合商場，Loft 的生活雜貨區囊括1-6樓，比 LUCUA 店更多選擇，有齊各式文具精品、生活小物、美妝用品。B1層更設有電影院、7樓為書籍和體育用品區，是梅田最大的一間 Loft。

INFO

大阪市北區茶屋町 16-7 | 06-6359-0111 | 11:00am-8:00pm | www.loft.co.jp

## 梳乎厘鬆餅 ㉒ Map7-2/ F1

# 幸せのパンケーキ

地下鐵御堂筋線梅田駅步行 8 分鐘

幸せのパンケーキ在大阪起家，一推出迅即躍升為大阪人氣排隊店之一，而且這種空氣感超強的梳乎厘鬆餅更成為日本的甜品界潮流，很多傳統甜品店都馬上把這個項目加入菜單中。梳乎厘鬆餅一定要即點即食，否則就會榻下來。其外表挺身，內裏軟綿，入口即溶，帶濃濃蛋香，這種美妙的口感令人一試就愛上，注意落單後要花上至少15-20分鐘等候上桌。

紅茶口味梳乎厘Pancake ¥1,450，紅茶醬味道十分香濃。

INFO

大阪市北區鶴野町 3-17 フアーストNレジデンス 1/F | 06-6292-3333（平日至少提早一天預約）| 10:00am-8:00pm（周日及假日營業至 8:30pm）| http://magia.tokyo

#水產市場 #動漫迷天地
日本橋
Nihonbashi
交通 往來日本橋
梅田駅 地下鐵御堂筋線8分鐘 難波駅 地下鐵千日前線3分鐘 日本橋駅
心斎橋駅 地下鐵御堂筋線3分鐘 長堀橋駅 地下鐵堺筋線3分鐘
重點推介
黑門市場
大阪廚房
大阪秋葉原 - 電電城
Joshin 日本橋店
Super Kids Land

MAP 8-1
日本橋
近鐵奈良線
日本橋駅
地下鐵千日前線
Namba Walk 地下街
Namba Walk 地下街
A
B
C
D
1
2
3
4
5
出5
出10
日本橋駅
地下鐵堺筋線
步行5分鐘
高島屋
Hotel Hilary's
FamilyMart
地下鐵
惠美須駅
北
01. 黑門市場 8-2
02. 黑門旅遊信息服務中心 8-2
03. 黑門三平 8-2
04. 石橋食品 8-3
05. 黑銀 8-3
06. 魚福 8-3
07. 千成屋 8-4
08. 西川鮮魚店 8-4
09. みな美 8-5
10. 壽惠廣 8-5
11. 黑門三都屋 8-5
12. 黑門中川 8-6
13. 豆腐の匠 • 高橋 8-6
14. 浪速屋 8-6
15.Joshin 上新電機 8-7
16.SUPER KIDS LAND 8-8
17. 河口無線 8-8
18.Hifi-do 8-8

## 大阪人的廚房 01
# 黑門市場

Map8-1/ C1

地下鐵千日前線日本橋駅 10 號出口步行 2 分鐘

在電電城朝日本橋駅方向走，便可到達於江戶時代(1600-1800年)已開業的黑門市場。明治末期曾稱為「圓明寺市場」，因為圓明寺的東北面有一扇黑門，後來稱之為「黑門市場」。街市內全為魚生、海鮮、蔬果、日式傳統食品等的店舖，素有「大阪の台所」(大阪廚房)的美譽，也成為了遊客購買手信的好地方。

INFO

大阪市中央區日本橋 2-4-1 | 06-6631-0007 | www.kuromon.com | 8:00am-5:00pm（各商店略有不同）



## Map8-1/ C2 02 無料休息室
# 黑門旅遊信息服務中心

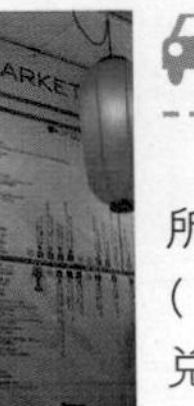

地下鐵日本橋駅 10 號出口步行約 5 分鐘

地點就在原來的無料休憩所位置，有寄存行李服務之餘(￥500)，更有免費Wifi、外幣兌換機及非常乾淨的洗手間可使用。由於黑門內很多店舖僅得數個座位，遇上座無虛席時，不妨將外賣食品帶到這邊來用膳及歇腳。

INFO

大阪市中央區日本橋 2-12-21（辻村商店旁）

## 必食超值刺身 Map8-1/ C1
# 黑門三平 03

地下鐵日本橋駅 10 號出口步行約 2 分鐘

黑門市場裏面最具人氣的店舖之一，幾乎所有遊客都停步在這裡，如此受歡迎因這裡的生猛海鮮與熟食價廉物美，店內設有堂食區，對遊客來講相當方便。這裡的海鮮種類多如超市，海膽、鰻魚、河豚、螃蟹等應有盡有；熟食部分如鹽燒大蝦￥1,000起，還提供即叫即做的魚生飯，一客三文魚親子丼才￥990，難怪門庭若市。

店內備有座位，刺身當然是馬上吃最好。

黑門三平由大阪漁商「三平水產」管理，食物水準有一定保證。

原隻螃蟹￥3,980，結帳後直接在店內享用。

INFO

大阪市中央區日本橋 1-22-25 | 06-6635-1938 | 10:00am-5:30pm | www.kuromon-sanpei.co.jp

# 100円關東煮
# 石橋食品

**(04)** **Map8-1/ C2**

 地下鐵千日前線日本橋駅 10 號出口步行 3 分鐘

石橋食品在昭和49年(1974年)創業，繼承並守護媽媽的味道，雖然是家常菜卻帶來幸福和溫暖，更是附近的家庭主婦加餸的好幫手。他們的關東煮最受歡迎，均一價￥100一件，買回酒店是最佳的宵夜。

INFO

大阪市中央區日本橋 2-2-20 | 06-6632-0433 | 9:00am-6:00pm (周日及假日休息)

# 拖羅愈嚼愈鮮味
# 黑銀

**Map8-1/ C2**

 地下鐵日本橋駅 10 號出口步行約 4 分鐘

黑銀位於市場的中尾段，出售的吞拿魚是深獲好評的等級，這裡的刺身一律先切成一大塊，用保鮮紙包好，驟眼看以為是在賣牛扒。在這裡不用考慮太多！直接點一份招牌三色丼￥2,000，裡面有大拖羅(魚腩/頸腩)、中拖羅(魚背)及赤身；吃時請順次序由油脂較少的赤身開始吃、接著吃中拖羅及大拖羅。充滿魚筋的大拖羅，咬下去會有渣，但吃到滿口油香，愈嚼愈甘香。

大拖羅油脂分布均勻，帶筋部位像香口膠一樣愈嚼愈香。

大阪市中央區日本橋 2-11-1 | 06-4396-7270 | 9:00am-9:00pm | www.kuromon.com/shop.php?id=201

# 即叫即燒海鮮
# 魚福

**(06)** **Map8-1/ C2**

 地下鐵日本橋駅 10 號出口步行約 3 分鐘

魚福在街頭的角落，店面小小但人很多，原因是這裡賣即燒海鮮，如帶子和大蝦等，而帶子則按不同大小有不同價格，即開即燒，相比起有些已燒好的，感覺比較新鮮。大家要注意海鮮必須在店前享用，或者拿到遊客「無料休憩所」才享用，不要邊走邊吃。

大阪市中央區日本橋 2-3-7 | 06-6631-9294 | 9:00am-4:00pm

## 市場人氣名店 07
# 千成屋
Map8-1/ C1

地下鐵日本橋駅 10 號出口步行約 2 分鐘

看到人潮拿著千成屋的手挽袋，眼前即出現千成屋，它絕對是黑門市場的人氣熱點之一，隨時經過都聽到店員在吆喝，十分熱鬧。這裡販售各式水果、刺身、壽司，也有提供熟食如鍋物、燒肉、天婦羅、烤海鮮等；店內還有各式零食、酒類及柴米油鹽供選購，簡直就是一間小型超市，消費滿￥5,000現場還可以退稅。

堂食座位區

現場即燒的海鮮，生蠔、大蝦及蟹腳應有盡有。

最受歡迎的蜜瓜果汁，原汁原味。

部分當造水果可以原個榨成鮮果汁，如菠蘿汁、西柚、西瓜等。

INFO

大阪市中央區日本橋 1-21-6 | 06-6631-6322 | 9:00am-10:00pm | http://sennariya.jp/

Map8-1/ C2
## 即開海膽生蠔 08
# 西川鮮魚店

地下鐵日本橋駅 10 號出口步行約 3 分鐘

途經時以為是街市的海鮮攤販，現場一點魚腥味都沒有，攤位上全是漁港直送的海鮮和刺身盒，長崎縣五島產的赤身￥1,300，結帳後店員即幫忙拆開包裝盒及遞上醬油，一邊吃一邊看著師傅專注地剖魚。生蠔和海膽即叫即開，肉質超鮮甜飽滿，海膽價格由￥1,000至￥2,300不等。

INFO

大阪市中央區日本橋 2-3-4 | 06-6631-1514 | https://kuromon.thebase.in/ | 10:30am-6:00pm

## 河豚達人
# みな美

**09**

**Map8-1/ C2**

 地下鐵日本橋駅 10 號出口步行約 3 分鐘

大阪名物其中一種就是河豚，不過在餐廳吃都要￥5,000起。所以想吃得經濟一點，就一定要到黑門市場。黑門市場內的みな美河豚專賣店，連食家蔡瀾先生都大力推薦，店前的雪櫃每天都放上已劏的河豚。師傅不時表演在砧板上的刀功，在日本劏河豚必須取得合格資力，在這個庶民市場也可以平民價格一試矜貴的河豚美食。

一份河豚刺身￥2,000，可以小試一下。

INFO

大阪市中央區日本橋 2-3-20 | 06-6643-0373 | 8:00am-4:30pm（周日休息；10 月 -3 月無休息）

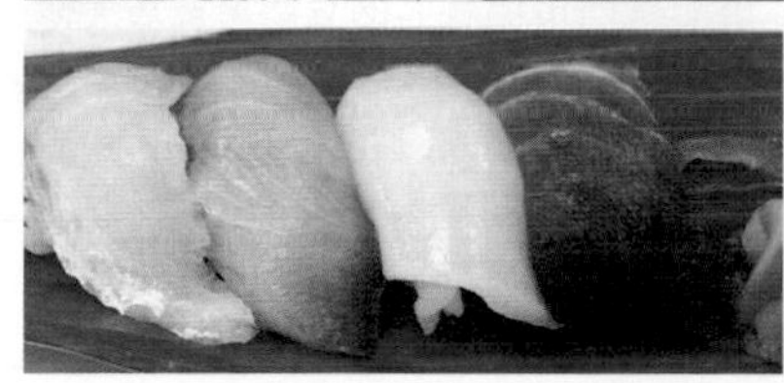

**10**

## 名人食家捧場
# 壽惠廣

**Map8-1/ C1**

地下鐵日本橋駅 10 號出口步行約 2 分鐘

壽惠廣是黑門市場著名的壽司店，連食家蔡瀾都曾介紹。雜錦壽司一份￥2,200，全部以當日最新鮮的海產製作。除了一般的海鮮，這裡也有活河豚刺生提供。客人可選堂食也可外帶，在黑門市場狩獵其他美食然後再一次過開大餐。

INFO

大阪市中央區日本橋 1-21-33 | 06-6646-0145 | 11:00am-9:00pm，周日及假日到 8: 30pm( 周三休息 )

## 手造日式菓子糕餅
# 黑門三都屋

**11**

**Map8-1/ C1**

 地下鐵日本橋駅 10 號出口步行約 3 分鐘

黑門三都屋是和菓子專門店，傳統的草餅、年糕、烤小糰子及大福統統可在這裡找到，而且是人手新鮮製作，所以較適合即買即食。如果想買作手信記得揀禮盒裝的糕餅，賞味日期會較長。

大福有不同口味，以士多啤梨及抹茶最受歡迎。

INFO

大阪市中央區日本橋 1-22-21 | 06-6641-0454 | 周一至六 9:30am-6:00pm( 周日休息 ) | www.mitoya-kuromon.com

日本橋 | 天王寺&新世界 | 港區 | 大阪城 | 天神橋筋 | 浪速區

24小時蔬果超市
# 黑門中川

⑫ Map8-1/ C1

地下鐵千日前線日本橋駅 10 號出口步行 3 分鐘

黑門中川是黑門市場中規模較大的超級市場，貨品種類多之餘，也不時特選折扣貨品，很多貨品也比其他店賣得便宜，大阪的家庭主婦也喜歡到這裡買東西。最吸引人的是門口擺放的新鮮蔬果，可用很便宜的價錢，買到日本國內直送的新鮮生果。由於此店是24小時營業，方便在離開最後一刻購買。

INFO

大阪市中央區日本橋 1-21-5 | 06-6646-6601 | 24 小時

Map8-1/ C1 ⑬

濃郁荳奶
# 豆腐の匠・高橋

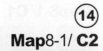

地下鐵千日前線日本橋駅 10 號出口步行 2 分鐘

高橋食品於大正14年(1926年)創業，至今已超過90歲，是黑門市場著名的豆腐專賣店。他們的豆腐都以日本國產大豆及天然鹽鹵精心製作，人氣產品除了豆腐還有新鮮荳漿(普通及特濃)、芝麻豆腐、蛋羹和腐皮等，全部即日生產，確保新鮮。

INFO

大阪市中央區日本橋 1-21-31 | 06-6641-4548 | 8:00am-5:00pm（周日休息）

80年和菓子老店
# 浪速屋

⑭ Map8-1/ C2

地下鐵千日前線日本橋駅 10 號出口步行 5 分鐘

浪速屋創業80多年，最出名的食品蕎麥餅(そば餅)使用北海道十勝產紅豆作餡，並用上優質的蕎麥粉作包子。除了蕎麥餅，這裡的有其他和菓子和洋菓子，甚至西式蛋糕，都很受當地人歡迎。

INFO

大阪市中央區日本橋 2-10-1 | 06-6641-4727 | 9:00am-6:00pm（周日休息）

# 關西秋葉原 電電城

在難波和天王寺中間的日本橋，會找到被稱為「關西秋葉原」的電電城（Den Den Town）。電電城有齊一眾御宅族所需，如電玩、漫畫、女僕café、玩具店等，動漫迷定必要到此見識一番。

由電腦手機至一般家電，這裡都有許多款式以供選購。

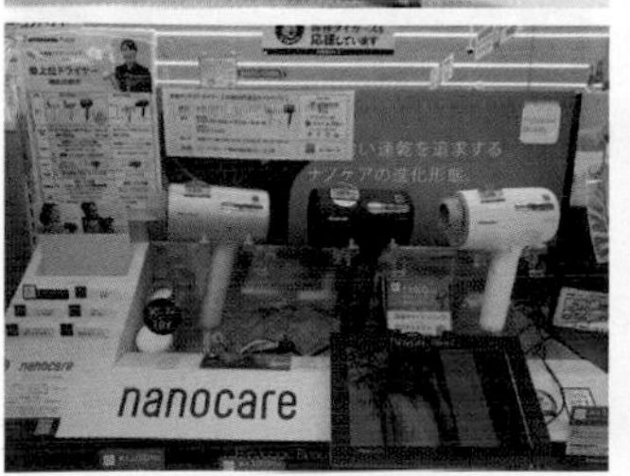


**Map8-1/ C5**

## ⑮ 電電城老大 Joshin日本橋店

JR難波駅、南海難波駅步行約5分鐘；
地下鐵千日前線日本橋駅步行約7分鐘

Joshin上新電機曾是電電城老大，在電電城一帶以不同品牌開了6間商場及店舖。不過疫情過後，只剩下SUPER KIDS LAND及Joshin日本橋店。樓高5層的Joshin日本橋店主打3C用品（電腦、通訊和消費電子產品），就算對動漫興趣不大，這裡也可以發掘有趣商品。買夠￥5,000，更可以在商場內退稅，非常方便。

INFO

大阪市浪速區日本橋5-6-7 | 06-6634-1211 | 10:00am-10:00pm
| https://shop.joshin.co.jp/

## 鐵道迷勝地 Map8-1/ B5 ⑯
## SUPER KIDS LAND

地下鐵千日前線惠美須駅 5 號出口步行 8 分鐘

日本橋最大，據說也是西日本最大的模型專門店，主打各款模型、遙控玩具、氣槍、TOMICA車仔及LEGO等。3樓是田宮玩具(TAMIYA)的迷你四輪車及模型玩具專門店，5樓則是鐵道模型專區，鐵道迷難以抗拒。

INFO
大阪市浪速區日本橋 4-12-4 | 06-6634-0041 | 10:00am-8:00pm | shop.joshin.co.jp

## ⑰ Map8-1/ C4 發燒級音響
## 河口無線

地下鐵千日前線日本橋駅 10 號出口步行 8 分鐘

雖說梅田 Yodobashi 都有音響部，但如想找些發燒級音響，不妨在河日無線找找。這裡除了各種發燒器材外，亦有不少調音配件、線材及耳筒。價錢方面比 Yodobashi 便宜些許，發燒友不妨走一趟。

INFO
大阪市中央區日本橋 4-8-12 | 06-6631-0321 | 10:30am-7:00pm（周三休息）| www.kawaguchimusen.co.jp

## 著名二手音響店 ⑱ Map8-1/ C5
## Hifi-do

地下鐵千日前線日本橋駅 10 號出口步行 10 分鐘

Hifi-do 是日本著名的二手音響店，由古董喇叭、前級放大、後級擴音機，以至發燒CD 盤及黑膠唱盤唱頭統統有售。最方便是所有存貨均在網頁列明，有心的朋友不妨出發前上網查閱，以便買到心頭好。

日本人極度惜物，雖是二手音響器材，新淨程度相當高，值得投資。

INFO
大阪市中央區日本橋 4-6-9 | 06-4396-7611 | 11:00am-8:00pm | www.hifido.co.jp

#美食橫丁 #購物熱點 #動物園

# 天王寺 新世界

# Tennoji & Shinsekai

## 交通 往來新世界（通天閣、動物園）

梅田駅 → 地下鐵御堂筋線13分鐘 → 動物園前駅 → 地下鐵御堂筋線2分鐘 → 天王寺駅

大阪駅 → JR大阪環狀線（内回り或外回り均可）19-21分鐘 → 天王寺駅

## 交通 往來天王寺（阿倍野購物區）

JR大阪環狀線、地下鐵御堂筋線、谷町線均途經天王寺駅

## 重點推介

Harukas 300
全日本最高商廈

新世界
24hrs串炸店

Q's Mall
合家歡購物城

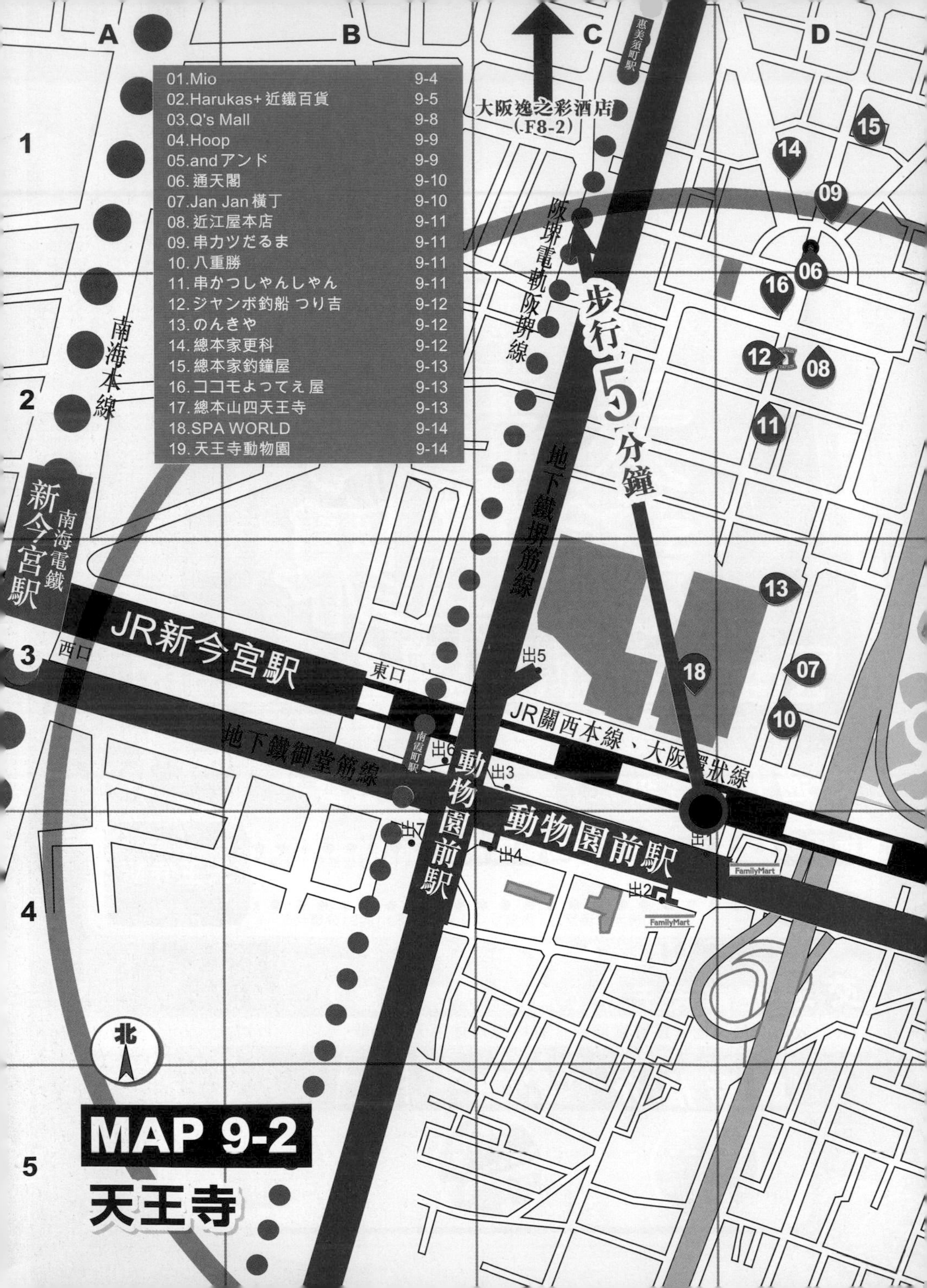
MAP 9-2
天王寺
01.Mio 9-4
02.Harukas+ 近鐵百貨 9-5
03.Q's Mall 9-8
04.Hoop 9-9
05.andアンド 9-9
06. 通天閣 9-10
07.Jan Jan 横丁 9-10
08. 近江屋本店 9-11
09. 串カツだるま 9-11
10. 八重勝 9-11
11. 串かつしゃんしゃん 9-11
12.ジャンボ釣船 つり吉 9-12
13.のんきや 9-12
14. 總本家更科 9-12
15. 總本家釣鐘屋 9-13
16.ココモよってえ屋 9-13
17. 總本山四天王寺 9-13
18.SPA WORLD 9-14
19. 天王寺動物園 9-14
大阪逸之彩酒店
(F8-2)
惠美須町駅
阪堺電軌阪堺線
步行5分鐘
地下鐵堺筋線
南海本線
新今宮駅
南海電鐵
JR新今宮駅
西口
東口
JR關西本線、大阪環狀線
地下鐵御堂筋線
南霞町駅
動物園前駅
動物園前駅
出1
出2
出3
出4
出5
出6
出7
FamilyMart
北

E
F
G
H
17
1
2
3
4
5
西蓮寺
天王寺
動物園
19
大阪市立美術館
TENSHIBA（F5-6）
地下鐵谷町線
天王寺駅
北口
公園口
01
地下鐵御堂筋線
JR天王寺駅
天王寺駅
出5
西口
出6
東口
出7
東口
02
出9
出4
04
05
03
近鐵百貨

### 阿倍野地名之謎

阿倍野（あべの）是近年新堀起的購物熱點，此區經常出現「阿部野 」、「阿倍野」等名稱。關於其地名的由來有多種説法，最可信的一則是飛鳥時代曾擔任左大臣的阿倍倉梯麻呂領有此地並創建了阿倍寺，區內的「阿倍寺跡推定地 」紀念碑可作為助證。另外近鐵於1923年將原本的大阪天王寺駅改名為大阪阿部野橋駅，此舉之影響力不容小覷 。其實自古以來「阿部野」、「阿倍野」、「安倍野」都是約定俗成的地名，1943年區政府使用了阿倍野作為「區役所之地區台帳」後，「阿倍野」始成為該區的主流名稱。

| 車站名稱 | 鐵路線 |
|---|---|
| 阿倍野駅 | 地下鐵谷町線 |
| 大阪阿部野橋駅 | 近鐵南大阪線 |

| 區域/場所名稱 |
|---|
| 大阪市立阿倍野圖書館 |
| 阿倍王子神社 |
| 阿部野神社 |

## 車站旁購物中心 01
# MIO
**Map9-2/ H5**

地下鐵御堂筋線天王寺駅 2A 出口直達

天王寺區周邊的大型購物中心之一，位置就在天王寺車站旁邊，有天橋連接至Harukas。Mio雲集了2百多間包括時裝店、生活雜貨和餐館等，主打年輕人市場，商品較大眾化。Mio樓高12層並分為本館及Plaza館兩棟大樓，2/F設有通道貫穿兩館，本館1/F至7/F為服飾店、咖啡店及雜貨店，6/F有姆明Fans不可錯過的Moomin Stand快餐店。

Mio位於天王寺車站旁邊

在Moomin Stand點任何飲品都會附送這個可愛的吸管套。

Moomin造型的栗子鬆餅，¥333。

INFO

大阪市天王寺區悲田院町 10-39 | 06-6770-1000 | 本館：購物樓層 11:00am-9:00pm、餐廳 11:00am-10:00pm；Plaza 館：購物樓層 11:00am-9:00pm、餐廳 11:00am-11:00pm、M2F 餐廳 10:00am-10:00pm、B1/F 食品部 9:00am-10:00pm；＊ 3/F 東側有郵局和 ATM，郵局周六日及假日 10:00am-6:00pm 照常營業 | www.tennoji-mio.co.jp/index.html

## 關西大地標

Map9-2/ H5

# Harukas 300 + 近鐵百貨本店

JR 大阪環狀線、地鐵御堂筋線天王寺駅 9 號出口直達

2014年落成的Harukas共有60層，離地面300米，是目前日本最高的摩天大廈以及日本第三高建築物，僅次於東京Skytree和東京鐵塔。想體會Harukas的高聳，其展望台位於58/F至60/F，包括空中庭園、輕食小賣部及手信店。這裡可以飽覽整個大阪市景色，遠至梅田甚至天保山的摩天輪都可看得一清二楚。另外Harukas大樓由B2/F至14/F是近鐵百貨本店，16/F則有免費的平台花園，逛累了可以在此歇腳休息一下。

在展望台上可以無遮無擋盡看大阪的景色。

50樓紀念品店旁的洗手間一定要參觀一下，因為同樣有無敵景觀。

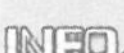

大阪市阿倍野區阿倍野筋 1-1-43 | 06-6621-0300 | 展望台 9:00am-10:00pm、近鐵百貨 10:00am-8:00pm、12/F-14/F 餐廳樓層 11:00am-11:00pm | 展望台門票：¥1,500、頂層直升機停機坪門票另加 ¥500 | www.abenoharukas-300.jp

## 靚景送美食

# SKY GARDEN 300

SKY GARDEN 300是位於58樓的咖啡廳，雖然位處天際，食物價錢卻非常貼地。咖哩飯、意粉等輕食，訂價多是 ¥1,000左右，兒童餐更只售 ¥700，一家大細在此開餐，以靚景送美食，或者買杯特飲慢慢欣賞黃昏美景，也不是高昂享受。

Sunset Latte ¥600

咖哩豬排飯 ¥1,100。

Harukas 300 58/F | Harukas 300 58/F

必逛購物行程

# Kintetsu 近鐵百貨本店

號稱日本最大的百貨公司，集合日本當今最流行的品牌，當中包括許多國際級品牌，簡直可以跟東京來媲美。近鐵百貨本店分為Tower館和Wing館，3/F與4/F之間有一層是3.5/F，這裡的B1-B2/F是食品部，B1/F有出售日本人氣甜品及和菓子品牌，B2/F則是ABENO市場食堂。至於12/F至14/F是餐廳樓層，最特別的是12樓的「大坂通」囊括日本鄉土美食及大阪的地道美食。

## Kodomo 兒童之街

8樓特設的Kodomo兒童之街。

8/F

## KOKIMIN 藥妝店

藥妝店內有Hello Kitty專區。

Wing館3.5/F

## EDION 電器店

集合人氣電器產品，店內常駐中文工作人員。

Wing館3.5/F

## THE MASTER by Butter Butler

東京排隊名店THE MASTER by Butter Butler在西日本初登場，獨家販售萊姆葡萄奶油千層曲奇（Rum Raisin Butter Millefeuille），每天限量50件，要搶購記得趁早。

B1/F

集齊Butter Butler皇牌產品的The Master Selection ¥5,400

# 【Harukas餐廳美食精選】

餐廳樓層位於近鐵百貨本店12/F至14/F，集合44間大阪的地道料理店，沒有頭緒吃什麼可以考慮這裡。想吃得便宜一點，可以到B2/F的Abeno市場食堂，一般約千多円就有交易。

## 千里しゃぶちん

千里しゃぶちん在1972年便開始營業，是大阪地道的涮涮鍋專門店，利用可以保留食物營養的銅鍋，再加上他們嚴選的牛肉和豬肉，配上秘製的醬汁，午市（11am-4pm）套餐2千円有找，絕對是超值享受。

http://syabuchin.jp/harukasu/
近鐵百貨本店 12/F

## 大阪竹葉亭

大阪竹葉亭是江戶末期創業的鰻魚老店，在大阪市內可以吃到鰻魚料理的餐廳並不多，在Harukas這裡就可以輕易嘗到百年老店的出品。

http://osaka-chikuyotei.com/
近鐵百貨本店 14/F

## 退稅服務

在近鐵百貨本店只要在同一天內購物滿￥5,400-￥540,000（未稅前價格），就可以憑單據拿到3.5/F的「國際貴賓沙龍」辦理退稅手續，但要留意百貨公司將收取商品金額1.1%手續費。

遊客可先到3.5/F取95折購物優惠卡

# 合家歡購物城 03
# Q's Mall Map9-2/ G5

 地下鐵御堂筋線天王寺駅 12 號出口直達

Q's Mall 商場的面積在大阪府內是數一數二的大，這裡有很多港人耳熟能詳的品牌進駐，如Tokyu Hands、Armani Exchange、Liz Lisa均有設店於此，更有關西地區限定的「澀谷109 ABENO」及海賊王迷必朝聖的One Piece Mugiwara Store等。館內還有Ito Yokado百貨、本地著名超市「成城后井」；2樓的親子用品店Akachan Honpo足夠讓媽媽們淪陷。

INFO

大阪市阿倍野區阿倍野筋 1-6-1 | 06-6556-7000 | Q's Mall 商場 10:00am-9:00pm、3/F 美食廣場 10:00am-10:00pm、 4/F 餐廳 11:00am-11:00pm | https://qs-mall.jp/abeno/

## 【店舖精選】

### Ito-Yokado 超市B1/F及百貨1/F-2/F

喜歡逛日本超市的人，這裡的Ito Yokado共有三層，包括超市、服飾、日用品及藥妝店。B1/F層的超市屬於日本7-11集團的超市，可以找到大量Seven獨家推出的商品，重點是可以免稅。

INFO

06-6643-1111 | B1/F 食品 9:00am-11:00pm、1/F-2/F 百貨 10:00am-10:00pm | www.itoyokado.co.jp

### Mugiwara 3/F

海賊王專賣店One Piece Mugiwara Store就位於三樓，整間店都是琳琅滿目的海賊王生活用品，包括餐具、公仔、文具，還有大量扭蛋及周邊商品，小心買到行李箱塞爆！

One Piece最新劇場版的紀念品。

INFO

06-4393-8441 | 10:00am-9:00pm | www.mugiwara-store.com

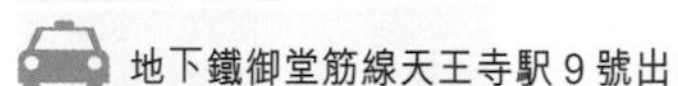

# 年輕潮牌商場 Hoop

**04**

**Map9-2/ H5**

地下鐵御堂筋線天王寺駅 9 號出口步行約 5 分鐘

Hoop有多間潮人喜愛的時裝品牌，如Onituka Tiger、ABC-Mart及Gap等；地庫的Gourmet Garden共有8間食店走大眾化路線，也有受少女歡迎的甜品店Butter Pancake，商場每個月都有主題展覽及表演，經常保持人氣度，是阿倍野區的活躍點。

2/F Urban Research

Hoop是區內受年輕人歡迎的商場。

1/F Beams Freak's Store

INFO

大阪市阿倍野區阿倍野筋 1-2-30 | 06-6626-2500 | 11:00am-9:00pm，B1/F 餐廳營業至 11:00pm | www.d-kintetsu.co.jp/hoop

Actus與Kokuyo合作設計的書包，超輕耐用共12色，¥54,000起。

2/F的Loft 家品賣場

**Map9-2/ H5**

**05**

# 搜購熱點 andアンド

地下鐵谷町線阿倍野駅 1 號出口步行約 2 分鐘

在Hoop旁邊的小型商場，and全名是abeno natural days的縮寫，樓高六層的商場綠意盎然，頂樓天台還設有露天園圃，打正健康自然生活旗幟。商場內有國際潮流名店如Urban Research Doors、意大利手工皮革專家IL BISONTE等，也有大家熟悉的無印良品、Loft及Actus家品雜貨場，出售不少本地手創精品。

4/F的ACTUS 專門出售家品雜貨。

INFO

大阪市阿倍野區阿倍野筋 2-1-40 | 06-6625-2800 | 11:00am-9:00pm | www.d-kintetsu.co.jp/and/index.html

大阪百年象徵

# 通天閣

⑥ **Map9-2/ D1**

大阪周遊卡 免費入場

地下鐵堺筋線惠美須町駅 3 號出口步行 3 分鐘

1912年落成至今已逾百年的通天閣，塔高103米，初代的通天閣不幸於戰火中被摧毀，第二代的通天閣於1956年建成，由東京鐵塔的建築師內藤多仲設計，是大阪具代表性的建築，更列入「國家有形文化財產」。近年再加入Tower Slider及展望台等設施，令通天閣增添吸引力。晚上塔身亮起色彩絢麗的霓虹燈，兼有天氣預報功能，分別以橘、白、藍與粉紅代表陰天、晴天、下雨及下雪。

INFO

大阪市浪速區惠美須東 1-18-6 | 06-6641-9555 | 10:00am-8:00pm(最後入場 7:30pm) | 門票：成人 ¥900、小學生 ¥400 | www.tsutenkaku.co.jp

**Map9-2/ D3** 大阪庶民風情

# ⑦ Jan Jan 橫丁

地下鐵御堂筋線動物園駅 1 號出口轉左步行約 2 分鐘

**情侶同心鎖**

走至街尾，有個名為「在新世界中心呼喚愛」的景點，牆上有一扣滿鐵鎖的心形牌，旁邊還有新世界的昔日相片展，鐵鎖可以在附近的店舖買到，每個￥350左右。

步出地鐵站便是Jan Jan 橫丁，感覺像走入時光隧道一樣，兩旁都是些老舖食店、日本將棋店和數十年歷史的咖啡廳。這條全長180米的商店街，曾是上世紀大阪的繁華地，見證著時代的變遷。ジャンジャン(發音：Jan Jan)橫丁，原名是「南陽通商店街」，由於昔日的新世界有很多店舖都會彈奏「三味線」來吸引顧客，街上到處響著Jan Jan聲而得名。

## 串炸飲食禮儀

說到串炸一定會聯想到新世界這個地方。所謂的串炸「串カツ」顧名思義就是用竹籤將食物串起來下鍋油炸而成，而吃串炸必須遵守的禮儀如下：

1. 餐桌上有一大盤醬汁，將串炸插進盤內蘸醬，放回碟上享用。
2. 由於醬汁是共用的，基於衛生問題絕不能把吃了一口的串炸，再去蘸第二次醬。
3. 遇到不夠醬汁時，請利用免費附送的椰菜片，舀些醬汁在碟上使用。
4. 串炸吃完請不要亂掉竹籤，餐桌上如有小竹筒可以用來裝竹籤。

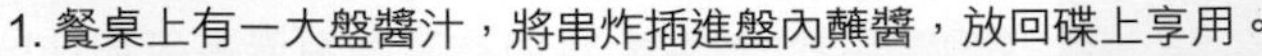

## Billiken是何方神聖？

這位笑容滿面的神明叫做ビリケン(Billiken)，1908年由一位美國藝術家E.I.Horsma 所畫，他在夢中見到這個精靈，因為手太短搔不到腳底而苦惱，只要幫它解癢就能有好運，故事輾轉流傳到大阪後，成為新世界的吉祥物。

## 六十年串炸店
# 近江屋本店

**Map9-2/ D2** 08

地下鐵堺筋線惠美須町駅 3 號出口步行約 4 分鐘

在1949年開店的近江屋是老牌小店，有很多熟客光顧，店員和客人間都像老朋友般。店內陳設簡單，很有地道小店風味。最受歡迎的食物是牛肉串炸，食材外面包裹著店家秘製的粉衣，入口充滿肉汁又軟腍，幾乎每人都會點幾串來吃。

「串かつ盛合わせ」¥1,080，含多款熱門串炸。

INFO

大阪府大阪市浪速區惠美須東 2-3-18 | 12:00pm-9:00pm，周日及假日 11:00am-9:00pm；周四休息（周日及公眾假期 11:00am 開門）

## 人氣長龍串炸店
# 串カツだるま（通天閣店）

**Map9-2/ D1** 09

地下鐵御堂筋線動物園前駅 1 號出口步行約 5 分鐘

串カツだるま於1929年開業，認住門前的惡大叔就不會去錯。這裡的串炸多達30款，除了普通的豬牛雞外，連紅薑和年糕也有，更提供中文菜牌。而「通天閣セット」內已包括店內最受歡迎的串炸。

INFO

大阪市浪速區惠美須東 1-6-8 | 06-6643-1373 | 11:00am-10:30pm | www.kushikatu-daruma.com

## 大阪串炸一哥
# 八重勝

**Map9-2/ D3** 10

地下鐵御堂筋線動物園前駅 1 號出口步行約 3 分鐘，ジャンジャン (Jan Jan) 橫丁內

八重勝共有兩間店，其中一間爆滿可往對面另一間碰運氣。雖舖面有點擠迫，但設有吧台位，可以直擊整個炸串的製作。這裡的串炸款式勁多，兼有中文菜牌。隨串炸會奉上一盤鮮椰菜片，據說可以降火清熱氣。

INFO

大阪市浪速區惠美須東 3-4-13 | 06-6643-6332 | ¥1,500 起 | 10:30am-8:30pm；逢周四及每月第 3 個周三休息

## 名人捧場串炸店
# 串かつじゃんじゃん

**Map9-2/ D2** 11

地下鐵堺筋線惠美須町駅 3 號出口步行約 4 分鐘

串かつしゃんしゃん在新世界一帶竟有多達四間店，可謂這裡串炸的地頭蟲。店內的菜式多達50種，很多都是¥80-100左右，非常抵食。

INFO

大阪市浪速區惠美須東 2-6-1 パインフィールドビル 1F | 06-6630-0001 | 11:00am-8:00pm| https://kushikatu-janjan.com/

## 即釣即食刺身

Map9-2/ D2

# ジャンボ釣船 つり吉 ⑫

地下鐵堺筋線恵美須町駅 3 號出口步行 3 分鐘

大廳中央水池上的三艘大漁船是榻榻米座席，水池內有各種魚類，客人可直接點餐，或免費借用魚具及魚餌體驗釣魚樂，店員會教你如何握竿。成功釣到魚穫，可自選兩種吃法，例如刺身、鹽燒等，價錢由￥780至￥3,980不等。

INFO

大阪市浪速區恵美須東 2-3-14 | 06-6641-7412 | www.tsuri-kichi.com | 周一至五及假日前 11::00am-11:00pm，周六日及假日 10:30am 開始

吃土手燒時加上蔥花或七味粉特別惹味。

## ⑬ 必食人氣味噌牛筋

Map9-2/ D3

# のんきや

地下鐵御堂筋線動物園駅 1 號出口步行約 3 分鐘

土手燒（土手焼き）也算是新世界一帶的名物。土手燒就是把厚厚的味噌鋪上食材上，像蓋堤防(日稱「土手」)的樣子。土手燒可選擇不同的食材，のんきや的土手燒就以牛筋馳名，一串只售￥130，且又不須排長龍，所以非常受食客歡迎。

INFO

大阪市惠美須東 3-4-5 | 06-6631-2531 | 8:00am-8:00pm；周二及三休息 | 味噌牛筋串 ￥130

## 老字號蕎麥麵

Map9-2/ D1

# 總本家更科 ⑭

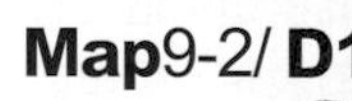

地下鐵御堂筋線動物園前駅 1 號出口步行約 6 分鐘，於通天閣旁的商店街進入

蕎麥麵於日本分為3類：「更科」、「田舍」和「藪系」。「更科」的蕎麥粉產自長野縣千曲市南部，最大特色是麵身較白，口感較幼滑。本店於1907年開業，是新世界內歷史最悠久的食店，店內環境也保留著昭和時代的風貌，連菜牌也是以毛筆寫成，簡單得來卻有特色。

INFO

大阪市浪速區惠美須東 1-17-10 | 06-6643-6051 | 11:00am-9:00pm

## 百年菓子店 Map9-2/ D1
# 總本家釣鐘屋 ⑮

地下鐵堺筋線惠美須町駅 3 號出口步行約 2 分鐘

新世界有名的和菓子百年老店「總本家釣鐘屋」，招牌貨就是仿四天王寺之大吊鐘的釣鐘燒，還拿了商標專利，在大阪各大百貨公司都有出售。新世界本舖始創於1900年，工場就在店內。

INFO

大阪市浪速區惠美須東 1-7-11 | 06-6644-0212 | www.tsuriganeyahonpo.co.jp | 9:00am-6:30pm

## Map9-2/ D2 ⑯ 大阪手信店
# ココモよってぇ屋

地下鐵堺筋線惠美須町駅 3 號出口步行約 3 分鐘

通天閣旁的伴手禮店，可以搜購到十多間大阪本土特色的手信品牌，由大阪老牌藝能事務所「吉本興業」的子公司所經營。這裡有很多甚具大阪本土味道的手信，如不同品牌推出的大阪燒小食，包括大阪知名甜點店 Pablo 的半熟芝士蛋糕、昭和時期風情的果汁糖，數百日圓就有交易。

INFO

大阪市浪速區惠美須東 2-7-2 | 06-6634-0000 | 11:00am-6:00pm

## 日本最早佛教寺院 Map9-2/ H1
# 總本山四天王寺 ⑰

地下鐵御堂筋線‧谷町線天王寺駅 7 號出口步行約 12 分鐘

據説四天王寺是日本佛法的最初地，於公元593年已建成，當時聖德太子為了壓倒「抑佛派」就建成了四天王寺。此外，為紀念弘法大師和建寺的聖德太子，每月21及22日都會舉行大師會，同時也會把寺前空地變成露天市集，十分熱鬧。

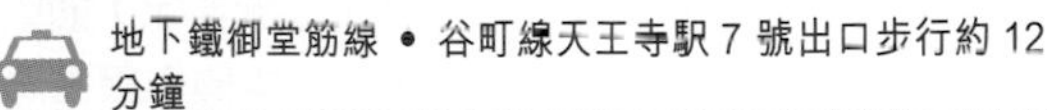

INFO

大阪市天王寺區天王寺 1-11-18 | 06-6771-0066 | 4-9 月 8:30am-4:30pm；10-3 月 8:30am-4:00pm；六時礼讃堂（每月 21 日）8:30am-6:00pm | www.shitennoji.or.jp

## 24hrs 享用溫泉
# SPA WORLD

Map9-2/ C3

(18)

地下鐵御堂筋線動物園前駅 5 號出口步行約 1 分鐘

SPA WORLD（スパーワールド世界の温泉）佔地8層，設有8個國家的大岩盤浴、15個不同主題的溫泉區，包括亞洲如日式露天風呂、峇里島式浴池等，歐洲區則有羅馬浴場、芬蘭浴場等；單數月份男士可用亞洲區，而女士則可使用歐洲區，雙數月份則相反，十分有趣。館內還有健身房、兒童遊戲室、餐廳、水上樂園，想玩足一天的可以在此留宿，房價由 ¥7,000 起/每位，包括使用館內設施。

伊斯蘭風格浴場相當有氣派，給人視覺上的放鬆。

芬蘭浴場

館內水上樂園有大型滑梯。

INFO

大阪市浪速區惠美須東 3-4-24 | 06-6631-0001 | www.spaworld.co.jp | 10:00am- 翌日 8:45am（7:45am-10:00am 為清掃時段，禁止使用設施）| ¥1,500；深夜時段另加 ¥1,300（12:00mn-5:00am）

(19)

## 大阪人的童年回憶
# 天王寺動物園

Map9-2/ E3

地下鐵御堂筋線動物園駅 1 號出口徒步約 5 分鐘

大阪周遊卡 免費入場

開園至今已經超過百年歷史的天王寺動物園，聚集動物明星北極熊、企鵝、樹熊、大象，若遇上餵食時間，小朋友更可親手餵長頸鹿食嫩葉呢！園內非洲熱帶大草原區的大象臥室更是日本國內歷史最悠久的，遊客可近距離觀察大象的生活。

INFO

大阪市天王寺區茶臼山町 1-108 | 06-6771-8401 | 9:30am-5:00pm（關門前 30 分鐘停止售票）；5-9 月的周六日及假日延遲 1 小時關門；周一休息 | 成人 ¥500；中小學生 ¥200 | https://www.tennojizoo.jp/

#親子樂園 #水族館 #商店街

# 港區・大阪城
# 天神橋筋・浪速區
# Bay Area • Osaka Castle
# Tenjinbashisuji • Naniwaku

## 交通 往來港區

海遊館及Market Place等地

梅田駅 ●●●●●●●●● 本町駅 ●●●●●●●●● 大阪港駅

地鐵・御堂筋線4分鐘　地鐵・中央線12分鐘

環球影城

JR大阪駅 ●●●●●●●● JR西九条駅 ●●●●●●●● JRユニバーサルシティ駅 (Universal City)

JR・大阪環狀線約5分鐘　JR・ゆめ咲線約5分鐘

## 重點推介

日本環球影城
必遊主題樂園

Santa Maria
帆船型觀光船

Market Place
天保山大型商場

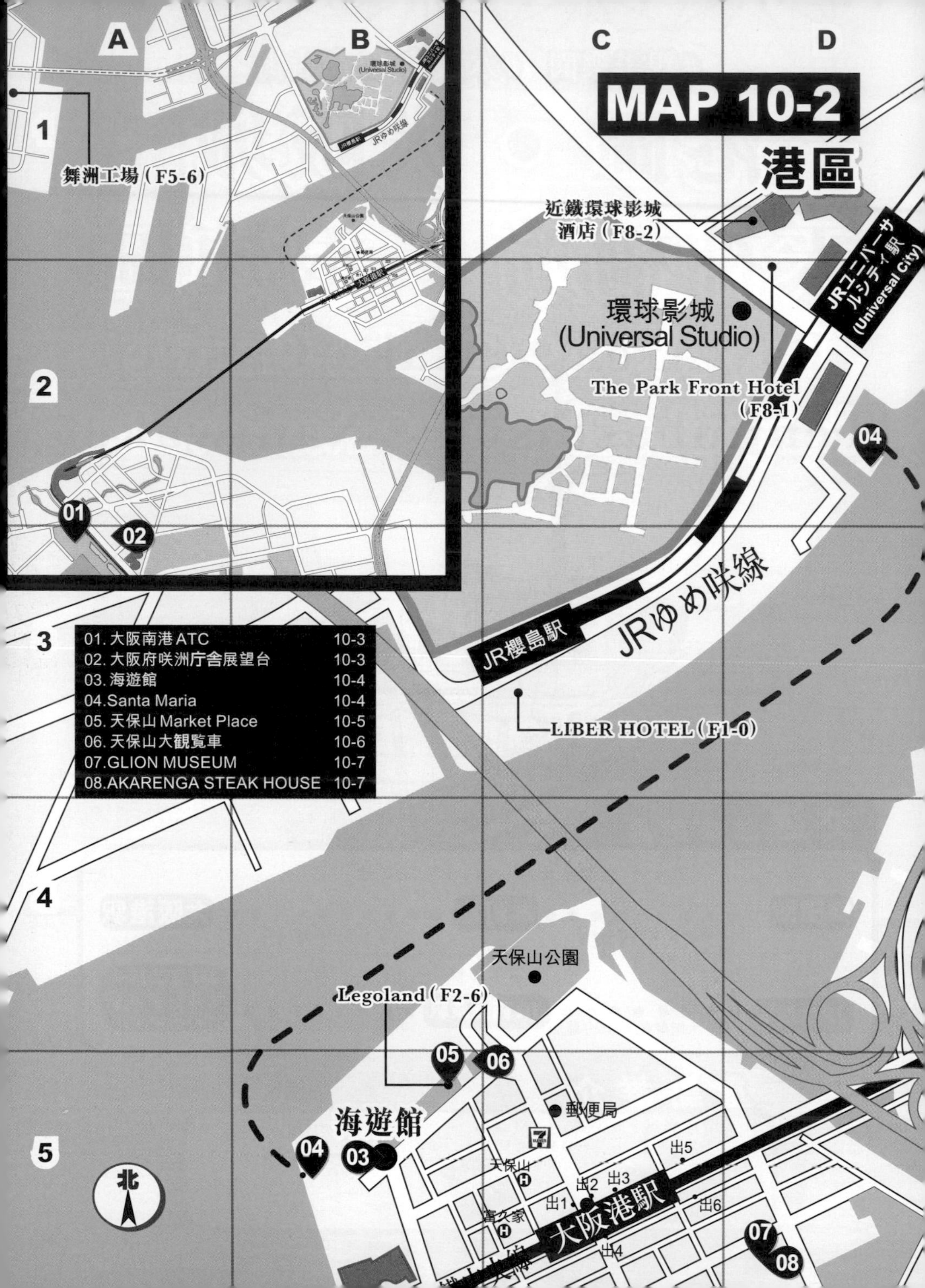

MAP 10-2
港區
A
B
C
D
1
2
3
4
5
舞洲工場（F5-6）
環球影城
(Universal Studio)
JRゆめ咲線
近鐵環球影城
酒店（F8-2）
JRユニバーサルシティ駅
(Universal City)
The Park Front Hotel
（F8-1）
JR櫻島駅
JRゆめ咲線
LIBER HOTEL（F1-0）
01. 大阪南港 ATC 10-3
02. 大阪府咲洲庁舎展望台 10-3
03. 海遊館 10-4
04.Santa Maria 10-4
05. 天保山 Market Place 10-5
06. 天保山大観覧車 10-6
07.GLION MUSEUM 10-7
08.AKARENGA STEAK HOUSE 10-7
天保山公園
Legoland（F2-6）
郵便局
海遊館
天保山
出1
出2
出3
出4
出5
出6
富久家
大阪港駅
北
01
02
03
04
05
06
07
08

## 濱海城市 Bay Area

大阪港區Bay Area是一個濱海城市，範圍包括天保山、南港及舞洲，著名景點有日本環球影城（USJ）、海遊館、天保山Market Place等。交通主要以地下鐵中央線、JR大阪環狀線、JRゆめ咲線等貫穿這一帶。港區很適合親子遊，更是情侶的拍拖勝地。這區有幾項大阪周遊卡的免費入場設施，例如Santa Maria、天保山大觀覽車、Legoland，及連接海遊館與USJ的接駁船Captain Line等，如果你一日內用盡這四項設施，已經慳到近6千日元。

臨海購物商場

# 大阪南港ATC

Map10-2/ A3

01

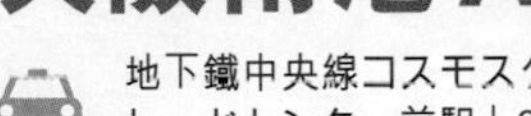

地下鐵中央線コスモスクエア駅轉南港線於「トレードセンター前駅」2號出口直達

位於南港的大阪ATC，是一個臨海的大型綜合商場，由三棟建築物連接而成，分成O's南、O's北及ITM，面積超過33萬5千平方米，購物方面以家具店、雜貨店居多，服飾店則以本地品牌為主。ITM棟內還有Mare親子室內遊園地，裡頭有小型賽車場、跳彈床等設施。

INFO

大阪市住之江區南港北 2-1-10 | 06-6615-5230 | 11:00am-7:00pm | www.atc-co.com

Map10-2/ A3 (02) 360度港區全景

# 大阪府咲洲庁舍展望台（WTC Cosmo Tower）

地下鐵中央線コスモスクエア駅步行約10分鐘

要看夕陽及夜景，除了阿倍野Harukas及梅田空中庭園，另一推薦就是WTC。遊客自一樓大廳搭電梯直達52樓，轉乘長達42米的扶手電梯到55樓屋頂展望台。樓高252米的摩天大樓，可360度全方位俯視大阪港區景色，晴天時甚至能遠眺神戶、京都、淡路島，景色視野一流。

玻璃窗是外傾斜設計，懼高症者要注意！

INFO

大阪市住之江區南港北 1-14-16 | 06-6615-6055 | 11:00am-10:00pm（周一休息）| 門票：大人 ¥800 | www.wtc-cosmotower.com

# 大規模水族館
# 海遊館

03

Map10-2/ B5

地下鐵中央線大阪港駅步行約 10 分鐘

海遊館有15個以上的大水槽，主水槽長34米、深9米，水量達5,400噸，全館展示超過620種3萬餘隻海洋生物。海洋隧道設於3樓入口，建議先乘電梯直達8樓，再沿著螺旋狀迴廊通道逐層往下參觀。7樓有南極大陸 • 阿留申群島區，成群結隊的海洋生物很壯觀，可以看到海豚、海豹、海獺、企鵝等動物，部分水槽是上下層連通的。尾段回到3樓體驗區，室內設有開放式大魚缸，讓遊客伸手去觸摸企鵝、魔鬼魚及鯊魚。

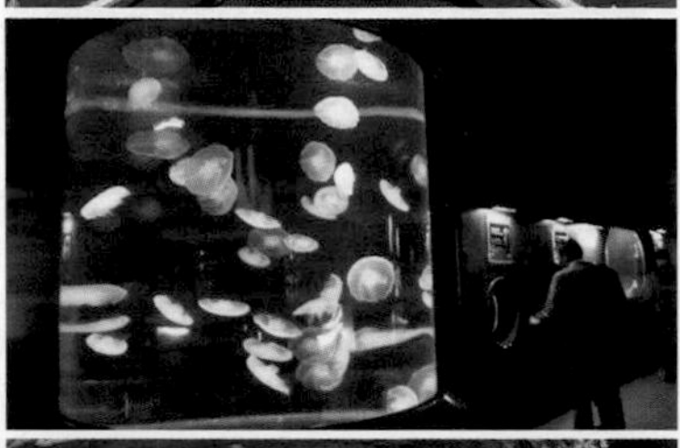

超萌的海獺喜歡飄浮在水面上。

INFO

大阪市港區海岸通り 1-1-10 | 06-6576-5501 | 10:00am-8:00pm；周六、日、假日開 9:30am | 門票：16 歲以上 ¥2,400、60 歲以上 ¥2,000、7-15 歲 ¥1,200、4 -6 歲 ¥600 | www.kaiyukan.com

Map10-2/ B5

# 帆船型觀光船
# Santa Maria

04

地下鐵中央線大阪港駅 1 號出口步行約 10 分鐘

Santa Maria聖母馬麗亞號，是以哥倫布發現新大陸時的船艦為設計藍本，放大兩倍製成的觀光船。這艘船從海遊館外的碼頭出發，沿著大阪港繞行，沿途景色包括環球影城、南港、舞洲等，航程日間為45分鐘、黃昏為60分鐘。船內共分3層，第1層是展示哥倫布的資料館、第2層為餐館，最上面一層是寬廣的甲板，很多乘客都集中在這裡，乘著海風欣賞大阪海灣風景。

INFO

海遊館西側碼頭 | 06-6942-5511 | 日間班次 ¥1,600；夜航班次 ¥2,100 | http://suijo-bus.osaka

＊每月班次及停航日不同，請查詢官網。

＊日間航程 45 分鐘、夜間航程 1 小時；所有夜航班次採預約制。

## 玩轉商場X美食橫丁 **Map**10-2/ **B5**

# 天保山 Market Place 05

地下鐵中央線大阪港駅 1 號出口步行約 8 分鐘

Market Place是綜合型的商場，毗鄰海游館和天保山摩天輪，場內設施及店舖多為親子家庭而設，除了3F 的 Legoland，還有多間童裝店、大阪特產店、卡通精品店及室內動物園。館內設有一條復古美食橫丁，多間知名的餐館如蛋包飯百年老店「北極星」、著名咖喱飯「自由軒」、昆布製品連鎖店「昆北」也進駐Market Place。

INFO

大阪市港區海岸通り 1-1-10 | 06-6576-5501 | 11:00am-8.00pm

## 【3/F 商舖推介】

## LEGOLAND® Discovery Center Osaka

2017年大阪周遊卡新增的免費景點，樂高迷絕對不能錯過。佔地約3,400平方公尺，有各類積木區、4D樂高電影、樂高賽車等設施。園內另一亮點，是用由100萬個積木堆砌出日夜不同景色的大阪市街景，連阿倍野 Harukas 及大阪城等地標都有出現。

## 忍屋 Shinobiya

以忍者為主題的冒險樂園，由踏進去第一步開始，就要有心理準備會像走進鬼屋一樣，到處都隱藏了忍者機關，如搖籃的吊橋、傾斜的地板，而且隨時會有忍者跳出來嚇人。

## 天保山アニパ

Market Place內的室內動物園，遊客與天竺鼠、水豚、草泥馬、貓頭鷹、袋鼠等動物零距離接觸，同場有貓貓公關伴遊。

## 【なにわ食いしんぼ横丁】

2樓的なにわ食いしんぼ横丁，就像梅田的滝見小路一樣，整條美食街充滿著濃厚的懷舊氣息。場內集結了20多間大阪傳統食店，當中不乏一些老字號食肆和手信，包括章魚燒名店會津屋、蛋包飯元祖北極星、自由軒的咖喱飯，也有家喻戶曉的昆北、星果庵等。

## 北極星

大阪知名的北極星，傳承三代的蛋包飯專門店，在大阪已有十多間分店，大受歡迎。人氣NO.1熱賣的是雞肉蛋包飯，飯粒炒得粒粒分明均勻，夾雜洋蔥、蕃茄醬的香氣，極開胃好味。

## 昆北

佃煮及昆布的專門店，日語「佃煮」即是佐飯配料，包括昆布、魚乾、菇類等烹調的伴飯小食。人氣商品還有昆布醬油味雪糕，使用3年釀造的濃厚醬油製作，甜中帶鹹出奇地合拍。

俯瞰大阪港 **Map**10-2/ **B5**

## 天保山大觀覽車 ⑥

地下鐵中央線大阪港駅 1 號出口步行約 8 分鐘
（Market Place 側）

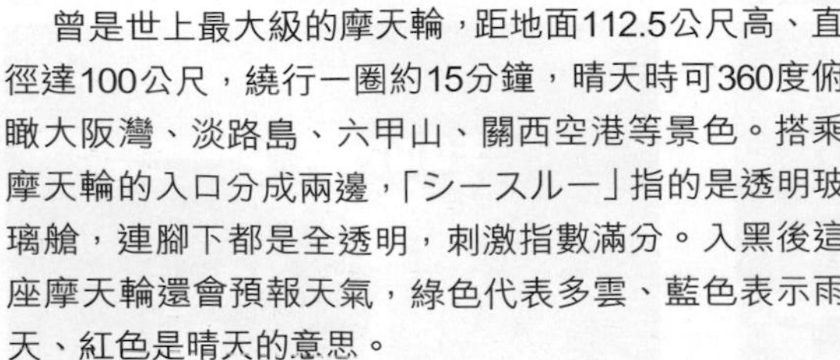

曾是世上最大級的摩天輪，距地面112.5公尺高、直徑達100公尺，繞行一圈約15分鐘，晴天時可360度俯瞰大阪灣、淡路島、六甲山、關西空港等景色。搭乘摩天輪的入口分成兩邊，「シースルー」指的是透明玻璃艙，連腳下都是全透明，刺激指數滿分。入黑後這座摩天輪還會預報天氣，綠色代表多雲、藍色表示雨天、紅色是晴天的意思。

大阪市港區海岸通り 1-1-10 | 10:00am-10:00pm | 3 歲以上￥800 | 摩天輪的售票處設於 Market Place 外面，記得先購票才排隊。

# 老爺車博物館 GLION MUSEUM

Map10-2/ D5

07

地下鐵中央線大阪港駅 4 號出口步行約 5 分鐘

大阪周遊卡 免費入場

GLION MUSEUM老爺車博物館坐落於大阪港超過百年歷史的紅磚倉庫裡，展場共有四個展覽館，展出搜羅自世界各地的經典名車，部分二手車更標明價錢，讓有心人可以一擲千金購得心頭好。就算對汽車一竅不通，在這裡打卡都肯定能呃滿Like。

這裡除了是展覽館，也是二手車交易場。

INFO

大大阪市港區海岸通 2-6-39 | 06-6573-3006 | 11:00am-5:00pm，星期一休息 | 成人 ¥1,000，小童 ¥500 | http://www.glion-museum.jp/

# 浪漫牛扒屋 AKARENGA STEAK HOUSE

Map10-2/ D5

08

地下鐵中央線大阪港駅 4 號出口步行約 5 分鐘

AKARENGA STEAK HOUSE是夏威夷牛扒名店Hy's steak house 的姐妹店，也座落於大阪港百年紅磚倉庫裡，就在GLION MUSEUM旁，正好是參觀完經典老爺車後開餐的好地方。餐廳USDA高級牛肉，並以枹櫟、麻櫟及青剛櫟等罕有木材燒烤食物。餐廳內部設計典雅，最特別是廚房設在餐廳中間，食客透過玻璃櫥窗觀看廚師們烹調美食，就像欣賞音樂大師即場表演一樣，讓眼睛與舌頭都同樣享受。

INFO

大阪市港區海岸通 2-6-39 | 06-6573-3100 | 6:00pm-10:30pm | https://www.akarengasteak.jp/

日本橋 | 天王寺&新世界 | 港區 | 大阪城 | 天神橋筋 | 浪速區

## 歷史名城
# 大阪城 Map11-4

01

地鐵中央線「森之宮」或「谷町四丁目」駅下車；
JR 環行線「森之宮」或「大阪城公園」駅下車

大阪城與名古屋城及熊本城，號稱日本三大名城。大阪城建於1583年，由豐臣秀吉一手策劃，外觀宏偉、金碧輝煌。數百年來久經戰亂，曾在戰火中幾乎盡毀。1931年，大阪城開始重建，並於1997年完成天守閣的整修。大阪城的主體建築天守閣共分8層，樓高54.8米，規模之巨大非常罕見。其中7層為各類歷史展覽廳，頂層為展望台，把大阪市內風光一覽無遺。

大阪城除了天守閣，還有兩個櫓(箭樓)保護城堡，包括多聞櫓及千貫櫓，又有焰硝藏(火藥庫)收藏武器，都是非常值得參觀的古蹟。

天守閣頂層外望。

INFO

大阪市中央區大阪城 1 番 1 號 | 06-6941-3044 | 9:00am-5:00pm | 天守閣成人 ¥600，小童免費；櫓入場券成人 ¥700，小童 ¥300 | http://www.osakacastle.net/ | 櫓的參觀為每季期間限定，參觀前請瀏覽官方網站。

## 城下綠洲
# 大阪城公園

1a

地鐵中央線「森之宮」或「谷町四丁目」駅下車；
JR 環行線「森之宮」或「大阪城公園」駅下車

大阪城公園建於1931年，總面積達106.7公頃，園內種植了大量樹木，其中以染井吉野櫻為主，約600株櫻花樹栽於西之丸庭園，共95個品種。每年春天，這裡會化為賞櫻勝地，加上各類小吃攤販，非常熱鬧。公園另一亮點是寬闊的護城河，河寬達70至90米，其兩側聳立的石垣高於20米，總長達12公里，所用的石頭達到100萬塊。旅客可乘大阪城御座船繞河一周，見證名城的魅力。

INFO

大阪市中央區大阪城 1 番 1 號 | 06-6755-4146 | 全天 | http://osakacastlepark.jp/

公園設遊覽車，接載遊客由公園門口至大阪城，車費成人 ¥300，小童 ¥200

# 血拼大阪城

**Map**11-4

# Jo Terrace Osaka 

JR 環狀線「大阪城公園駅」下車往西口即達

要數大阪地標景點，大阪城一定當之無愧。不過大阪城一帶除了古蹟，甚少食買玩浦點，對香港人略欠吸引。不過2017年6月開幕的Jo Terrace，終於為大阪城周邊增添現代氣息。Jo Terrace是一個複合式商場，由A至G共分7個建築，當中既有著名的食肆，更設有專為跑步愛好者而設的Running Base體育中心，最正是有天橋直駁JR大阪城公園駅。遊客大可先遊大阪城，帶著滿滿的歷史知識再在Jo Terrace血拚及醫肚，一次過滿足肉體和心靈的需要。

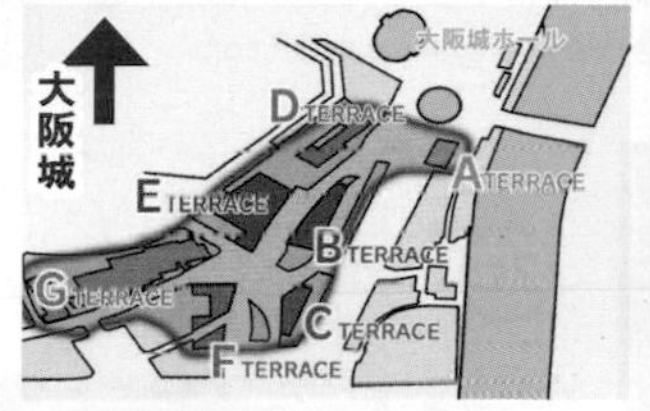


INFO

大阪市中央區大阪城 3-1 大阪城公園內 | 06-6314-6444 | 7:00am-12:00mn | http://jo-terrace.jp

## 2a 跑步者天堂

# Running Base 大阪城

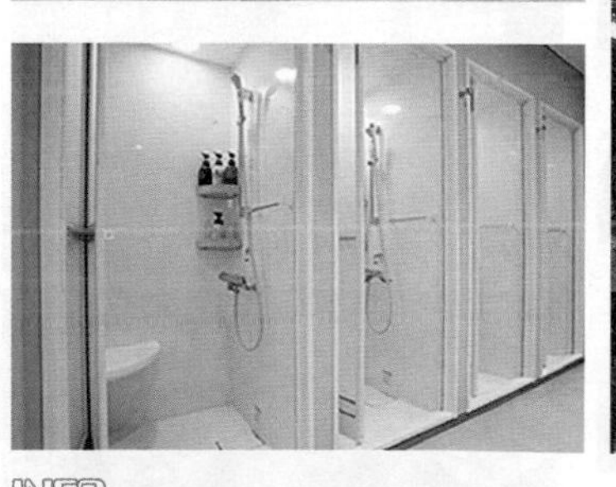

大阪城公園佔地極廣，綠葉成蔭，是緩跑的勝地。Running Base大阪城就是專為跑步愛好者而設的Support Centre。裡面不但有更衣及淋浴的地方，甚至連毛巾、跑鞋及運動服也可租用，絕對是即興跑者的福音。

INFO

JO-TERRACE OSAKA E TERRACE 104 | 06-6450-6613 | 平日7:00am-10:30pm、周六日及假日7:30am-8:00pm | http://runningbase.jp/ | 使用 locker 及淋浴服務 ¥600；租用跑步套裝(毛巾、跑鞋及運動服)¥1,000，單件 ¥200(租用者可免費享用 locker 及淋浴服務)

## 米芝蓮章魚燒 ②b

# たこ焼道楽わなか

2016年日本米芝蓮推介食肆，馳名章魚燒未食過唔好話俾人聽來過大阪。總店在千日前，大阪城分店特推「天守閣盛」限定口味，一次過吃盡4款口味共12顆，中間擺放大阪城天守閣模型，用來呃Like一絕！

「天守閣盛」有梅味、鹽味、魚味及秘製四種口味，盛惠￥800

INFO

JO-TERRACE OSAKA F TERRACE F1/14 | 06-6949-3303 | 11:00am-6:00pm(周一、四、五休息) | http://takoyaki-wanaka.com/

## 食肉一族 ②c

# good spoon

來自南堀江著名燒烤餐廳，啱晒食肉一族。特設戶外用膳區，夜涼時分三五知己一邊啖肉隊啤一邊欣賞大阪城夜色，夫復可求。

INFO

JO-TERRACE OSAKA F TERRACE F2/18 | 06-6450-6780 | http://calm-design.jp/ | 11:00am-10:00pm

## 班戟選擇困難症 ②d

# Hysteric Jam

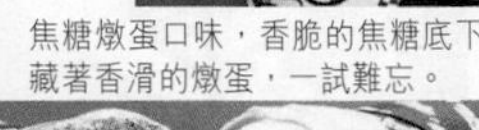

焦糖燉蛋口味，香脆的焦糖底下藏著香滑的燉蛋，一試難忘。

來自神戶的Hysteric Jam，有過百款班戟以供選擇，令人眼花繚亂。如果你有選擇困難症，索性不要揀擇，就試最著名的焦糖燉蛋口味(クレームブリュレ)，保證不會後悔。

INFO

JO-TERRACE OSAKA F TERRACE F1/16 | 06-6450-6696 | http://hysteric-jam.com/ | 平日 12:00nn-6:00pm(周一及周四休息)

# 水陸兼遊大阪 03 Map11-4

# OSAKA DUCK TOUR（大阪ダックツアー）

京阪本線「天滿橋」駅 17 號口出站即達登船碼頭

遊大阪，除了靠雙腿及坐車外，水路遊也有許多不同路線，例如往返大阪城和中之島的Aqua Liner號，與及在港區乘坐的Santa Maria號觀光船。如果在大阪城附近，遊客更可以選擇參加Duck Tour，乘坐超可愛的水陸兩用觀光車，水陸兩路欣賞大阪城與中之島之間的名勝，包括大阪城、天滿宮、大阪歷史博物館與及造幣局等，全程約75分鐘（水上30分鐘＋陸上45分鐘）。遇上櫻花盛開的季節，除了賞景更可以賞花，是一次令人難忘的旅程。

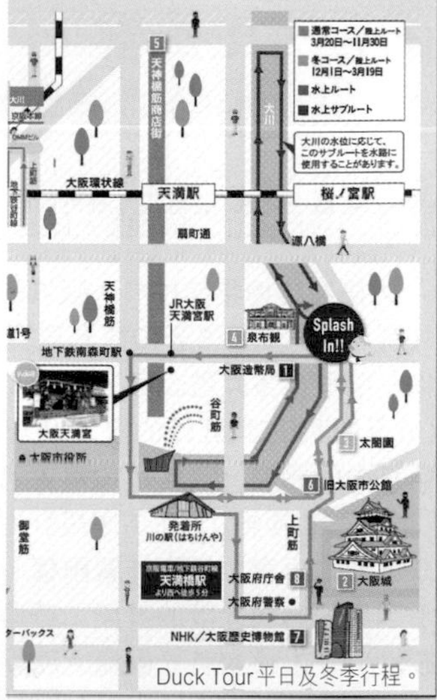

Duck Tour平日及冬季行程。

由陸上沖入水中，是整個行程最刺激的一刻。

INFO

中央區北浜東 1-2 川の駅はちけんや地下 1 階 | 06-6941-0008 | http://www.japan-ducktour.com/osaka/ | 3 月 20 日 -11 月 30 日 9:10／ 10:45／ 13:00／ 14:35／ 16:20，12 月 1 日 -3 月 19 日 10:00／ 11:20／ 13:20／ 14:40 月 | 3 月 20 日 -11 月 30 日 成人 ¥3,500，小學生以下 ¥2,000，12 月 1 日 -3 月 19 日成人 ¥3,000，小學生以下 ¥1,800

## 細看歷史風雲 Map11-4

# 大阪歷史博物館 04

地鐵中央線 / 谷町線「谷町四町目」駅出站即達

大阪歷史博物館位於大阪城的西側，全幢共有十層，其中6至10樓為展覽廳，透過文物、場景及多媒體設備，把日本由飛鳥時期(公元7世紀)到近代的歷史活現眼前。博物館其中的亮點，就是在10樓重現千多年前的「難波宮太極殿」。在仿唐設計的大殿裡，佇立著文武百官，氣氛莊嚴肅穆。其他樓層展示了不同時代大阪的發展，透過精細的場景設計，令人仿如時光倒流。就算對歷史沒興趣，這裡也是鳥瞰大阪城的絕佳地點。

INFO

大阪府大阪市中央區大手前 4 丁目 1-32 | 06-69465728 | 9:30am-5:00pm，周二休息 | 成人 ￥600，小童免費；憑大阪周遊券可免費入場 | http://www.mus-his.city.osaka.jp/

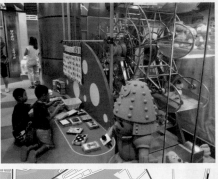

## Map11-4 劇集粉絲必去

# 05 NHK 大阪放送局

地鐵中央線 / 谷町線「谷町四町目」駅出站即達

NHK大阪放送局就在大阪歷史博物館旁邊，雖然參觀的地方不多，不過勝在免費入場，兼且可以重溫NHK著名的作品，所以也值得一遊。放送局地下除了發售NHK紀念品外，亦設小朋友的遊戲角，遊客可嘗試當主播，或在藍幕選擇有趣的佈景留影。之後可轉往9樓，欣賞超高畫質的8K影片，甚至可試為經典的劇集配音。如果你是NHK劇集的粉絲，一定不要錯過。

INFO

大阪市中央區大手前 4 丁目 1 番 20 号 | 06-6941-0431 | 10:00am-6:00pm 免費入場 | http://www.nhk.or.jp/osaka/bkplaza/

北
天神橋筋六丁目駅
地下鐵谷町線
中崎町駅
大阪環狀線
天滿駅
坂神高速12號守口線
扇町駅
地下鐵堺筋線
南森町駅
大阪天滿宮駅
JR東西線
京坂中之島線
MAP 12-1
天神橋筋
01. 天神橋筋商店街 12-2
02. 大阪生活今昔館 12-3
03. 中村屋 12-4
04.JTRRD café 12-4
05. 大阪天滿宮 12-5

## 日本第一長商店街 Map12-1

# 天神橋筋商店街 01

| 車站 | 靠近路段 |
|---|---|
| 地下鐵谷町線 • 堺筋線「南森町駅」、JR 東西線「大阪天滿宮駅」 | 天神橋筋商店街 1 至 3 丁目、大阪天滿宮、商店街「天二」 |
| 地下鐵堺筋線「扇町駅」、JR 大阪環狀線「天滿駅」 | 天神橋筋商店街 4 至 5 丁目 |
| 地下鐵谷町線、堺筋線「天神橋筋六丁目駅」 | 天神橋筋商店街 6 丁目、大阪生活今昔館 |

號稱全日本最長的商店街，跨越地下鐵堺筋線3個車站，包括南森町、扇町、天神橋筋六丁目，以及「天滿」、「大阪天滿宮」等2個JR車站。商店街從天神橋筋1丁目延伸至7丁目，總長2.6公里。這裡的熱門程度雖不及難波和心齋橋，但古色古香的街道上有600多間店舖，包括當地居民生活所需的庶民食肆、100円雜貨店、咖啡店、藥妝店。商店街入口處還有巨型神像裝飾，附近還有天滿宮及大阪生活今昔館兩大景點，至少要2個鐘才能逛完。

關西街道宿影 **Map**12-1

大阪周遊卡
免費入場

# 大阪生活今昔館 02

地下鐵堺筋線 • 谷町線天神橋筋六丁目駅 3 號出口直達

館內以實物大小的模型及布景，重現了江戶時代後期(1830 ～ 1844年)的大阪街道建築，包括等比例的醫藥館、澡堂、商店和民宅。進入9樓的街道展示廳前，建議先搭電梯上10樓的展望台，這裡可以拍攝到整個模擬市鎮的全景，天幕上有日出、日落的變化，連行雷閃電都會隨機出現。館內還有提供浴衣租借服務，每半小時 ¥500，穿上浴衣漫步在傳統街道上，感受江戶時代的小鎮風情也不錯。

10樓觀景台上可看到模擬市鎮的全景。

模擬古代街景很有日劇風情。

柴犬也是居民生活的一部分。

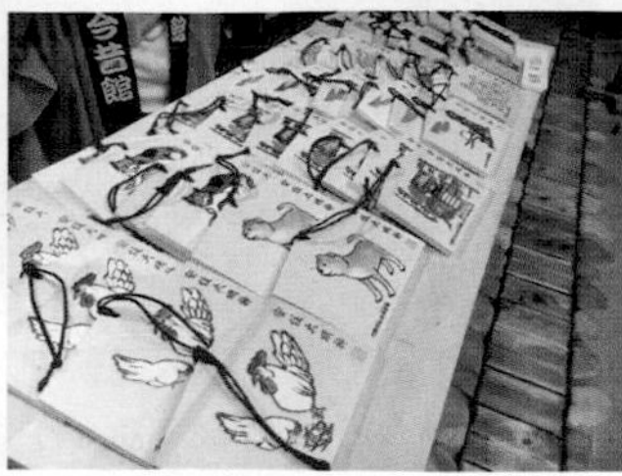

INFO

大阪市北區天神橋 6-4-20 8/F | 06-6242-1170 | 10:00am-5:00pm（最後入場 4:30pm，逢周二休息）| ¥600 | konjyakukan.com

# 長龍可樂餅店
# 中村屋

03

**Map12-1**

地下鐵堺筋線 • 谷町線南森町駅 3 號出口即見

商店街的排隊名店，中村屋雖然只是個小攤位，排隊的人龍從不間斷，原味和炸牛肉餅是當店的人氣之選，一出爐沒多久就被掃清光。剛炸起的可樂餅非常燙熱，金黃酥脆的外皮極為美味，內餡薯蓉很綿密，原味只收 ¥70，遠勝過不少超市的出品。

可樂餅酥脆而不油膩，薯蓉十分軟綿。

INFO

大阪市北區天神橋 2-3-21 | 06-6351-2949 | 9:00am-6:30pm（周日及假日休息）

04

# 藝術拉花 Smoothie
# JTRRD Café

**Map12-1**

地下鐵谷町線天滿橋駅 2 號出口步行約 10 分鐘

2017年開店後即成為IG打卡熱點，店內主打一系列色彩繽紛的Art Smoothie ¥990，落單時只要選出想要的顏色和杯子大小就可以，其餘就交由藝術系畢業的店長田村智美為你配搭和「拉花」。顏色如雞尾酒般一層一層，杯身貼上新鮮切片生果，外觀猶如藝術品，更即叫即製，絕無添加。店內亦有Trat Cake和芭菲等其他甜品，可加錢放上可愛的動物棉花糖作裝飾，製造出屬於自己的打卡甜點。

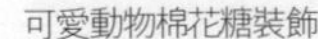

可愛動物棉花糖裝飾。

Frill Tart Cake ¥935

店裡沒有固定的Menu，全部根據客人的選色即場製作，每杯飲料都是獨一無二。

INFO

大阪市北區天滿 3-4-5 タツタビル 1/F | 06-6882-4835 | 12:00nn-5:00pm（周一休息）

考生參拜聖地

# 大阪天滿宮

Map12-1 05

地下鐵堺筋線 • 谷町線南森町駅 3 號出口步行約 3 分鐘

大阪天滿宮與九州太宰府及京都北野並列為「日本三大天神」，始建於949年，後因遭受多次火災，於1845年再重建。寺內供奉著平安時代的菅原道真，他生於世代學者之家，深受天皇器重，死後被尊稱為學問之神，因此來參拜祈求學問的準考生特別多。每年7月24及25日於天滿宮舉行的天神祭活動，與八阪神社的祇園祭和東京的神田祭，有日本三大祭典之稱。

天滿宮是祈求學問的神社。

祈願考試合格鉛筆。在考試時用，合格率可能會提升啊。

INFO

大阪市北區天神橋 2-1-8 | 06-6353-0025 | 9:00am-5:00pm | www.tenjinsan.com

# 地道朝市平買生果 木津卸売市場

Map12-6 06

當地人採購食材的傳統市場。

地下鐵御堂筋線、四つ橋線大國町駅 1 號出口步行約 3 分鐘

黑門市場以外的識途老馬入貨之選，至今已有300年歷史的木津市場，有近200間店舖出售各類水果、海鮮、肉類及乾貨等新鮮食材，而且大多十分便宜，當造水果數百円就有交易，價錢比香港平一大截。市場內還有不少熟食小店，一份新鮮的雜錦刺身也只需¥800，要注意所有店舖都只營業至中午，而且平日多以批發為主。遊客不妨安排每月特定的「朝市」活動日到訪，現場有提供熟食攤位、鮪魚解體 Show，十分熱鬧。

INFO

大阪市浪速區敷津東 2-2-8 | 06-6648-1900 | 商店 5:00am-11:00am、食肆營業至 12:00nn 或 1:00pm（逢周三、日不定休）| 朝市活動於每月第 2 及最後一個周六舉行（詳情請看官網）| http://kiduichiba.jp/

## 【店舖精選】

### 小林商店

全場人氣最旺的水果店，整箱購買價錢更抵而且方便寄艙，付費後店方還會提供紙盒和幫忙把水果包裝好。

### ODA超市

CP值超高的大型超市，連附近食店都來這裡採購，大量業務用及零售商品，價錢比市面超市平，如果租住的旅館有廚房，不妨大手掃貨回去。

INFO

周一、二、四、五及六 5:30am-8:00pm；周三、周日及假日 8:30am-6:00pm

### まるよし

明治33年創業至今逾百年的まるよし，價錢公道及食材，雜錦刺身丼、壽司盛也只是¥1,100；海膽丼也只是¥3,850，鮮甜的海膽一片片鋪滿飯面，用料十足。

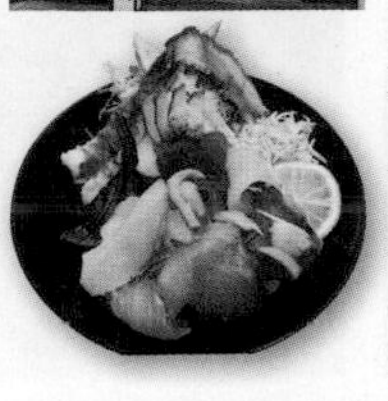

INFO

5:00am-1:00pm（逢周日休息）

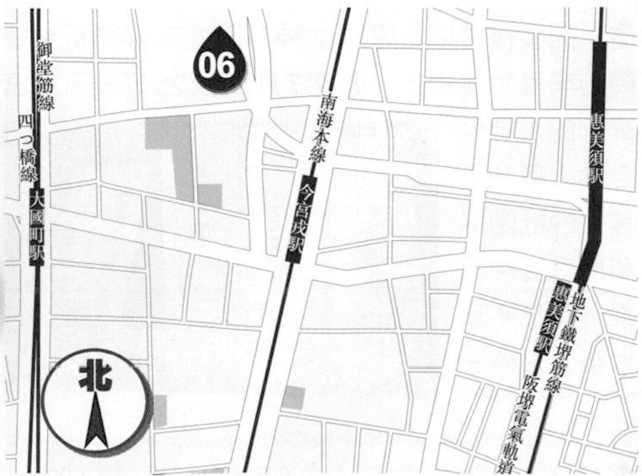


日本橋 天王寺&新世界 港區 大阪城 天神橋筋 浪速區

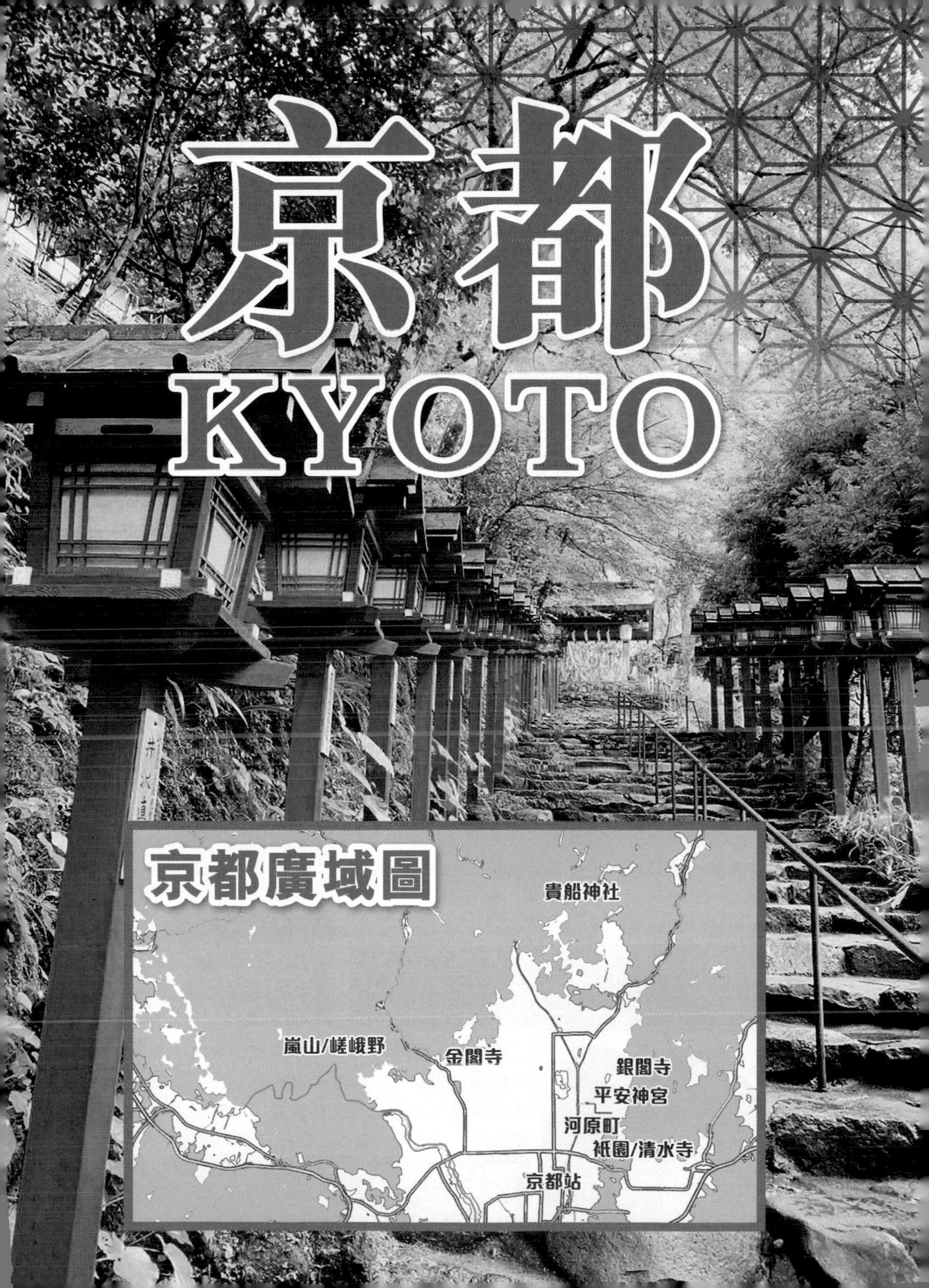
京都
KYOTO
京都廣域圖
貴船神社
嵐山/嵯峨野
金閣寺
銀閣寺
平安神宮
河原町
祇園/清水寺
京都站

# 京都名寺巡禮

京都是日本名城，1868年前一直是日本的首都。這裡古蹟特多，寺廟林立，當中17座更被世界遺產列為「古都京都的文化財產」，非常值得花幾天遊覽欣賞。

天龍寺是足利尊氏於1339年改建龜山殿的臨濟宗天龍寺派總寺院，為日本室町時代的京都五山中排列第一。「曹源池庭園」位於大方丈西邊，景色如同畫般美麗。

**交通**：京福電鐵嵐山駅下車即達；阪急嵐山駅步行 15 分鐘；JR 嵯峨嵐山駅步行 13 分鐘
**落成年份**：康永 4 年（西元 1345 年） **地址**：京都市右京區嵯峨天龍寺芒馬場町 68

位於四条通大街盡頭，每年長達一個月的7月祇園祭，被稱為日本三大祭典之一。其入口西樓門是日本現存最大的石牌坊鳥居，「祇園造」為其建築特色，即本殿與拜殿建在同一屋簷下的意思。

**交通**：JR 京都駅轉搭市營巴士 206 號，在八坂神社站下車；
京阪電鐵祇園四条駅徒步約 5 分鐘
**落成年份**：齊明天皇 2 年（西元 656 年）
**地址**：京都市東山區祇園町北側 625

為紀念平安建都1100周年、仿效平安時代的皇宮而建造，分為東苑、中苑、西苑及南苑四區，朱紅色塗漆的應天門與大極殿為其特色建築。神宮外的大鳥居建於日本昭和初期，高24.4公尺、寬約33米，是日本最大的鳥居。

**交通**：JR 京都駅乘市營巴士 5 號或 100 號，
在岡崎公園美術館·平安神宮前駅下車徒步 5 分鐘
**落成年份**：明治 28 年（西元 1895 年） **地址**：京都市左京区岡崎西天王町 97

曾為《藝伎回憶錄》的拍攝背景，遊客都是為了一睹傳説中的千本鳥居。稻荷神社是祈求五穀豐收、生意興隆的聖地，當地有捐獻鳥居以謝神的風俗，鳥居共計約有1萬座，走畢全程約3小時。

**交通**：JR 奈良線稻荷駅下車即達；京阪本線於伏見稻荷駅下車
徒步 5 分鐘
**落成年份**：和銅 4 年（西元 711 年）
**地址**：京都市伏見區深草藪之內町 68

西本願寺為淨土真宗本願寺派的大本山，最早在1272年創建於東山，後經歷多次戰亂，1591年遷至現址。西本願寺已登錄為世界文化遺產，國寶級文物包括唐門及御影堂，門上展現著桃山時代富麗堂皇的匠工。

**交通**：JR 京都駅徒步 10 分鐘
**落成年份**：天正 19 年（西元 1591 年）
**地址**：京都市下京區堀川通花屋街

東、西本願寺本是同一體，1602年西本願寺從中脱離出來，現在看到的是1892年災後重建的版本，雖未能登錄世界遺產中，但寺內的御影堂與奈良的東大寺並稱為世界最大的木造建築。

**交通**：JR 京都駅徒步 10 分鐘
**落成年份**：慶長 7 年（西元 1602 年）
**地址**：京都市烏九通七条上常葉町 761

佛教臨濟宗東福寺派的大本山，在京都五山中居第四位，是日本最大的禪堂。其建築風格是仿照東大寺和興福寺作為範本，寺內的「方丈」是東福寺的特色庭園，其抽象的布局展現鎌倉時代樸實的禪道風格。

**交通**：JR 奈良線或京阪本線東福寺駅下車徒步 10 分鐘
**落成年份**：嘉禎 2 年（西元 1236 年）
**地址**：京都市東山區本町 15 丁目 778

金閣寺

京都最具代表性的寺院，於1994年被列入世界文化遺產。本名鹿苑寺，曾作為幕府將軍足利義滿的別墅，後改為佛寺。金閣殿本作為舍利殿，外牆以金箔裝飾，總量約20千克，第一至三層分別為寢室建築、武士宅第式建築、唐朝式建築，塔頂有金鳳凰作裝飾。

**交通**：JR 京都駅乘市營巴士 101 或 205 號於金閣寺道駅下車
**落成年份**：應永 4 年（西元 1397 年）　**地址**：京都市北區金閣寺町 1

清水寺是京都最高人氣的寺廟，其正殿前懸空的「清水舞台」不靠一釘一鐵，僅由139根高12公尺的巨大櫸木支撐。清水寺的地主神社主祀戀愛之神，神社中有兩顆相距10公尺的「戀愛占卜石」，傳説閉著眼睛由石頭一邊走到另一邊，戀愛便能順利。

**交通**：JR 京都駅乘市營巴士 100 或 206 號至五条坂駅下車，徒步約 10 分鐘
**落成年份**：寶龜 9 年（西元 778 年）　**地址**：京都市東山區清水 1-294

是東山文化的代表性寺院，由室町幕府將軍足利義政所建，本名為慈照寺。其庭園可分為山上和山下兩個區域，西北邊的角落有高約60公分的銀沙灘，可把太陽與月亮的自然光反射到室內作採光用途。

**交通**：JR 京都駅乘市營巴士 5 或 17 號於銀閣寺道駅下車，徒步約 7 分鐘
**落成年份**：文明 14 年（西元 1482 年）
**地址**：京都市左京區銀閣寺町 2

# 京都市內交通

## 巴士

巴士是遊京都最方便的交通工具，大部分均由市營巴士（簡稱市巴士）行走，其餘郊區及部分市區路線，則由私營巴士（如京都巴士、京阪巴士）營運。**對於大部分遊客，最常選用的就是市巴士（見下圖）**，而路線絕大部分均為循環路線，其路線號碼牌以橙色標示，票價一律￥230。也可在車站購買「巴士一日乘車券」，成人￥700，小童￥350，全天任用。「地鐵•巴士一日券」票價為成人￥1,100、小童￥550。

## 鐵路

### 市營地下鐵

京都的地下鐵，設有「烏丸線」及「東西線」，收費按距離計算，單程$210起。

### JR

往來京都市中心至近郊地區如嵯峨野、嵐山、伏見等地，亦直達日本其他城市如大阪、神戶。京都駅更是新幹線的車站，欲前往東京作雙城遊的朋友可於JR京都駅選乘山陽本線新幹線列車。

每個巴士站都有站名，車上又有路線表及到站提示。

地鐵 • 巴士一日券

## 有用網頁：

JR西日本 www.jr-odekake.net

京都市交通局（地下鐵及巴士） www.city.kyoto.lg.jp/kotsu/

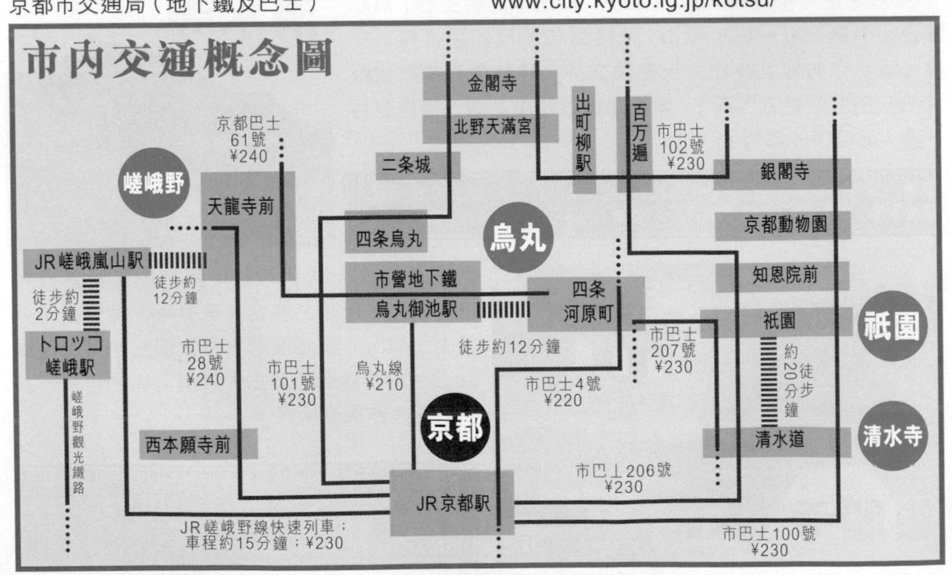

京都市交通局
*：本書常用車站
京都市地下鐵路線圖
烏丸線
東西線
国際会館 K01
松ヶ崎 K02
北山 K03
北大路 K04
鞍馬口 K05
今出川 K06
丸太町 K07
烏丸御池 K08
四条 K09
五条 K10
京都 K11
九条 K12
十条 K13
くいな橋 K14
竹田 K15
六地蔵 T01
石田 T02
醍醐 T03
小野 T04
椥辻 T05
東野 T06
山科 T07
御陵 T08
蹴上 T09
東山 T10
三条京阪 T11
京都市役所前 T12
二条城前 T14
二条 T15
西大路御池 T16
太秦天神川 T17
叡山電鉄鞍馬線
叡山電鉄叡山本線
京福電鉄北野線
京福電鉄嵐山本線
嵯峨野観光鉄道
嵯峨野線
阪急京都線
阪急嵐山線
JR 京都線
近鉄京都線
京阪本線
琵琶湖線
東海道新幹線
JR 奈良線
京阪宇治線
京阪交野線
学研都市線
関西線
近鉄けいはんな線
近鉄奈良線
近鉄生駒線
近鉄橿原線
京阪石山坂本線
湖西線
琵琶湖
路線色（烏丸線：緑 東西線：朱）
路線記号
駅番号
鉄道乗換駅
地下鉄烏丸線
地下鉄東西線
（京阪京津線乗入区間）
近鉄線（烏丸線相互直通運転区間）
京阪京津線
JR 線
各社線（JR 以外）
主な他社線駅

# 京都

## 京都洛巴士

京都市巴士路線繁多，要完全了解並不容易。其實市內有專為旅客觀光而設置的洛巴士(Raku Bus)，分為100、101及102三條線，貫穿市內多個熱門景點如清水寺、祇園及金閣寺等，約30分鐘一班，單程車費￥230，持「巴士一日券」可全日任用，非常方便。

粉紅色車身的洛巴士100號，行經清水寺、祇園、平安神宮及銀閣寺等處。

綠色車身的洛巴士101號，行經東本院寺、二条城、北野天滿宮及金閣寺等處。

黃色車身的洛巴士102號，行經北野天滿宮、金閣寺、銀閣寺及京都御所等處。

## 洛巴士100,101,102號路線圖及行經景點

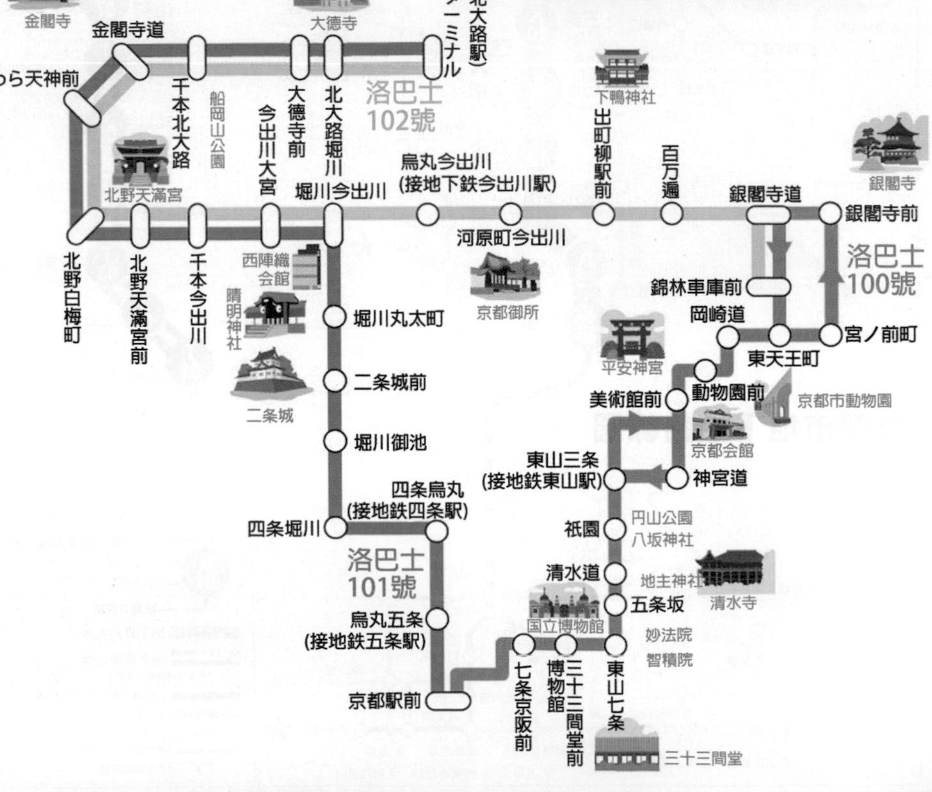

洛巴士102號：金閣寺道、千本北大路、大德寺前、北大路堀川、北大路バスターミナル(接地鉄北大路駅)、烏丸今出川(接地下鉄今出川駅)、河原町今出川、出町柳駅前、百万遍、銀閣寺道、錦林車庫前、東天王町、岡崎道、動物園前、美術館前、神宮道、東山三条(接地鉄東山駅)

洛巴士101號：わら天神前、北野白梅町、北野天滿宮前、千本今出川、今出川大宮、堀川今出川、堀川丸太町、二条城前、堀川御池、四条堀川、四条烏丸(接地鉄四条駅)、烏丸五条(接地鉄五条駅)、京都駅前

洛巴士100號：銀閣寺前、宮ノ前町、東天王町、岡崎道、動物園前、美術館前、神宮道、東山三条、祇園、清水道、五条坂、東山七条、博物館三十三間堂前、七条京阪前、京都駅前

景點：金閣寺、大德寺、船岡山公園、北野天滿宮、西陣織会館、晴明神社、二条城、京都御所、下鴨神社、銀閣寺、平安神宮、京都市動物園、京都会館、円山公園、八坂神社、地主神社、清水寺、国立博物館、妙法院、智積院、三十三間堂

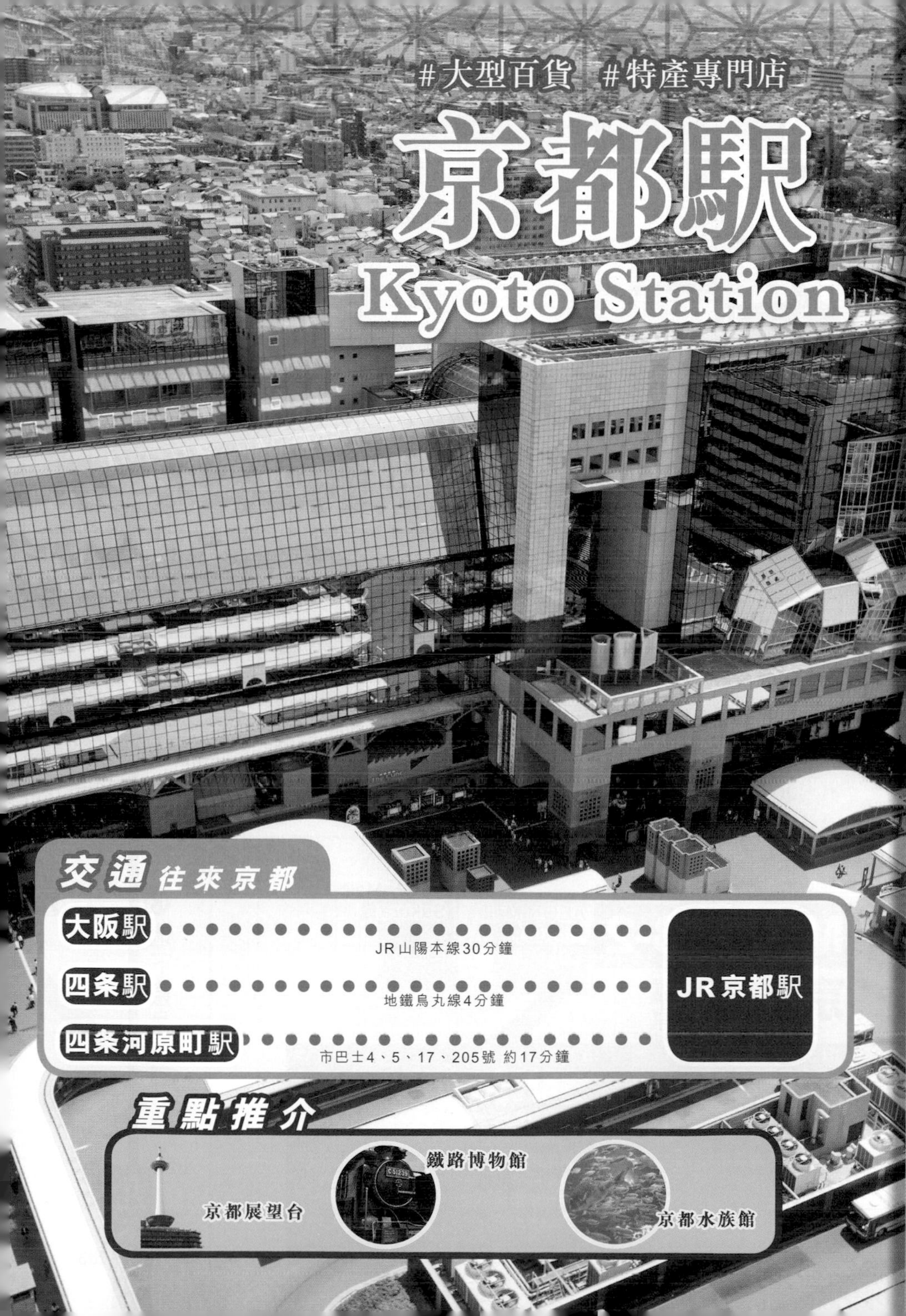

# 京都駅
# Kyoto Station

| 出發 | 交通 | 目的地 |
|---|---|---|
| 大阪駅 | JR山陽本線30分鐘 | JR京都駅 |
| 四条駅 | 地鐵烏丸線4分鐘 | JR京都駅 |
| 四条河原町駅 | 市巴士4、5、17、205號 約17分鐘 | JR京都駅 |

## 重點推介

京都展望台

鐵路博物館

京都水族館

- 01. 京都駅 13-3
- 02. 京都伊勢丹 13-4
- 03. Malebranche 京都北山 13-4
- 04. 中村藤吉 13-5
- 05. 伊勢丹美食街 13-5
- 06. The Cube 13-6
- 07. 名代とんかつ 13-6
- 08. Porta 13-7
- 09. 萬重 小庵 13-7
- 10. 京都拉麵小路 13-8
- 11. 京都塔商場 13-9
- 12. 京都塔展望台 13-10
- 13. 京都駅前巴士站 13-10
- 14. AEON MALL KYOTO 13-11
- 15. 東本願寺 13-12
- 16. 西本願寺 13-12
- 17. 京都鐵路博物館 13-13
- 18. 京都水族館 13-14

遊京都首站
# 京都駅大樓

Map13-2/ D3

JR 京都駅

耗時6年興建、於1997年建成的京都站大樓，號稱全日本第二大車站（僅次於名古屋車站），這幢玻璃幕牆建築由日本著名設計師原広司設計，為鐵骨和鋼筋混擬土構造。不但是京都市對外對內的重要交通樞紐，同時雲集了過百間特色飲食及消費場所，散布於大樓的東區、西區及中央區之內，單是閒逛整幢大樓，足以消磨一整天。

現時京都車站有33個月台，JR西日本有四條路線、JR東海的東海道新幹線、近鐵京都線及京都市營地下鐵烏丸線都會停站於此。

INFO

京都市下通塩小路下ル東塩小路町901番地 | www.kyoto-station-building.co.jp

車站西區有一條LED大階梯，入夜時階梯會按不同日子組合出不同圖案及文字。

該站的大廳，稱為矩陣的鋼橫梁頂，非常有科幻氣氛。

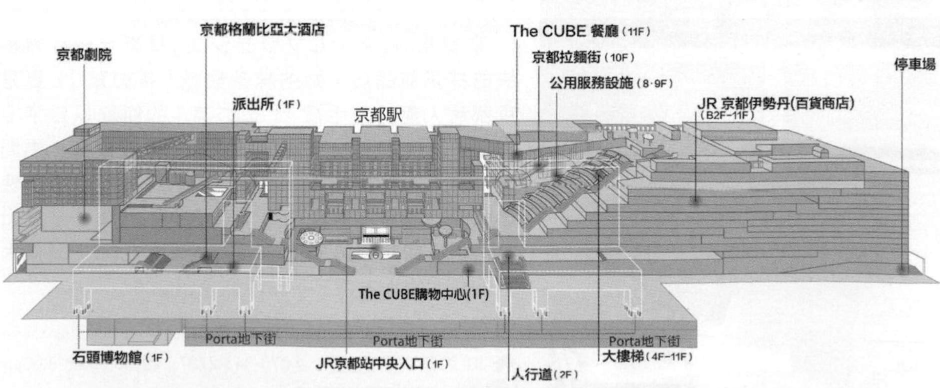



京都駅
左京區
河原町
祇園
清水寺
嵐山

一站式飲食購物 Map13-2/ C3

# JR京都伊勢丹 02

JR 京都駅中央口出

作為著名的日本連鎖高級百貨集團，伊勢丹絕對屬必遊之列。除了13層高的主大樓外，2008年更於主大樓旁，擴建集美食雜貨於一身的全新區域「SUVACO」，提供更多的餐廳及商店選擇。若時間不多，建議主攻大樓B1/F的和、洋菓子攤檔，以及10/F的文具雜貨精品。而喜愛潮流服飾的，則提議集中逛5、6/F。

伊勢丹位於JR京都站南北自由通道的西驗票口前，認住SUVACO和伊勢丹的招牌。

INFO

京都市下通塩小路下ル東塩小路町 | 075-352-1111 | 商店 10:00am-8:00pm、食肆 11:00am-11:00pm（各店有異） | http://www.wjr-isetan.co.jp/

## 【京都伊勢丹必吃老字號甜品】

Map13-2/ C3 03 超人氣餅店

# Malebranche京都北山

JR 京都駅中央口出

京都北山(マールブランシユ)是近年竄紅得極快的抹茶甜品店，她的抹茶餅乾「茶の菓」，更是京都超人氣的伴手禮。「茶の菓」的餅乾以自宇治白川茶園的高級抹茶為材料，吃時茶香撲鼻，中間夾著白朱古力，正好中和抹茶的苦味，令小小一塊餅乾的味道充滿層次。除了傳統抹茶和菓子，北山還推出多款精緻的西式甜點、蛋糕和芭菲，同樣大受歡迎，每天未夠下午三時便全部沽清。

INFO

JR 京都伊勢丹 6F | 075-343-2727 | 10:00am-8:00pm | www.malebranche.co.jp

## 宇治抹茶甜品名店 04
# 中村藤吉 Map13-2/ C3

 JR 京都駅中央口出

日本抹茶素以京都南面宇治市的出品為頂級首選，市內擁有150年歷史的抹茶甜品店中村藤吉更是享負盛名。慶幸中村藤吉在伊勢丹SUVACO開了分店，令大家不用長途跋涉，也可一試正宗宇治綠茶的出品。除了抹茶雪糕、抹茶啫喱等，店內還有逾10種茶類，如烏龍茶、玉露等，供客人作純粹茗茶或甜品食用。

JR 京都伊勢丹 3F | 075-342-2303 | 11:00am-10:00pm | http://www.tokichi.jp

茶啫喱套餐
把抹茶凝固為啫喱狀，配上抹茶雪糕及紅豆茸。無論夏季或冬季都啱食。

抹茶芭菲

# 伊勢丹11/F美食街食肆推介 05

## 京都和久傳

京都知名的懷石料理餐廳，食物精緻而種類豐富。午市套餐由￥4,500起，晚市則由￥7,000起錶。

## モリタ屋涮涮鍋

創業於1869年，以壽喜燒、涮涮鍋及鐵板燒等馳名，食材以牛肉為主，最啱食肉獸們大吃大喝。

## 松山閣

京都著名豆腐料理店，以自家工房製作的豆腐皮製作精緻菜餚，吃起來一點都不寡。

## 京風手信集中地
# 06 The Cube Map13-2/ D3

JR 京都駅中央口出，乘電梯往地下一樓

京都有不少過百年歷史的伴手禮商店，而設在JR京都駅地下的The Cube商場，就有一條名為おみやげ小路，一次過網羅20多間京都老字號甜點和手信舖，正好方便沒時間四處搜羅禮品的遊客。老舖包括抹茶專門店祇園辻利、人氣吸油紙專門店よーじや、著名和菓子老店鶴屋吉信及生八橋專門店西尾八ツ橋，粒粒巨星，簡直就是手信界的「復仇者同盟」。

【おみやげ小路百年老店】

京煎堂有80年歷史，「茶の葉煎餅」是其代表作。

創業300多年的本家八ツ橋西尾抹茶菓子，當然是掃貨首選。

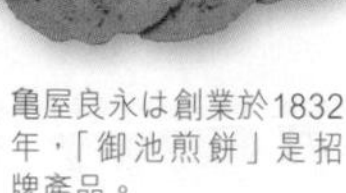

亀屋良永は創業於1832年，「御池煎餅」是招牌產品。

INFO

京都市下通塩小路下ル東塩小路町 901 番地 | 075-371-2134 | 8:30am-9:00pm | www.thecube.co.jp

## 鬆脆滿分吉列豬扒
# 07 名代とんかつ　かつくら Map13-2/ C3

The Cube 11/F

在京都非常有名的名代，其吉列炸物早已深受日本雜誌及blogger 們激讚。名物吉列豬扒的脆漿厚度恰到好處，咬下時已聽到清脆的「嗦嗦」聲，即使吃到尾脆漿亦未變腍。豬扒亦肉嫩多汁，全因選用山形縣養殖、以原種豬作「三元交配」的米沢三元豚，全部有血統證明，品質上乘。

除了豬扒，名代其他的炸物亦非常有水準。

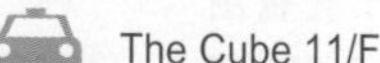

INFO

京都市下通塩小路下ル東塩小路町 901 番地 The Cube 11/F | 075-365-8666 | 11:00am-10:00pm | http://www.katsukura.jp/

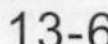

## 以大取勝地下街 08
# Porta Map13-2/ C3

JR 京都駅中央口步行 1 分鐘

JR京都駅一帶另一受歡迎的購物街，位於京都站地庫，面積也是大得驚人，店舖合起來超過100間，餐飲、手信、精品、時裝應有盡有，不妨在此一站式購物兼用餐。這裡共有約30家中、西、日菜餐廳可供選擇，而且價錢相宜，不少食店的定食￥1,000以下已有交易。

INFO

京都市下京區烏丸通塩小路下る東塩小路町 902 | 075-365-7528 | www.porta.co.jp | 10:00am-9:00pm、餐廳 11:00am-10:00pm

## 09 超抵食京都料理
# Map13-2/ C2 萬重 小庵

Porta 地下街內

要在京都吃到傳統京料理，動輒上萬日圓，但萬重以平靚正的京料理見稱。一份京都料理，一般在￥1,500至￥2,500便有交易，這是一般人都可以負擔的價格。店家沒有將貨就價，他們全用上京都出產的新鮮材料。午餐時間經常大排長龍，如果想試京料理，便要預留多一點時間。

精緻又分量十足的套餐，大部分不用￥3,000便有交易，一於豪食一餐吧！

INFO

京都市下京扎區烏丸通塩小路下る東塩小路町 902 PORTA 地下街 | 075-343-3920 | 11:00am-10:00pm | www.kyoryori-manshige.co.jp/c

## 一次過食遍全日本口味 ⑩
# 京都拉麵小路 Map13-2/ C3

JR 京都駅出站即達

拉麵是日本的國粹，不同地區有不同口味，在京都車站10樓的京都拉麵小路，就可以一次過去吃盡拉麵9大門派的精粹。

INFO

京都車站大廈（西區）10 樓 | 11:00pm-10:00pm | https://www.kyoto-ramen-koji.com/

## 【人氣必食拉麵】

### 京都・ますたに

創業於昭和23年(1948年)，有七十餘年歷史，號稱京都「背脂醬油系」的元祖。湯頭主要使用雞湯與醬油熬製，吃時再撒上豬背脂，既邪惡又美味。

### 高槻・中村商店

來自大阪高槻市的拉麵，材料全使用天然素材，當中融合紫蘇香味雞湯和魚湯的『金の塩』，以及充滿濃郁雞和豬骨鮮味的『濃厚雞白湯』非常有人氣。

### 德島・拉麵東大

來自德島的拉麵東大，最啱重口味食客。它的招牌豚骨拉麵鋪滿了混集甜鹹辣味的五花腩肉，再打一顆生雞蛋，混和其中，口味非常獨特，是味蕾的一大挑戰。

### 博多・一幸舍

來自九州的一幸舍拉麵以乳白色的湯底而聞名，濃郁有如加入了奶油一樣。據説其湯底以多種醬油與魚貝熬製而成，所以味道非常有層次。叉燒肉片雖然較薄卻很大片，填滿了湯碗空間，非常霸氣。

### 富山・富山ブラック麵家いろは

來自富山縣的麵家いろは，招牌拉麵京都九条蔥黑拉麵單看漆黑的湯底，確實有些趕客。不過只要嘗過它秘製的黑醬油，都會被它的鮮味降服。

### 東京・大勝軒

東京名店大勝軒首度在京都開分店，水準當然不容有失。不過這裡最受歡迎的不是拉麵，而是沾麵，必試濃厚魚介及元祖沾麵。這裡的筍乾也是自家秘製，味道與其他食肆吃到的大不相同。

# 京都地標 Map13-2/ D2 ⑪
# Kyoto Tower Sando

JR 京都駅出站即達

京都塔一向是京都的地標建設，不過芳齡都已超過50歲。為了加強景點的吸引力，京都塔把最底三層進行了大裝修，至2017年4月才以全新面目示人，更命名為Kyoto Tower Sando。3層的新商場，地庫以食肆為主，雲集京都19間知名食店；一樓則是伴手禮集中地，而二樓設多間體驗工房，由和菓子至食品道具都有DIY，令遊客更深度認識地道文化。

INFO

京都市下京區烏丸通七条下る東塩小路町 721-1 | 075-361-3215 | 9:00am-9:00pm( 不同店舖營業時間各有不同 ) | https://www.kyoto-tower-sando.jp/

## 【樓層簡介】

### B1/F

**東京洋風串 CAMERON**
法國料理出身的主廚把新鮮的海產和肉類，當季京都蔬菜等食材製成20款串燒，食香味俱全。

**Tapioca Belize 可麗餅專門店**
配上以阿薩姆茶葉製成的奶茶珍珠，味道完美。

### 1/F

**Kitekite**
融合傳統京都風格的文創商店，使用日本傳統色的紡織品和圖案，顏色鮮艷，是絕佳的伴手禮。

**Kyoto Shabonya**
匠人們親手打造純天然無添加的洗臉香皂，每論嬰兒、小孩甚至敏感肌膚的人都適合使用。

### 2/F

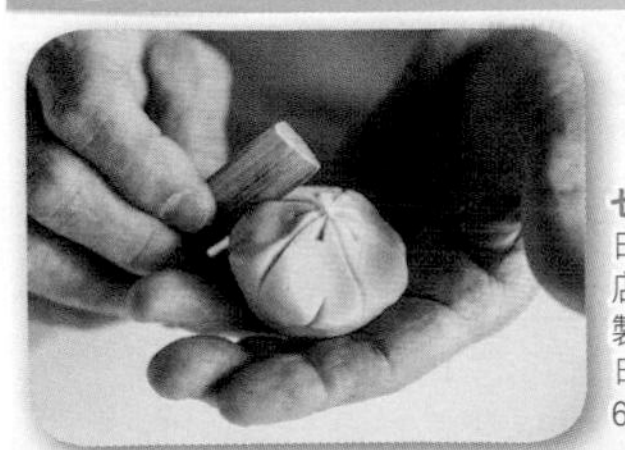

**七條甘春堂**
日本和菓子老店，遊客可親自炮製以季節為主題的日式甜點，一堂約60分鐘。

**あかね屋**
以擁有三百五十年歷史的「清水燒」為原料的繪畫作坊，遊客可以在水杯或折扇上繪畫，製成獨一無二的禮物。

居高臨下 **Map**13-2/ **D2**

# 京都塔展望台 ⑫

JR 京都駅出站即達

京都塔高131米，以海上燈塔為設計藍圖，共有11層，塔下是商店街及酒店所在，頂層觀景塔則設360度展望台，內置17台望遠鏡，讓遊客可多角度盡覽京都市景色。記緊上官網下載coupon，可獲折扣優惠。

位於塔展望台底部的全玻璃酒廊「空」(KUU)，可以一邊欣賞夜景一邊把酒談心。

無論日景或夜景，都同樣醉人。

INFO

京都市下京區烏丸通七条下る東塩小路町 721-1 | 075-361-3215 | 10:00am-9:00pm | 成人 ¥800、小童 ¥550 | https://www.kyoto-tower-sando.jp/

---

交通樞紐 **Map**13-2/ **C3**

# ⑬京都駅前巴士站

JR 京都駅出站即達

京都雖然有JR又有地鐵，不過很多熱門景點如清水寺及銀閣寺等，都是靠坐巴士抵達。京都駅前巴士站是市內交通樞紐，對一般旅客而言，最常乘坐的是D1至D3候車處。認住位置，趕巴士也不會盲樁樁。

巴士站設有自動販賣機銷售一天巴士券。

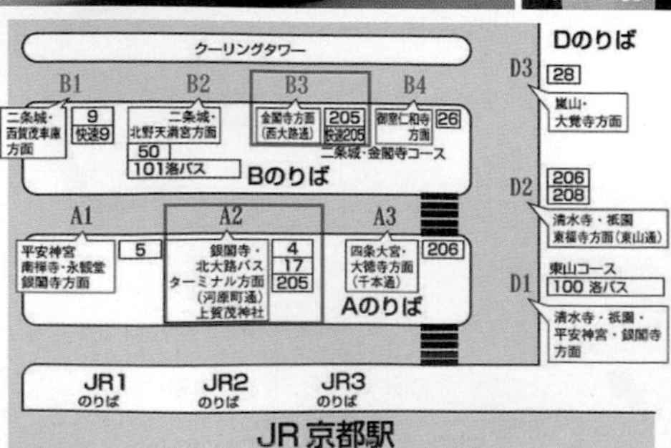

INFO

京都市下京區烏丸通七条下る東塩小路町

## 京都站大型商場

**Map**13-2/ **B4**

# AEON Mall Kyoto ⑭

JR 京都駅八条口步行 5 分鐘

這裡雖說不在JR京都駅內，但人流絕對不少，非常適合一家大細的家庭客。這裡有超市、人氣食肆、運動用品旗艦店及玩具店都一應俱全。整個商場分開兩個館——Sakura 館及Kaede館。Sakura館主要是AEON自己本業的百貨大樓，至於Kaede館則讓各大人氣品牌進駐。

INFO

京都市南區西九条鳥居口町 1 番地 | 075-343-9601 | 10:00am-9:00pm | http://kyoto-aeonmall.com/

## Sakura 館

ABC-MART MEGA STAGE

Nana's Green Tea

## Kaede 館

DAISO 100yen店

ToysRus & BabiesRus

Super Sports XEBIO

## 世界最大的木造建築
# 東本願寺

⑮ Map13-2/ C1

JR 京都駅步行 10 分鐘

東本願寺是淨土真宗教派真宗大谷派的本山，建於1602年，正式名稱為真宗本廟。東本願寺在江戶時期曾四次遭火災焚毀，現在主體建築為明治時期重建。由於新建的寺院位於本願寺派總本山的東面，所以京都人習慣稱為「東本願寺」。東本願寺的御影堂是世界最大木造建築之一，據説在1895年重建時，所使用的髮繩皆為人髮和大麻混編而成，是全國各地教區信眾捐贈的。

東本願寺不但交通便利，而且不收入場費，非常值得參觀。

御影堂(左)和阿彌陀堂(右)

寺內的商店有大量禮佛的禮品發售。

INFO

京都市下京區烏丸通七条上る | 075-371-9181 | 5:50am-5:30pm；11 月至 2 月 6:20am-4:30pm | 免費入場 | www.higashihonganji.or.jp

---

## 佛寺兩生花
# 西本願寺

⑯ Map13-2/ A1

JR 京都駅步行 15 分鐘或乘 9、28、75 號巴士於「西本願寺前」下車

西本願寺是淨土真宗本願寺派的本山，寺院原建於東山，1591年遷至現址，後因教派分裂，信眾另建東本願寺，才用「東、西」來區分。西本願寺與東本願寺一樣，由總門直入第一眼看見的都是宏偉的御影堂和阿彌陀堂。另外寺內的飛雲閣是日本最古老的能劇舞台，與金閣寺、銀閣寺並稱京都三名閣。而寺內的唐門為伏見城的遺構，由織田信長所建，多年依然色彩濃豔、漆金絢麗。

唐門經歷數百年依然色彩濃豔。

與金閣寺、銀閣寺並稱京都三名閣的飛雲閣。

INFO

京都市下京區堀川通花屋町下ル | 075-371-5181 | 5:30am-6:00pm | http://www.hongwanji.or.jp/ | 免費入場

# 火車迷必到 京都鐵路博物館 ⑰

Map13-2/ A2

JR 京都駅前巴士站 B3 巴士乘車處乘 205 號巴士，在「梅小路公園 • 京都鐵道博物館前」下車即達

京都鐵路博物館於2016年4月開幕，旋即成為京都人氣景點。博物館展示了從蒸汽火車到新幹線共53輛的真火車，包括國鐵最大的C62型蒸汽火車，與及0系列新幹線1號車。除了火車任睇任摸，博物館還以很多互動有趣的方式，解構火車以至整個鐵路系統的運作。玩完室內，遊客可以到3樓的展望台，近距離觀看 JR 京都線和東海道新幹線各類列車的風采，又可以到戶外的扇形車庫，一睹明治至昭和具代表性的蒸汽火車。意猶未盡，還可以乘坐「蒸汽火車Steam號」，由博物館來回京都站，親身感受蒸汽火車的魅力。

INFO

京都府京都市下京區觀喜寺町(梅小路公園內)| 075-323-7334| http://www.kyotorailwaymuseum.jp/ | 10:00am-5:00pm，周二休息 | 成人 ¥1,200，小童 ¥500，乘坐 Steam 號需另外購票

蒸汽火車「Steam號」來回博物館與京都　，車程約10分鐘，每小時兩至三班。車費成人 ¥300、小童 ¥100

除了欣賞展品，遊客還可以嘗試客串鐵路控制員，確保列車通行無阻。

館內有很多鐵路系統的解說，既有趣又益智。

## 日本最大型的內陸水族館 ⑱

# 京都水族館

**Map**13-2/ **A2**

JR 京都駅前巴士站 B3 巴士乘車處乘 205 號巴士，在「梅小路公園 • 京都水族館前」下車即達

京都水族館佔地 11,000平方米，它比大阪海遊館擁有更多的戶外空間。除了透過大型的水族箱觀賞海洋生物外，亦設有室外的海豚館，讓旅客一睹聰明的海豚精彩的表演；此外，遊人可以在「京之後山」花園中，欣賞京都四季變幻的景色。水族館又展出一些京都地區獨有的淡水生物，如生活於琵琶湖的川目少鱗鱖及後鰭花鰍，與及只棲息於京都河川、有「活化石」之稱的山椒魚。

INFO

京都府京都市下京區觀喜寺町 35 番地の 1（梅小路公園內）| 075-354-3130 | 10:00am-6:00pm，周六日 (12 月和 3 月除外 ) 及 7 月下旬和 8 月 9:00am-8:00pm，1 月至 2 月 10:00am-5:00pm | 成人 ¥2,200，小童 ¥1,100 | http://www.kyoto-aquarium.com/

山椒魚物種有過億年歷史，比恐龍更早在地球出現。

每一隻海豚都聰明活潑，能完成精彩的表演。

京都駅

左京區

河原町

祇園

清水寺

嵐山

#賞花名所 #國寶級寺廟

# 左京區

# Sakyo-ku

## 交通 往來左京區

JR京都駅

市巴士・JR京都駅巴士總站100號約45分鐘 → 銀閣寺道

銀閣寺道 → 市巴士102號約25分鐘 → 金閣寺道

金閣寺道 → 步行約4分鐘 → 金閣寺

JR京都駅 → 市巴士・JR京都駅前巴士總站101號約30分鐘 → 北野天滿宮前 → 市巴士101號約15分鐘 → 金閣寺

## 重點推介

哲學之道
櫻花紅葉名所

貴船神社
繪馬發祥地

ひろ文
夏季限定流水麵

銀閣寺
京味禪意

MAP 14-2
京都廣域
01. 北野天滿宮 14-4
02. 金閣寺 14-5
03. 龍安寺 14-6
04. 仁和寺 14-6
05. 粟餅所・澤屋 14-7
06. とようけ茶屋 14-7
07. 権太呂金閣寺店 14-8
08. 食事處 錦鶴 14-8
09. 貴船神社 14-9
10. ひろ文 14-10
11. 鳥居茶屋 14-11
12. 川床料理 ひろや 14-11
26. 平安神宮 14-17
27. 京都時代祭
十二十二 14-17
28. 蔦屋書店 14-18
29. 藍瓶咖啡 14-18
鞍馬
貴船口
叡山電鐵鞍馬線
八瀬比叡山口
宝ヶ池
叡山電鐵叡山本線
茶山
出町柳
岡崎神社（F5-7）
京都御所
銀閣寺
二条城
錦市場
八坂神社
京都水族館
清水寺
北
JR京都駅

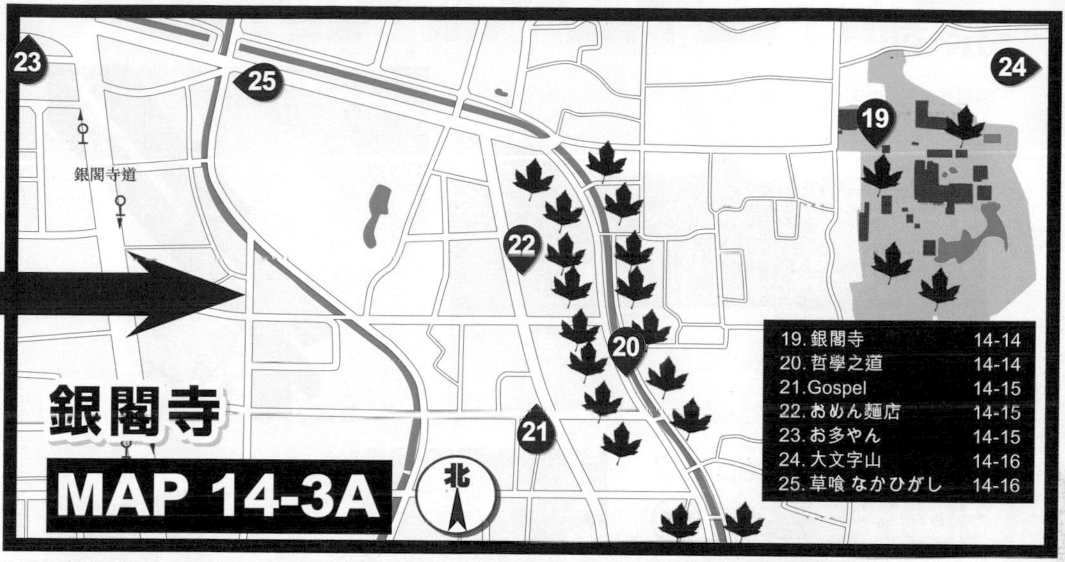

23
25
24
19
22
20
21
銀閣寺道
銀閣寺
MAP 14-3A
北
19. 銀閣寺 14-14
20. 哲學之道 14-14
21.Gospel 14-15
22. おめん麵店 14-15
23. お多やん 14-15
24. 大文字山 14-16
25. 草喰 なかひがし 14-16

13. 下鴨神社 14-12
14. 古泉 14-12
15.Salutya 14-13
16. 柳月堂 14-13
17.LUSH LIFE 14-13
18. 百萬遍手作市場 14-13
13
14
15
16
17
18
下鴨神社前
下鴨中通
下鴨木通
下鴨西通
河合神社（F5-10）
油站
御蔭通
新葵橋
下鴨東通
川端通
出町柳駅
茶山駅
元田中駅
叡山電鐵本線
滿月（F4-3）
一乘寺道
東大路通
百萬遍知恩寺
百萬遍
今出川通
緣壽庵清水（F4-3）
京阪本線
出町柳
MAP 14-3B
北

## 學問之神 Map14-2

# 北野天滿宮 01

乘 101 號巴士於北野天滿宮前駅下車

天滿宮在日本有超過一萬座，不過唯有九州太宰府和北野的天滿宮為全日本天滿宮的總本社。北野天滿宮於天曆元年（947）建成，現時看到的天滿宮是1607年由豐臣秀賴所重建的。天滿宮供奉了學問之神「菅原道真」，他是日本平安時代的學者和大臣，後來卻因被貶官而鬱鬱而終。由於菅原學究深厚，也是位詩人，所以獲得了「學問之神」的稱號，而天滿宮亦特別受莘莘學子的歡迎。

北野天滿宮佔地極廣，建築風格受桃山文化（1573-1603年）影響，外觀講求燦爛奪目、金碧輝煌。北野天滿宮也是全國首屈一指的賞梅勝地，每逢2月下旬至3月中旬，神宮的梅苑都會開滿梅花。至紅葉的時節，就可以前往擁有300顆楓樹，景色美不勝收的紅葉苑賞楓。

樓門

北野天滿宮梅苑

三光門

紅葉的時節，神宮晚上會舉行廟會賞楓。

INFO

京都市上京區馬喰町 | 075-461-0005 | 5:00am-6:00pm；10-3 月 5:30am-5:30pm | 免費入場，參觀寶物殿 ¥1,000 | http://kitanotenmangu.or.jp

## 金碧輝煌
# 金閣寺

**Map**14-2

乘 101、102、204、205 號巴士於金閣寺駅下車

金閣寺原名「鹿苑寺」，在應永四年(1397年)建成。「鹿苑寺」這個名字是取自室町時代第3代幕府將軍足利義滿的法名。足利義滿在任期間，日本南北朝獲得統一，是室町時代政治、經濟和文化最為強盛的時期。為了頌揚政績，他斥資為舍利殿外層鋪滿金箔作裝飾，所以鹿苑寺後來被稱為「金閣寺」。

現在的金閣寺是在1955年重修，在1987年更換上新的金箔裝飾。1994年，金閣寺獲聯合國教科文組織指定為世界文化遺產的重要歷史建築，與富士山並列為日本具代表性的名勝。

INFO

京都市北區金閣寺町 1 | 075-461-0013 | ¥400 | 9:00am-5:00pm | https://www.shokoku-ji.jp/kinkakuji/

一休僧(網上圖片)

### 巴巴閉閉一休僧

如果有番咁上下老餅，兒時一定有睇過《機靈小和尚》這動畫，故事主角除了足智多謀的一休大師，還有幕府將軍足利義滿；而金閣寺，琵琶湖等京都名勝，更時會在動畫出現。原來一休真有其人，更是天皇之後，因為足利義滿奪權，便令一休與生母分離，在京都安國寺出家，以免皇室有後代。

## 世界聞名枯山水園林 03

# 龍安寺

**Map**14-2

四条河原町站乘 59 號巴士於龍安寺前站下車

龍安寺是臨濟宗妙心寺派的寺院，以石庭而聞名。龍安寺創建於寶德2年（1450年），本尊為釋迦如來，被列入為世界遺產。1975年英女王伊麗莎白二世訪問日本時曾參觀龍安寺內的庭園，之後更贊不絕口，令龍安寺世界聞名。多年來有不同專家對園中隱含的結構作深入研究，不過平民百姓的我們只要在庭園內放鬆身心，又何須理會箇中含意。

INFO

京都市右京區龍安寺御陵下町 13 | 075-463-2216 | 3 月 1 日至 11 月 30 日 8:00am-5:00pm；12 月 1 日至 2 月末 8:30am-4:30pm | 成人（15 歲及以上）¥500，15 歲以下兒童 ¥300 | http://www.ryoanji.jp

**Map**14-2

## 御所寺廟

# 仁和寺

乘 26 號巴士於御室仁和寺駅下車

仁和寺與皇室的因緣很深，因歷代天皇幾乎都皈依佛門，而仁和寺從公元888年開始，便有許多皇族於此落髮出家，因此仁和寺又稱為「御室御所」，而栽種在寺內的櫻花也被稱為「御室櫻」。寺內的御室櫻有200棵，開花時期比其他櫻花要晚一些，是京都人每年賞櫻的壓軸高潮。

INFO

京都市右京區御室大內 33 | 075-461-1155 | 3-11 月 9:00am-5:00pm；12-2 月 9:00am-4:30pm | 入寺免費，御殿票價 ¥500，靈寶館 ¥500，御室櫻開花期間特別參拜費 ¥500 | http://www.ninnaji.or.jp

## 此粟不同彼粟 Map14-2

# 粟餅所 澤屋 05

北野天滿宮步行 5 分鐘

粟餅所 澤屋是北野天滿宮一帶著名的食肆，開業至今已有300多年。門口大大隻字寫著粟，卻不是我們熟悉的粟米(玉米)食物，而是北野的名物粟餅。粟餅的材料與粟米毫無關係，而是日文小米的意思。店家以小米製作近似麻糬的點心，有條形的沾黃豆粉的和球形的沾紅豆泥的兩種。粟餅口感柔軟，吃起不太甜膩，而且是現叫現做，非常有誠意，值得支持。

粟餅三個(紅梅) ¥450
粟餅五個(白梅) ¥600

INFO

京都市上京區紙屋川町 838-7 | 075-461-4517 | 9:00am-5:00pm（周四休息）

## Map14-2 人氣豆腐丼

# 06 とようけ茶屋

北野天滿宮步行 5 分鐘

とようけ茶屋位於北野天滿宮附近，每天未到午餐時間門口已出現長長人龍。這裡專門提供豆腐料理，雖然比不上其他百年豆腐老店如順正、奥丹等古色古香，但菜式勝在多變。除了最具人氣的豆腐丼(とようけ丼)，豆腐乳酪、黑豆豆腐、炸豆腐及烤豆腐通通有齊，訂價亦遠比老店便宜，所以招來大班食客幫襯。

豆腐丼(とようけ丼)
有主菜和小碟，只售¥880。

非常特別的豆腐乳酪。

INFO

京都市上京區今出川通御前西入ル紙屋川町 822 | 075-462-3662 |（食肆）11:00am-2:30pm，（物販）9:00am-5:30pm，周四休息

# 馳名蕎麥麵 07

# 權太呂 Map14-2

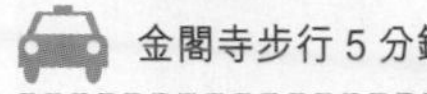

金閣寺步行 5 分鐘

權太呂在京都共有三家店，金閣寺分店在金閣寺和龍安寺之間，店內有古色古香的小庭園，裝潢是傳統的和式風格，二樓還設有雅致的包廂，私隱度十足。純手打蕎麥麵是權太呂的主打美食，而日式火鍋等傳統料理也極有水準。店內的蕎麥麵還有季節限定，按不同季節推出不同口味，例如春天當然是加入櫻花元素。加上店家採用食材也是以不時不食的原則，令食客何時都能嘗到最新鮮的京式味道。

にしんそば ¥1,100

INFO

京都市北區平野宮敷町 26 | 075-463-1039 | 11:00am-9:30pm | http://gontaro.co.jp/

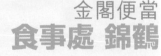

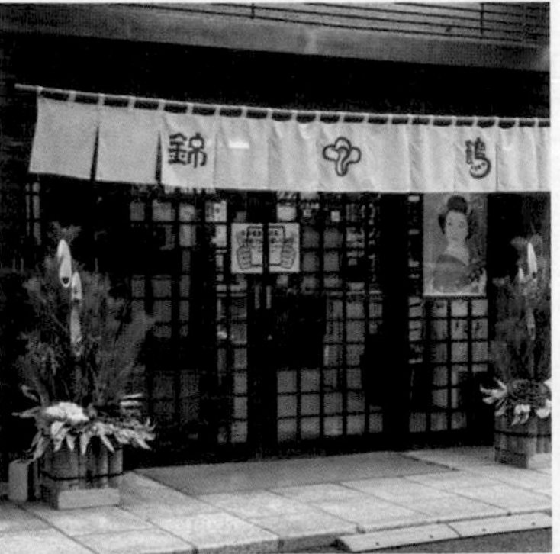

金閣便當 ¥2,820。

Map14-2

# 金閣便當

# 食事處 錦鶴 08

金閣寺步行 5 分鐘

日本最高的石燈籠。

食事處 錦鶴就在金閣寺門外，是參觀完金閣寺之後開餐的好選擇。這裡近水樓臺，所以招牌菜式索性冠名「金閣便當」，用直徑 30 厘米的大碗，裝滿了京都蔬菜和腐竹（豆腐皮）等京都特產。由於選材會按時令而改變，所以沒有固定的菜單。除了金閣便當，這裡也會提供不同的套餐，最經濟的兒童餐（¥1,650）也有，中庭更放置了據説是全日本最高的石燈籠，細緻的雕刻顯出京都工匠非凡的手藝。

INFO

京都市北區衣笠馬場町 30-5 | 050-5484-4172 | 11:00am-10:00pm | https://kinkaku.owst.jp/

## 繪馬發祥地
# 貴船神社

**Map**14-2 ⑨

京阪電車出町柳駅轉乘叡山電鐵於貴船口下車，再於對面乘巴士 33 號往貴船神社下車，步行 8 分鐘

全日本有450多家貴船神社，而位於貴船的是總本社。貴船神社的創建年份不詳，根據記載應有約1600多年的歷史。神社所在的位置是賀茂川的水源地，供奉水之神、降雨之神。每逢7月7日這裡都會舉行「貴船水祭」，有許多從事和水有關行業的人都會前來參與祭典。相傳貴船神社是繪馬(日本神社祈願的排牌)的發祥地，而神社的水占卜亦非常有趣，籤文遇水才會出現。

民間也稱貴船神社為緣結神社，而所謂的「緣」不單是指戀愛的緣份，也可理解為人與人、人與事物的聯繫和關係，亦有很多人慕名而來，求神明賜一段好姻緣。

據説貴船神社是繪馬的發祥地，最初真的用黑、白兩種色的馬祈願，後來逐漸演變成用木板牌代替。

信眾投￥200入錢箱拿取籤文，再放到神水上面，籤文便會顯現出來。

**INFO**

京都市左京區鞍馬貴船町 180 | 075-741-2016 | 6:00am-8:00pm | http://kifunejinja.jp/

### 前往貴船交通：

前往貴船，最方便的方法就是乘京阪電車到出町柳，再轉乘叡山電鐵前往。特別是從大阪出發的人，可乘地下鐵御堂筋線到淀屋橋便可乘搭京阪電車。如果住在京都，可於JR京都車站前的巴士總站，乘坐17號巴士前往出町柳駅下車，再轉乘叡山電鐵前往。兩者的乘車時間大約是1小時。

# 夏季限定流水麵 ⑩
# ひろ文 Map14-2

從貴船神社向上步行約 6 分鐘

每逢夏天，京都的氣溫可以高達攝氏35-38度，而貴船便成為納涼避暑的勝地。貴船區流淌著貴船川，加上四周都是樹木綠葉，所以在盛暑時也不至京都市區的高溫。沿著這裡的河川，興建了不同的料理旅館，盡用天時地利，在綠樹林蔭下、潺潺流水旁，享用特色的「川床料理」。ひろ文是當地著名的川床料理，有簡單的流水麵(5-9月提供)，也有豐富的宴席料理。客人可選擇在河邊或精緻的和室用膳，甚至可在此留宿，品味貴船四季不同的景色。

INFO

京都市左京區鞍馬貴船町 87 | 075-741-2147 | 川床料理 11:00am-2:30pm，17:00-9:30pm(L.O.9:00pm)；流水麵供應日期：5 月至 10 月中旬 (11:00am-3:00pm) | ¥1,300 起 | http://hirobun.co.jp

無論室內或室外的布置都非常有心思。

流水麵 ¥1,300，同一組客人共用同一條導管，由白色麵條直到吃到最後粉紅色的紫蘇麵為止。

這裡上層提供川床料理，下層則提供流水麵。

用膳的和室有不同設計，這間就充滿農家的風味。

手作り豆腐御膳 ¥3,520，除了豆腐，還提供當地的河鮮「鮎魚」。

京都知名魚料理 Map14-2

# 鳥居茶屋 ⑪

 貴船神社鳥居旁

鳥居茶屋位於貴船神社石階旁，這裡最著名的是香魚茶泡飯（あゆ茶漬け）。香魚又名鮎魚，在河川長大，是夏天的特產，適合鹽燒或燜煮。茶屋先把香魚加入山椒等調味燜燒一夜，吃時把香魚放上白飯，灑上海苔，再淋上特製的茶湯，既爽口又清淡，非常適合夏天品嘗。除了茶漬飯，這裡的玉子鰻魚飯（うなぎ 玉子丼）也很有特色，烤香了的鰻魚上蓋上一塊厚厚的玉子燒，令口感非常豐富。

INFO

京都市左京區鞍馬貴船町 49 貴船神社表参道横 | 075-741-2231 | 11:00am-8:30pm，周二休息，6、7、8、11 月無休 | ¥1,800 起 | www.toriijaya.com

Map14-2 貴船神社老店

# ⑫ 川床料理 ひろや

 貴船神社鳥居旁

在貴船神社一帶有許多川床料理，而ひろや正正在貴船神社旁，可算佔盡地利。除了夏天到這裡吃流水麵，這裡四季也提供不同的料理，更提供住宿服務。如果喜愛貴船，不妨留宿一宵親親大自然。ひろや在昭和7年（1932年）創立，至今差不多一個世紀，雖然算不上是豪華旅館，卻充滿京式風情，收費亦不算昂貴，值得去體驗一下。

雙人房¥15,400起。

INFO

京都市左京區鞍馬貴船町 56 | 07-5741-2401 | 11:00am-7:00pm | https://kibune-hiroya.com/

## 時光倒流
# 下鴨神社

Map14-3B

京阪電車出町柳駅步行約 15 分鐘；或乘 205 號巴士於下鴨神社前站下車步行 3 分鐘

神社建於西元八世紀，是京都歷史最古老的神社之一。每逢5月15日都會舉行「葵祭」，葵祭是京都三大祭典之一，與祇園祭及時代祭齊名。葵祭源自欽明天皇五年（西元545年）因為飢荒和瘟疫蔓延而向「賀茂之神」獻祭，祭典時身穿古代裝束的隊列會以葵葉裝飾出遊，所以稱為葵祭。另一個重要日子是7月舉行的「御手洗祭」，一樣吸引很多人來參加。

葵祭為京都三大祭（葵祭、祇園祭、時代祭）之一，祈求農作豐收。祭典的隊伍都會妝點葵葉，由京都御所出發到達下鴨神社，全程一公里。

INFO

京都市左京區下鴨泉川町 59 | 075-781-0010 | 6:30am-5:00pm | www.shimogamo-jinja.or.jp

### 京都唯一森林

整個下鴨神社被一個已經有四千年歷史的原始森林包圍著，這個森林叫「糺の森」，佔地12萬4千平方公尺，面積相當於3個東京巨蛋。森林跟下鴨神社一起獲列為世界文化遺產，也是京都唯一的森林。

## 隱世米芝蓮三星料理
# 吉泉

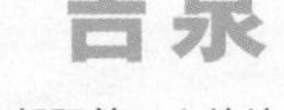

Map14-3B

京阪電車出町柳駅步行約 15 分鐘；或於 JR 京都駅前巴士總站，乘 205 號巴士於下鴨神社前站下車步行 5 分鐘

吉泉位於下鴨神社附近，門面非常低調，卻是吃京都頂級懷石料理的名店，更獲運為米芝蓮三星食肆，實力非凡。主廚谷河吉己被譽為亞洲頂級主廚，懷石料理的大師級人物。由他領導下，吉泉在多個美食節目獲勝，其後更順利摘星。不過要品嘗這裡的美食除了收費不菲，更一位難求。想吃神級料理，記得預早訂位。

おせち <五人前>，盛惠每位￥129,600。

INFO

京都市左京區下鴨森本町 | 050-5872-9318（預約專用）| 12:00nn-2:30pm；6:00pm-10:00pm | 午餐 ￥10,000-15,000，晚餐 ￥20,000-30,000 | http://www.kichisen-kyoto.com/

## 亞洲風味 Cafe Map14-3B

# さるぅ屋 SALUTYA ⑮

京阪電車出町柳駅 2 號出口步行約 5 分鐘

さるう屋由町家建築改建，舖面佈置舒適，甚至設有小庭園點綴。這裡最出名的食物包括咖喱和漢堡，甜品和咖啡亦有水準。餐廳的座位有普通的餐椅、沙發，甚至榻榻米座席，無論一個人或一班朋友開餐都找到合宜空間。

INFO

京都市左京區田中下柳町 14 | 075-203-6552 | 11:30am-11:30pm | http://salutya.exblog.jp/

## 美樂飄揚 Map14-3B

# 柳月堂 ⑯

京阪電車出町柳駅 6 號出口步行約 3 分鐘

柳月堂的老闆陳桑是台灣人，他開設的柳月堂可謂集多功能於一身——既是麵包店、咖啡廳，又是試聽室。據說因為老闆酷愛音樂，所以斥資打造一處可容納二十多人的試聽室。客人可以在試聽室裡自行挑選音樂，一邊嘆香濃咖啡，一邊欣賞靡靡之音。

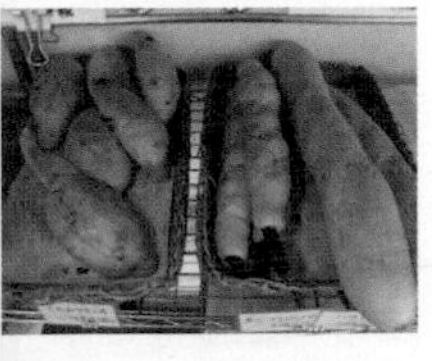

INFO

京都市左京區田中下柳町 5-1 | 075-781-5162 | 10:00am-9.00pm

## 爵士喫茶店 Map14-3B

# LUSH LIFE ⑰

京阪電車出町柳駅 6 號出口步行約 1 分鐘

LUSH LIFE 是一間只能容納15人左右的小店，非常有村上春樹筆下咖啡廳的氛圍。無獨有偶，老闆夫婦都是Jazz的愛好者，不但在店內大播心水作品，偶然還會邀請樂手即場演奏。有時間在店內坐坐看看小說，隨時會讓人融入村上的故事中。

INFO

京都市左京區田中下柳町 20 | 090-1909-0199 | 12:00nn-10:00pm；周二休息 | www.lushlife.jp

## 人山人海手作仔 Map14-3B

# 百万遍手作市場 ⑱

京阪電車出町柳駅 1 號出口步行約 10 分鐘；或乘 17、206 號巴士，於百万遍下車

每月一度的手作市場，就在百万遍知恩寺內舉行。這個市集的貨品包羅萬有，食物如咖啡、麵包及農產品；衣飾如包包、T恤、小飾物和擺設都在這裡找到，全部標榜自家手作，非常有誠意。

INFO

京都市左京區田中門前町 103（百万遍知恩寺內）| 075-781-5162 | 每月 15 日；8:00am-4:00pm | www.tedukuri-ichi.com

## 淡雅樸素 銀閣寺

**Map**14-3A ⑲

乘 100、102、203、204 號巴士於「銀閣寺道」下車

銀閣寺本名為「慈照寺」，建於延德2年(1490年)，是由足利家族所建立。銀閣寺是參照金閣寺而建，不過建金閣寺正值足利家族的全盛期，到興建銀閣寺時，家族已一片蕭條，所以銀閣寺用上較低調的建築風格，跟金閣寺耀眼奪目分別甚大。

在枯山水庭園的銀沙上，有一座以白沙堆成的向月台，於江戶時代設置，據説在滿月的時候，可以將月亮返照入閣。

東求堂及庭園。

INFO

京都市左京區銀閣寺町 2 | 075-771-5725 | 夏天 (1/3-30/11)-8:30am-5:00pm；冬天 (1/12-28/2)-9:00am-4:30pm | https://www.shokoku-ji.jp/ginkakuji/| 入場費 ¥500

## ⑳ 紅葉櫻花共賞 哲學之道

**Map**14-3A

乘 100、102、203、204 號的巴士於「銀閣寺道」下車

哲學之道是因為昔日的哲學家西田幾多郎經常在此路上沉思散步，終於在1972年正式命名。步道由銀閣寺開始至若王子橋，全長大約2公里。途中不乏一些古色古香的茶屋及寺廟，路旁亦種滿櫻樹。該處的櫻樹稱為「關雪櫻」，因為由京都名畫家橋本關雪的夫人栽種因而得名。

哲學之道終點若王子橋。

哲學之道沿途有很多古雅的茶室及食肆，非常配合氣氛。

INFO

京都府京都市左京區銀閣寺町

## 英倫風古董cafe
# Gospel

㉑ **Map**14-3A

乘 100、102、203、204 號的巴士於「銀閣寺前」下車，步行 5 分鐘

餐廳以Gospel(福音)命名，原來該建築物本來是用作美籍建築師兼傳教士 William Merrell Vorie 建築事務所及私宅之用。Gospel樓高兩層，地下是販售古董的茶館「迷子」，二樓則是用膳區。餐廳內部全部用上英國古董家具，提供日式西餐，氣氛和食物都很吸引。

INFO

京都市左京區淨土寺上南田町 36 | 075-751-9380 | 12:00am-6:00pm；逢周二休息 | ¥900 起

**Map**14-3A

## 長龍京都麵店
# ㉒ おめん 銀閣寺本店

乘 100、102、203、204 號巴士於「銀閣寺道」下車，步行 5 分鐘

おめん以手打烏龍麵而聞名，店家100%日本產小麥，不但香氣濃郁，而且口感Q彈。這裡的醬汁以鰹魚和昆布為底，所以特別鮮味，用來沾冷麵吃分外惹味。除了烏龍麵，這裡的野菜、豆腐及天婦羅都很有水準，所以門前常見長龍。

生麩の味噌田樂

INFO

京都市左京區淨土寺石橋町 74 | 075-771-8994 | www.omen.co.jp | 11:00am-9:00pm | ¥1,280 起

## 咖喱烏冬老店
# お多やん

㉓ **Map**14-3A

京都市巴士 5、17、203「銀閣寺道」下車步行約 1 分鐘

お多やん於昭和十六年開業至今，當店人氣No.1的咖喱烏冬，一碗索價只是¥730，採用的食材卻都一點也不馬虎，滋賀縣產的九条蔥、近江米，加上京都的優質靚水，煮出來的烏冬特別軟滑。

INFO

京都市左京區淨土寺西田町 72-3 | 075-275-4974
11:00am4:00pm、5:00pm-11:00pm(周三休息)

## 奉旨放火

# 大文字山

Map14-3A ㉔

由銀閣寺步行 10 分鐘即達登山口

大文字山又稱如意嶽（如意 ケ嶽），是京都東山的一座山峰，高472公尺。很多遊人在遊覽銀閣寺及哲學之道之餘，也會登山享受大自然。不過大文字山最聞名之處，是每年舉行的五山送火。話説每年8月16日晚上，環繞京都盆地的五座名分會分別用火砌出「大」、「妙」、「法」與鳥居的圖形。其中大文字山的「大」字篝火率先燒起，為儀式揭開序幕。五山送火是京都人非常重視的傳統，祈求去災避邪，也是宣告京都夏天的結束。

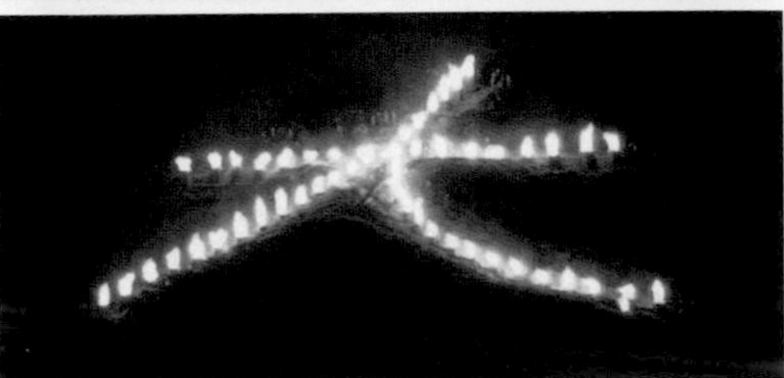

沒有火祭的日子，也可登山遠足，順道看看五山送火的場地。

「大」字的第一劃（橫）長80米、第二劃（撇） 長160米、第三劃（捺）長120米，總共在75個地點設置火堆。

INFO

京都市左京區粟田口如意ケ嶽町

餐廳地方不大，不像一些高級懷石料理店有包廂提供。

Map14-3A

## 古法炮製

# ㉕ 草喰 なかひがし

京阪電車出町柳駅下車再乘的士約 8 分鐘

草喰是銀閣寺一帶著名的和式料理餐廳，曾獲米芝蓮二星級評價，店主中東久雄先生對於食材的挑選十分嚴格，時常會親自往鄉間了解食材源頭及質素。餐廳主營京都料理、懷石會席料理，以不時不吃為原則，不時會推出季節限定的菜式。餐廳對飯食非常講究，特別添置了兩個陶鍋和灶煮飯，確保以最傳統的方式，烹出最溫軟香糯的米飯，到訪時記得不要錯過。

陶鍋和灶，用最傳統方式煮飯及烤魚。

INFO

京都市左京區淨土寺石橋町 32-3 | 075-752-3500 | 12:00nn-1:00pm，6:00pm-9:00pm，周一休息 | 完全預約制，每月1日接受翌月訂座。(只限電話訂座) | http://www.soujiki-nakahigashi.co.jp/

國家級名勝

# 平安神宮

Map14-2

㉖

乘 100 巴士於京都會館美術館前站下車步行 5 分鐘

平安神宮建於1895年，為紀念日本古都平安遷都1,100周年而建，供奉著在京都在位的第一位和最後一位天皇。前往平安神宮，首先會經過全日本最大的鳥居（高24.4米，寬33米），之後便看到有神門之稱的應天門。走進應天門，便可直往平安神宮。神宮分為大極殿、內拜殿和本殿，而神宮後面是神苑，內有多個池塘和庭園，布局精緻古雅，是國家級名勝。京都三大祭祀之一的「時代祭」每年10月22日在平安神宮舉行，屆時，身著古裝的隊列和車馬組成的儀仗隊會再現古都風貌。

京都市左京區岡崎西天王町 97 | 075-761-0221 | 6:00am-6.00pm | 門票：參觀神宮免費；參觀神苑成人 ¥600、兒童 ¥300 | http://www.heianjingu.or.jp

日本最大的鳥居。

白虎塔，也是平安神宮神苑入口。

尚美館。

Map14-2

㉗

古都特色商場

# 京都・時代祭館十二十二

匯聚京都各地名物的土產店。

京都市巴士 5、32、46 號及洛巴士 10 或 100 號，於「岡崎公園 美術館・平安神宮前」下車步行約 5 分鐘

京都平安神宮每年10月舉行的「時代祭」至今已超過120年歷史，是京都3大祭典之一。「京都・時代祭館十二十二」便是以時代祭為主題的商場，瀰漫著古都特色。館內進駐了30家店舖，結集全國以至世界各地的特色料理及商店，雖然地方不算大卻令人目不暇給。

然花抄院以平安神宮鳥居為主題的抹茶拿鐵。

INFO

京都市左京區岡崎天王町 97-2 | 075-752-1022 | 10:00am-6:00pm | https://1022.kyoto

古都書香

# 京都蔦屋書店

Map14-2

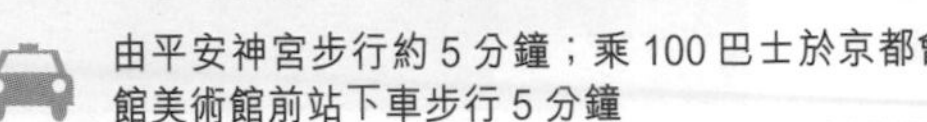

由平安神宮步行約 5 分鐘；乘 100 巴士於京都會館美術館前站下車步行 5 分鐘

當今日本把空間統合得如此有格調兼親民的高手，蔦屋書店實在無出其右。2016年開幕的京都岡崎蔦屋書店，坐落於有50多年歷史的前京都會館之內。書店共分三層，除了自家書店和老拍檔Starbucks之外，在2樓還設有京式料理京都モダンテラス，提供時令京都名菜。另外在3樓設有BOOK & ART GALLERIA，專攻藝術書籍及藝文表演。除靜態的閱讀，地下更提供電動單車租賃服務，方便讀者身體力行認識古都。

京都モダンテラス設有露台，食客可以一面品嚐美食一面欣賞古都的美景。

INFO

京都市左京區岡崎最勝寺町 13 | 075-754-0008 | 8:00am-10:00pm | http://real.tsite.jp/kyoto-okazaki/

百年町家改建

# 藍瓶咖啡

Map14-2

29

京都市巴士 5、46、100、101 號，於岡崎公園美術館・平安神宮前站下車步行約 10 分鐘

建築融合「京町家」的古樸特色，吸引大批「藍粉」來朝聖。

來自美國的品牌咖啡店Blue Bottle Coffee，於2018年3月進駐京都，開設關西一號店。作為海外第8間分店的藍瓶，捨棄一貫的工業風設計，選擇落腳於百年町家老屋，即使沒有奢華的大改造，卻出現另一種韻味。這裡前身是一所旅館，分成前、後兩棟木屋和日式庭院，店方將牆身換上落地玻璃窗，打造一種通透明亮感。空氣中總是瀰漫著濃郁的咖啡香，吧枱上一整排店員在手沖咖啡，這裡供應的咖啡與一般連鎖店有所區別，所有咖啡豆從生豆到烘焙，堅持48小時內完成，保證新鮮出品，贏來不少口碑。

京都市左京區南禪寺草川町 64 | 9:00am-6:00pm | https://bluebottlecoffee.jp

#商店街 #鴨川納涼 #京料理

# 河原町

# Kawaramachi

## 交通 往來河原町

JR京都駅 → 四条河原町 → 河原町三条
市巴士・205號巴士(河原町通)12分鐘

JR京都駅 → 四条駅
地鐵・烏丸線4分鐘

八阪神社/河原町 → 四条通
徒步約10分鐘

## 重點推介

**先斗町通**
食街風情

**川床料理**
夏季限定

**錦市場**
京都之廚房

MAP 15-2 河原町
烏丸御池駅
姉小路通
京都文化博物館
三条通
河原町三条
六角通
高倉小學
地下鐵烏丸線
蛸藥師通
東洞院通
烏丸通
高倉通
錦市場
鮮魚。木村
錦大安。居酒屋
打田漬物
堺町通
柳馬場通
富小路通
生果。川政
日昇別莊
錦水館
松井本館
要庵西家
東橫Inn
大丸
四条烏丸
四条高倉
阪急電鐵烏丸駅
四条駅
四条通
FamilyMart
01. 錦市場 15-4
02.Snoopy 茶屋 15-5
03. 京都大丸 15-6
04. 英多朗 15-6
05. 六角堂 15-7
06.cocon karasuma 15-7
07. キムカツ京都店 15-8
08.miel-mie 15-8
09.OFFICINE UNIVERSELLE BULY 15-9
10.Cafe Independants 15-9
11. 蛸藥師堂 15-10
12. 錦天滿宮 15-10
13. 新京極通 15-10

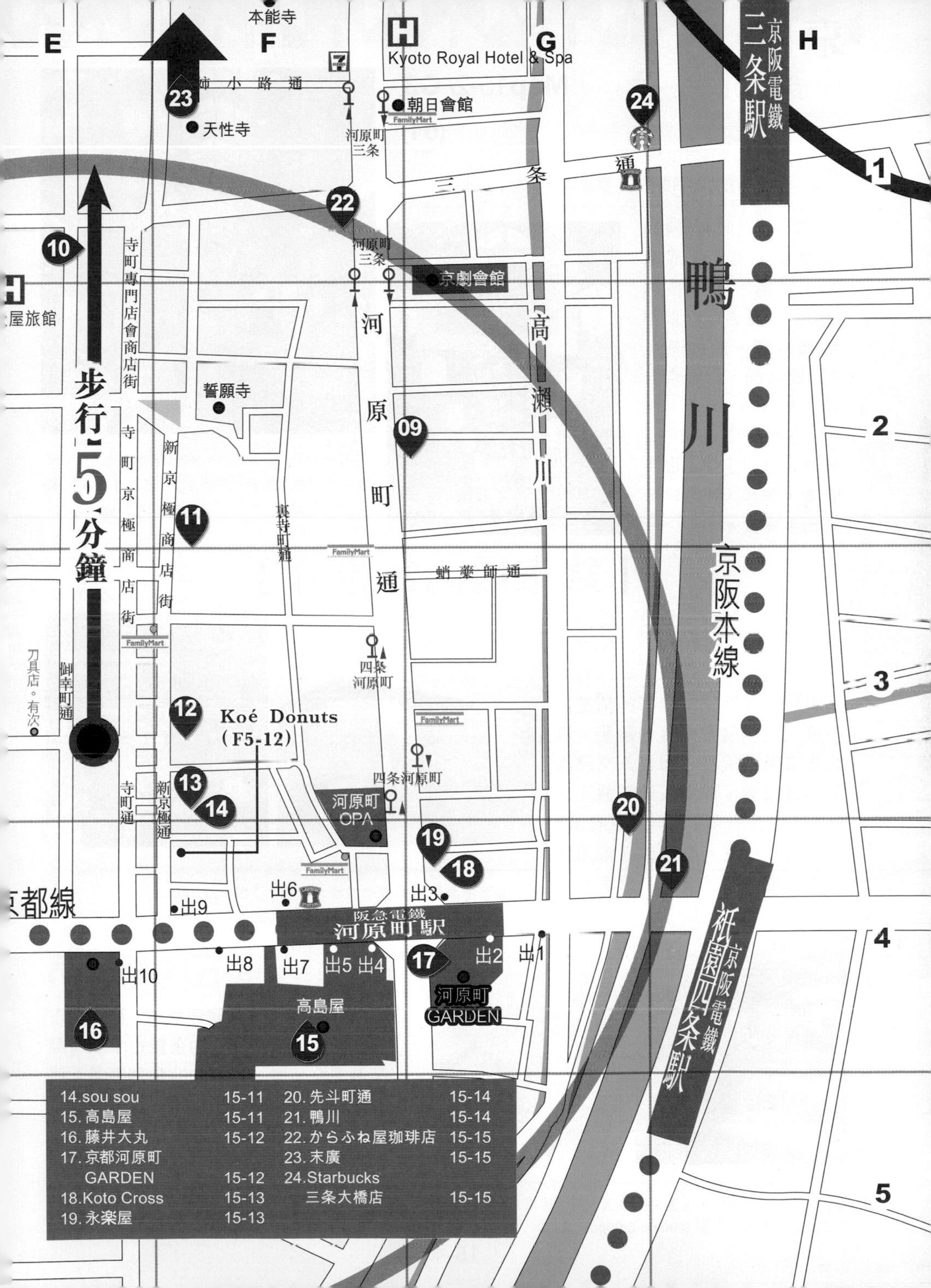


| | | | |
|---|---|---|---|
| 14.sou sou | 15-11 | 20. 先斗町通 | 15-14 |
| 15. 高島屋 | 15-11 | 21. 鴨川 | 15-14 |
| 16. 藤井大丸 | 15-12 | 22. からふね屋珈琲店 | 15-15 |
| 17. 京都河原町 GARDEN | 15-12 | 23. 末廣 | 15-15 |
| 18.Koto Cross | 15-13 | 24.Starbucks 三条大橋店 | 15-15 |
| 19. 永楽屋 | 15-13 | | |

## 京都庶民生活 錦市場

Map15-2/ C3

(01)

 地下鐵烏丸線四条駅 21 號出口步行約 4 分鐘

錦市場已經有成400年歷史，有「京都廚房」之稱。此街長達390米，貫通寺町京都至高倉通。街內有近130間店鋪，售賣京野菜、乾物、菓子、海鮮、漬物和壽司等不同食物，很多店舖還提供試食，讓客人揀啱口味才出手掃貨。

INFO

京都市中京區錦小路通 | 075-211-3882 | 9:00am-6:00pm(視乎各店而異) | www.kyoto-nishiki.or.jp

## 【錦市場商舖推介】

### 三木雞卵 

三木雞卵早於昭和三年(1928)已開店，近百年來主打的都是玉子燒。三木嚴選優質的雞蛋，再把北海道利尻昆布和柴魚烹調高湯加進蛋漿，成為人氣蛋餅。三木的玉子燒有多款口味，更有3種大小可以選擇。試過你就會知道雞蛋這種日常的食材，原來也可以炮製得如此美味。

INFO

京都市中京區錦通富小路西入北側 | 075-221-4003 | 9:00am-4:00pm，周六日及假日至 5:00pm

京都市中京區錦小路通富小路西入東魚屋町 185 | 075-221-2094 | 9:00am-6:00pm

### (1b) 田中雞卵

田中雞卵與三木雞卵齊名，都是錦市場玉子燒的名店。它的蛋餅也是以特製高湯混合蛋漿，所以吃時特別香滑。這裡提供小串蛋餅，可以讓客人淺嚐，不怕吃太多。除了玉子燒，田中還有多款以雞蛋為材料的小吃，其中混合味噌雞蛋和牛乳的乳蛋餅，融合了日本和西方的技法，同樣大受歡迎。

# 黑豆茶庵 北尾

北尾創業於1862年，主打黑豆料理，並採用京都丹波產黑豆之中最高級的「新丹波黑」製作料理及甜點。到這裡一定要嘗「黑豆御膳」，客人可自行用石臼將黑豆磨成粉，再將黑豆粉撒在糯米糰子上吃，好玩又美味。

黑豆御膳，有黑豆漬、黑豆飯、黑豆腐、黑豆天婦羅等，¥1,234。

黑豆丸子，¥926

INFO

京都市中京區錦小路通麩屋町西入東魚屋町 192 | 075-212-0088 | 門市 9:00am-6:00pm，茶室 11:00am-6:00pm



Map15-2/ C3

02

## Snoopy • 和風 Cross-over

# SNOOPY 茶屋　京都 • 錦

地鐵烏丸線四条駅步行約 3 分鐘

「Snoopy 茶屋」分別在伊勢、由布院、京都和小樽開設分店，不單有售賣精品的商店，並設的食肆亦提供一系列融合傳統的Snoopy造型食品。可惜京都分店在2022年11月下旬裝修重開後便不再提供主食，反而增加了不少甜點及飲品。本來二樓的餐廳也改裝成以史諾比的小鳥朋友——胡士托為主題的「Wood-Stock Nest」，販賣胡士托造型精品和甜品。不只史諾比粉絲，喜歡這可愛小小鳥的朋友亦歡迎來逛逛看。


二樓的WoodStock Nest。


Sweet Canere ¥ 1,296

Cube Cream Puff (4個) ¥1,728

宇治抹茶拿鐵¥518、芭菲¥1,298、燒餅¥1,320(4個)

京都分店尊重傳統，外觀為和式設計。

INFO

京都市中京區錦小路柳馬場西入中魚屋町 480 番地 | 075-708-7174 | 商店：10:00am-6:00pm，外賣亭至 5:30pm | http://www.snoopychaya.jp/ | https://woodstock-nest.jp/

## 大丸發源地
# 京都大丸

03

阪急京都線烏丸駅東出站即達

香港人闊別多年的大丸，其實是於京都起家的，內裡一貫百貨公司格局，有齊各式男女裝及家居雜貨。就算不打算進來走走，晚間也不妨走到商場門外，欣賞帶古典歐陸建築色彩的地面長廊，在亮起燈後甚有味道，是拍照留念的好時刻。

重視社會責任，以產品支持第三世界婦女的Motherhouse。

著名和菓子店京都北山在大丸設有分店(B1F)。

同樣以京都和菓子聞名的笹屋伊織(4F)。

INFO

京都市下京區四条通高倉西入立売西町 79 番地 | 075-211-8111 | 10:00am- 8:00pm | http://www.daimaru.co.jp/kyoto/index.html

## 坊間少見柚子湯拉麵
# 英多朗

04 Map15-2/ B3

阪急京都線烏丸駅步行約 3 分鐘

英多朗是區內數一數二的人氣食店，店舖對麵條跟湯底都下了不少工夫。店內主打的麵食為烏冬，全以人手製作，配上店內推薦的咖喱汁，彈牙又惹味。拉麵也是不少人的心水之選，全因湯底用上大量雞骨及鰹魚乾熬成，那份鮮味令麵條也變得生色不少。推介坊間少見的柚子拉麵，清香的柚味就在每一口濃湯之中，帶來與別不同的清新感覺。

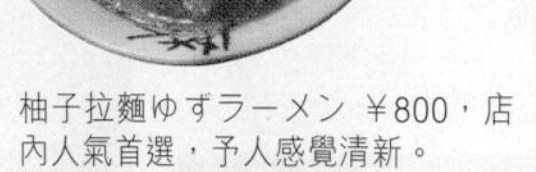
柚子拉麵ゆずラーメン ¥800，店內人氣首選，予人感覺清新。

天婦羅烏冬加迷你白飯¥1,320，啱晒大胃一族。

INFO

京都市中京區錦烏丸東入ル元法然寺町 683 烏丸錦ビル 1F | 075-211-2239 | http://www.kyoto-eitaro.com/ | 11:00am-2:00pm，5:30pm-10:00pm，周六及假日至 9:00pm，周日休息

## 締結良緣 六角堂

05 **Map**15-2/ **B2**

地鐵烏丸御池駅步行約 3 分鐘

六角堂其實是天台宗的頂法寺，因本堂為平面六角形，故通稱「六角堂」。據說古代一位正在覓皇后的嵯峨天皇午夜夢迴，得到「到六角堂垂柳下相見」的神秘啟示，抵達後果然見一美女站在該處，自此吸引不少善信於這棵結緣垂柳前許願。

INFO

京都市中京六角通東洞院西入堂之前町 248 | 075 221-2686 | 6:00am-5:00pm

## 06 Map15-2/ A4 品味生活提案 Cocon Karasuma

地鐵四条駅 2 號出口直達

由知名建築師隈研吾操刀的 Cocon，外觀呈和式傳統「天平大雲」紋飾，極具藝術氣息。店內亦是以品味行先，4層高的大樓內都是 Actus、lisn 等設計味甚濃的店鋪，3樓更設有展覽場及演出場地，不時讓設計系學生在此舉辦展覽及表演。

### 【商舖推介】

**Lisn**

京都線香專門店，有超過150款不同顏色及味道的線香供選擇。

**京都 ddd 畫廊**

展出日本及海外優秀平面設計作品，免費入場。

**ACTUS Kyoto store**

佔地1990平方米，專售型格北歐餐具、廚具及雜貨。

INFO

京都市下京區烏丸通四条下ル水銀屋町 620 番地 | 075-352-3800 | 11:00am-12:00mn，店鋪營業時間各有不 | http://www.coconkarasuma.com/

## 廿五層吉列豚 Map15-2/ A4
## キムカツ 京都店 07

地鐵四条駅 2 號出口直達

店內強調100%使用國產優質豚，專挑最鮮嫩的里脊肉，削成超薄片後反覆摺疊，才蘸上麵包糠油炸，咬下會發現鬆脆多汁的吉列豚竟有25層之多！店舖更鑽研出芝士、梅子、胡椒等新口味，為吉列炸物帶來全新味道詮釋。

除了豬排，其他炸物的水準也非常高。

【最受歡迎4強】

ぷれーん(原味)
單品￥1,320/套餐￥1,848

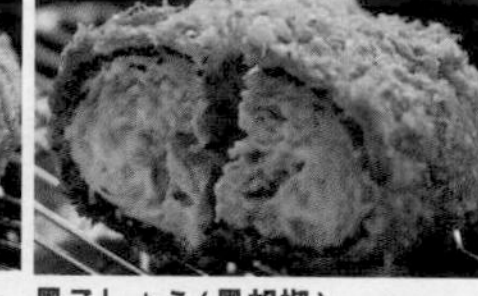

黒こしょう(黑胡椒)
單品￥1,320/套餐￥1,848

ちーず(芝士)
單品￥1,320/套餐￥1,848

がーりっく(蒜茸)
單品￥1,320/套餐￥1,848

INFO

京都市下京區烏丸通四条下ル水銀屋町 620 番地 Cocon Karasuma B1F | 075-352-1129 | 11:00am-10:00pm | http://www.kimukatsu.com/

## 08 京都國產蜂蜜老舖
## Map15-2/ D1 miel mie

地鐵烏丸御池駅 5 號出口步行約 10 分鐘

創業77年的蜂蜜專門店，一直以多樣化的國產蜂蜜而廣受注目。店內的蜂蜜來自全國各地，包括擷取自青森蘋果樹的蘋果味蜂蜜、來自宮崎的柑橘蜂蜜等，帶來不同口味。除了國產蜂蜜外，店內亦同時出售來自加拿大、西班牙等世界各國的蜂蜜，以及蜂蜜果醬、蜂蜜酒等一系列副產品。

店內的價目牌會詳列蜂蜜的口味，即使不諳日語，也可根據牌上對甜度判斷適合自己的口味。

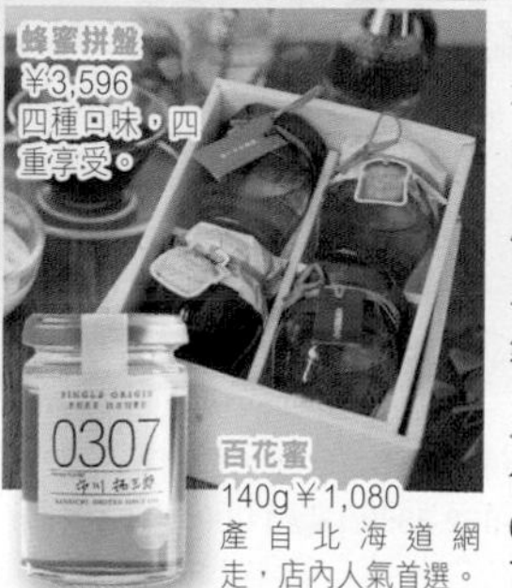


蜂蜜拼盤 ￥3,596 四種口味，四重享受。

百花蜜 140g￥1,080 產自北海道網走，店內人氣首選。

INFO

京都市中京區三条通富小路西入中之町 21 | 075-221-6639 | http://www.kaneichi-syouten.com/ | 10:00am-7:00pm，周日及假日開 11:00am

# 百年法國藥妝名店

Map15-2/ **G2** (09)

## OFFICINE UNIVERSELLE BULY

地鐵京都市役所前駅步行約 6 分鐘；阪急 ( 京都 ) 河原町駅 3 號出口步行約 7 分鐘

被《紐約時報》評價為「全球最時髦藥妝店」的OFFICINE UNIVERSELLE BULY創立於1803年，由法國知名調香師Jean-Vincent Bully所創辦，這次選址於河源町，結合京都風采，更顯東西方文化的美感。品牌主要出售無添加的香水及護膚品，依循古法配方再結合新技術，製成無防腐劑的產品，連香水常用的酒精和甘油也捨棄，傳承著品牌的古代美容療方。

Eau Triple又名三倍水，以水做為基底，不含酒精和甘油的香氛水。

INFO

京都市中京區山崎町 251 京都 BAL 1/F | 075-223-0501 | 11:00am-8.00pm | www.bal-bldg.com/kyoto

# 重回昭和舊時光

(10) Map15-2/ **E1**

## CAFE INDEPENDANTS

地鐵京都市役所前駅 8 號出口步行約 8 分鐘

咖啡店所在之1928大廈本為報社，建於昭和3年（1928年），由於大廈被市政府評定為有形文化財產，所以讓昔日的一磚一瓦保留下來。破落的牆柱、昏暗的燈光，營造獨有的藝術氛圍，店內會不定期放映年輕作家的映像作品，吸引不少大學生前來光顧。

INFO

京都市中京區三条通御幸町東入弁慶石町 56 1928ビル B1F | 075-255-4312 | 12:00nn-11:00pm | http://www.cafe-independants.com/

## 祝君健康 蛸藥師堂

Map15-2/ F2

⑪

阪急京都線 ( 京都 ) 河原町駅步行約 10 分鐘

跟錦天滿宮同處於新京極大街之中，這兒供奉的竟然是章魚！章魚其實是藥師如來的化身，傳說古時有位名善光的僧侶，其母久病不癒，遂因孝義破戒為母親買下她愛吃的章魚，村民發現了後紛紛責備，幸得藥師如來先生幫忙，將章魚神奇地變成發出靈光的經卷，其母的病亦隨即痊癒。現今民間凡有頭暈身熱，便會到此祈求病癒與身體健康。

用左手撫摸章魚木雕像以保健康。

以章魚救母的故事作畫的繪馬。

INFO

京都市中京新京極藥師東側町 503 | 075-255-3305 | 全天

## 拜神求分數 錦天滿宮

Map15-2/ F3

⑫

阪急京都線 ( 京都 ) 河原町駅步行約 5 分鐘

錦天滿宮建於1003年，於1587年遷至新京極商街現址至今，供奉的是掌管學問的神菅原道真，以求學業運最具名氣，不說不知，當地有不少傳說講述菅原道真公與牛的關係，因此凡以祈求學業、事業特別靈驗的寺廟，皆有牛的塑像，據風俗只需輕撫牛頭，可增進個人的智慧及集中力，讀書做事自然事半功倍。

投入￥200後，求籤機內的獅子會上演一幕獅子舞，把籤紙叼出來。

據說撫摸牛頭就能增長智慧。

INFO

京都市中京新京極通四条上ル中之町 537 | 81-75-231-5732 | http://nishikitenmangu.or.jp/ | 8:00am-9:00pm

## 全天候購物 新京極通

Map15-2/ F3

⑬

阪急京都線 ( 京都 ) 河原町駅步行約 3 分鐘

新京極通在明治時代已經和大阪千日前商店街、東京淺草仲見世通り齊名，是日本三大商店街之一。新京極通南起四条通、北至三条通，約有200家店鋪，無論書店、服裝、藥妝店及餐廳都有，更建有上蓋，可以全天候購物。而寺町通緊鄰著新京極通，有很多佛具老店及舊書舖。兩條街共長一公里，絕對可血拼個夠。

INFO

京都府京都市中京區新京極通 | 075-223-2426 | 因各店而異 | www.shinkyogoku.or.jp

## 延續傳統工藝 Map15-2/ F3

# SOU SOU 足袋 ⑭

阪急京都線（京都）河原町駅 9 號出口步行約 3 分鐘

SOU SOU 熱愛破舊立新，希望將日本傳統手藝發展成時尚設計，以足袋鞋打響名號後，SOU SOU 更加入伊勢木綿的傳統織布技術於自家設計之中，帶來款式多元又新穎的布藝紋樣鞋履，亦運用各式新派布料製作出布袋等各類型產品，甚至和法國品牌le coq sportif合作，推出讓適合腳踏車的休閒服飾，讓傳統技藝借新潮賣相傳承下去。

le coq sportif
運動足袋 ￥11,550

Asabura 茶竹涼鞋
￥4,389

Hello Kitty分 趾
足袋鞋 ￥9,350

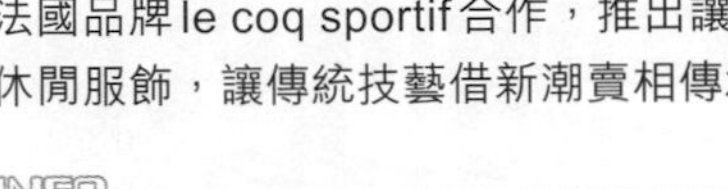

INFO

京都市中京區新京極通四条上ル中之町 583-3 | 075-212-8005 | 12:00pm-8:00pm，周三休息 | http://www.sousou.co.jp/

## Map15-2/ F4 ⑮ 日版連卡佛

# 京都高島屋

阪急京都線（京都）河原町駅 7 號出口出站即達

京都的高島屋位於河原町四条交叉口，也是京都最繁華的地帶，是該區其中一個地標。這裡的商品非常豐富，有不少大品牌在此設立專櫃，也內聚集了不少京都的人氣老店，如鳩居堂、一保堂、壹錢洋食、西利等，如果不打算遊大阪的話，這裡是個很好的掃貨點。

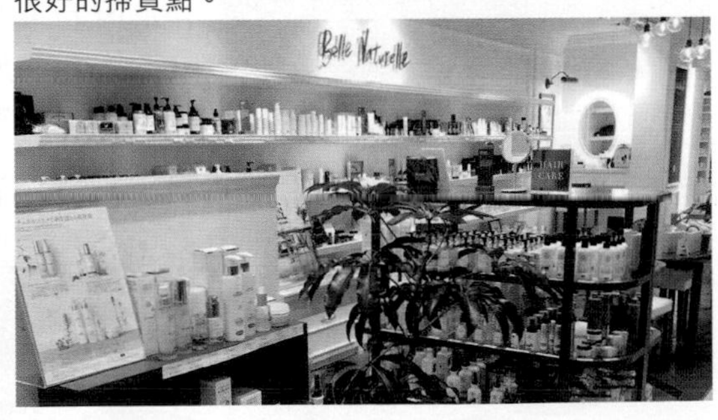

INFO

京都市四条通河原町西入真町 52 | 075-221-8811 | 10:00am-8:00pm | https://www.takashimaya-global.com/tw/stores/kyoto/

時尚至上 **Map**15-2/ **E4** ⑯

# 藤井大丸

阪急京都線 ( 京都 ) 河原町駅 10 號出口步行約 2 分鐘

名字裡雖有「大丸」二字，此商場卻與大丸分屬兩個集團。藤井以「替客人營造潮流生活」為宗旨，因此生活雜貨區域最值得一逛，諸如franc franc、marimekko、J-period 等皆在此開設分店呢！

以花花圖案聞名的 marimekko 在藤井大丸的分店。

INFO

京都市下京區寺町通四条下ル貞安前之町 605 番地 | 075-221-8181 | 10:30am- 8:00pm | www.fujiidaimaru.co.jp

**Map**15-2/ **G4** ⑰ 新舊交替

# 京都河原町 GARDEN

阪急京都線 ( 京都 ) 河原町駅步行約 2 分鐘

因為疫情關係，只有九年歷史的OIOI丸井百貨於2020年光榮結業。幸而商場很快便被其他財團接手，並於2021年4月以全新姿態，改名為京都河原町GARDEN重新開業。新商場1- 6F為「愛電王EDION」，銷售不同家電及3C產品，而7-8F則規劃為美食區，匯聚日本及世界的特色料理。至於1樓面對四条通大馬路側的區域，會開設「ONLY」，由京都北山裁縫師主理，為客人度身訂造高級洋服。

高級洋服店「ONLY」。

平價天婦羅專門店「カジュアル天ぷら門久」

鰻魚專賣店「炭櫓」

INFO

京都市下京區四条河原町東入真町 68 | 10:00am-8:00pm | www.kyoto-kawaramachigarden.com

## 阪急百貨 young line Koto Cross ⑱ Map15-2/ G4

阪急京都線(京都)河原町駅東改扎口3號出口直達

為慶祝2007年為創業100周年，阪急百貨當年於河原町通及四条通的交界點，開設了年輕新副線Koto Cross。「Koto」帶古都之意，而「Cross」就具有指出地理位置的意味。樓高7層，6樓的Sweet Paradise與1、2樓的Disney Store對女孩子更有特別的吸引力。

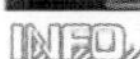

京都市下京區四条通河原町北東角 | 075229-8800 | 10:00am-10:00pm | kotocross.hankyu.co.jp/

## ⑲ 家傳戶曉漬物名店 永樂屋 Map15-2/ G4

阪急京都線(京都)河原町駅3號出口步行約1分鐘

相對眾多百年老字號，永樂屋的歷史不算悠久，由1946年至今不過63年。店內漬物眾多，昆布、貝柱、胡瓜等通通可作醃漬，不過要數店內最暢銷的，卻是其貌不揚的一口椎茸，用上九州大分縣出產的迷你香菇，加上醬油、糖等以傳統秘法慢慢熬煮，雖則看上去黑漆漆不甚討好，其獨特的香甜卻教當地人再三捧場。

やさい昆布 ¥880，包括竹筍、蓮藕、牛蒡及香菇等野菜，惹味非常。

一と口椎茸 ¥880，嚴選九州大分縣出產的迷你香菇以傳統秘法慢煮，瞬間征服味覺。

雖然是老店，不過都會提供新派甜品，例如非常受歡迎的抹茶新地。

京都市中京區河原町通四条上る東側 | 075-221-2318 | 1樓門市 10:00am-7:00pm，2樓茶室 10:00am-7:00pm | eirakuya.co.jp

## 納涼料理集中地 ⑳

# 先斗町通 Map15-2/ G4

阪急京都線(京都)河原町駅 3 號出口步行 5 分鐘

「先斗町」是指窄細的道路，而先斗町通就是夾在四条通和三条通間的一條狹窄的小巷。它是始建於江戶時期，憑歌舞伎表演和眾多的茶室及餐廳聞名。由於先斗町通鄰近鴨川河堤，所以這裡幾乎每家面向鴨川的餐廳都會在夏季提供「納涼床料理」，讓食客一邊用膳一邊欣賞鴨川的景色。

INFO

市中京區先斗町 | 075-223-2426 | 因各店而異 | http://www.ponto-chou.com/

## ㉑ 著名河川上散步

# 鴨川 Map15-2/ H4

京阪本線祇園四条駅出口即達

鴨川是流經日本京都府京都市淀川水系的一級河川，孕育了京都千年歷史文化。鴨川流域佔地極廣，不過現時提及鴨川，通常是指三条大橋、四条大橋和五条中橋的一段，河堤兩岸一邊是河原町，一邊是祇園，是京都最熱鬧的市中心。鴨川最為人津津樂道的是夏季限定之「納涼床」文化，而每年8月的七夕慶典，更是鴨川最熱鬧的日子。

「納涼床」是鴨川獨有特色，夏季限定！其他季節便看不見了！

INFO

京都府京都市鴨川

## 甜品天堂 Map15-2/ F1 22

# からふね屋珈琲店

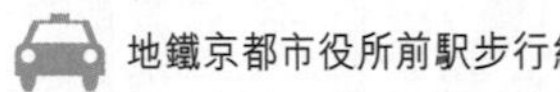

地鐵京都市役所前駅步行約 5 分鐘

Jumbo Chocolate ¥900

這家咖啡店於1972年開業，多年來不斷研發嶄新口味的芭菲杯，迄今店內可選的芭菲杯口味多達150款，在百多款甜品中，以Jumbo Chocolate最受歡迎，其餘的黑糖抹茶及皇家奶茶芭菲，都是人氣高企的口味。

INFO

京都市中京區河原町通三条下ル大黑町 39 | 075-254-8774 | 9:00am-11:00pm | karafuneya.jp/

INFO

京都市中る要法寺前町 711 | 075-231-1363 | 11:00am-6.00pm；周一、二休息 | http://sushi-suehiro.jp/

## 23 必嘗關西蒸壽司

# Map15-2/ F1 末廣

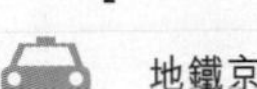

地鐵京都市役所前駅步行約 5 分鐘

壽司多是「生冷」的食物，不過吃關西名物「蒸壽司」便會帶來暖意。開業170年的末廣備受追捧，其壽司飯以著名千鳥醋調味後，依次放入各式配料，最後放入蒸籠蒸約15分鐘，比例與時間的準確拿捏，令人吃後感到身心皆暖。

## 納涼床風光 Map15-2/ G1 24

# STARBUCKS 三条大橋店

京阪本線祇園四条駅出口步行 5 分鐘

「鴨川納涼床」是京都名物，只有在鴨川旁的料理店客人可以享受。不過在6至9月期間，Starbucks也會開放戶外區予客人一邊嘆咖啡，一邊享受在鴨川旁納涼的閒息。

INFO

京都市中京區三条通河原町東入中島町 113 近江屋ビル 1F | 075-213-2326 | 8:00am-11:00pm | www.starbucks.co.jp

#藝伎 #神社 #美食

# 祇園 Gion

## 交通 往來祇園

JR京都駅 ● ● ● ● ● ● ● ● ● ● ● ● ● ● ● ● ● ● ● ● ● ● ● 祇園

市巴士 • JR京都駅巴士總站100號約17分鐘

河原町 ● ● ● ● ● ● ● ● ● ● ● ● ● ● ● ● ● ● ● ● ● ● ● ● ● 祇園

市巴士 • 四条烏丸或四条河原町巴士站207號約3分鐘或步行約5分鐘

## 重點推介

八坂神社
祈福勝地

花見小路
尋訪藝伎

一澤信三郎
帆布袋名店

Yojiya
人氣吸油面紙

消災解難

# 八坂神社

Map16-2/ E4

01

乘 100 號 /206 號巴士，於「祇園」站下車步行 3 分鐘；或乘京阪本線祇園四条駅 8 號出口步行 5 分鐘

八坂建於公元656年，是全日本三千座八坂神社的總本社。其後京都瘟疫橫行，京都人專程請來印度的牛頭神來驅散災禍，並供奉於八坂內，自此這裡成為人們祈求健康的熱門勝地。園內的樹木都有一定的歷史，神社裡種植了15棵樟木樹，其中4棵估計樹齡有650年以上，十分罕見。此外，本殿前有一美容水湧泉，據說對驅散疾病及美容皆很有功效呢！

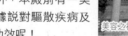

美容之神當然大受女士歡迎。

除了正路的神廟，這裡也有些「衰神」如瘟神，祈求避開惡運。

INFO

京都市東山祇園區祇園町北側 625 番地 | 075-561-6155 | 24 小時 | http://www.yasaka-jinja.or.jp/

大方丈室

02

國寶級寺院

# 知恩院

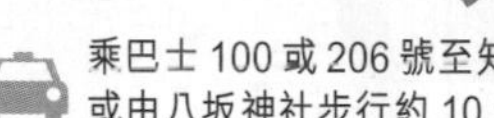

Map16-2/ H2

乘巴士 100 或 206 號至知恩院前駅下車；或由八坂神社步行約 10 分鐘

知恩院於1619年建成，是日本佛教淨土宗大本山的寺廟。知恩院有一扇日本最大的木門，高為24米，寬為50米，屬國寶級建築物，與南禪寺的「天下龍門」及東本願寺山門並列為日本三大山門。這門有三道入口，象徵「三解脫門」，即「空、無相、無願，通至涅槃」。知恩院還流傳「七不思議」事件，包括忘記傘、三面貓及白木棺等，期待每位訪客去發掘。

INFO

京都市東山區林下町 400 | 075-531-2111 | 9:00am-4:00pm | 御影堂 - 免費 ，友禪苑 - ¥300 | www.chion-in.or.jp

01. 八坂神社 16-1
02. 知恩院 16-1
03. 円山公園 16-4
04. 白川 16-4
05. 花見小路 16-4
06. 一澤帆布 16-5
07. 信三郎帆布 16-5
08. よーじや 16-6
09. 永楽屋 細辻伊兵衛商店 16-6
10. 花郷 16-7
11. 倭美坐 16-8
12. かづら清老舗 16-8
13. Mijas Pittoo 16-8
14. 祇園牛禅 16-9
15. 松葉 16-9
16. 福栄堂 16-9
17. 壹錢洋食 16-9
18. おはぎの丹波屋 16-10
19. いづう 16-10
20. 茶寮都路里 16-10
鴨川
京阪本線
京阪電鐵三条駅
東京阪前總站
三条京阪前
新門莊
新橋通
白川
花見小路
步行5分鐘
知恩院前
四条京阪前
四条京阪前
祇園
四条通
茶寮都路里
祇園辻利本店（F4-2）
一力茶屋
京都祇園
東大路通
菊梅
東山
南座
京阪電鐵祇園四条駅
出2
出3
出4
出5
出7
出8
出9
=藝伎（Geisha）工作的茶屋

E
F
G
H
川町商店街
青蓮院正門
浩德院
華頂短期大學
先求院
知恩院古門
華頂通
黑門
知恩院
02
知恩院新門
三門
南門
八坂神社
01
03
円山公園
南樓門
北
MAP 16-2
祇園
旅館畑中
坂之上
1
2
3
4
5

景色一絕

# 円山公園

Map16-2/ G4

03

穿過八坂神社即達

円山公園與八坂神社相鄰，佔地9萬多平方米，絕美的環境一直是日本人賞櫻與紅葉的好去處。園內種了近850株櫻花樹，當中更長有一株高約12米、樹齡逾80年的巨大垂櫻，令這裡被日本各大雜誌推舉為「賞櫻必遊的100名所」。

INFO

京都市東山區円山町 473 | 075-222-3586

04

古都之泉

# 白川

Map16-2/ B3

乘 100 號或 206 號巴士，於「祇園」駅下車步行 3 分鐘；或乘京阪本線祇園四条駅 8 號出口步行 5 分鐘

祇園的知名河流，由祇園中心一直延伸至銀閣寺附近，淙淙流水加上沿岸垂柳，絕美的自然景象是日本人一向嚮往的飲食意境，因此白川兩旁都築有不少優雅餐館，而河岸附近更設有人力車，帶你漫遊白川與祇園的知名景點。

INFO

京都市東山區白川

訪尋藝伎之地

# 花見小路

05

Map16-2/ C4

乘 100 號或 206 號巴士，於「祇園」駅下車；或乘阪急京都線祇園四条駅 8 號出口步行 5 分鐘

要尋找藝伎的身影，花見小路是必到之處，狹長的街道上盡是高級茶屋及餐館，不少有藝伎駐紮表演。如果想找出有藝伎表演的食店，只需留意掛在門外的燈籠有否印上「舞伎」二字，不過此類食店一般收費高昂，好些更須提早預約。

INFO

京都市東山區祇園町

# 【祇園手信名店】



## 京都名物 Map16-2/ D1 06
# 一澤帆布 / 信三郎帆布

乘巴士 100 或 206 號至知恩院前駅下車步行約 5 分鐘

一澤帆布在1905年由一澤喜兵衛開創，傳至第二代卻分家為「一澤帆布」及「信三郎帆布」。2011年，喜兵衛三子信三郎把「信三郎帆布」、「信三郎布包」與「一澤帆布」合併，成為現時的「一澤信三郎帆布」，並保留三個品牌。一澤帆布產品選用重228克以上的厚帆布製作，所以包包特別挺身耐用。品牌秉承了京都傳統紡織的手藝，由剪裁至縫合都一絲不苟，但款式卻非常時尚，甚有文青的感覺，配合京都濃厚的歷史文化氛圍，成為最受歡迎的京都手信。

牛奶袋￥11,000
原來設計是可放20瓶牛奶，所以用圓底設計，非常有特色。

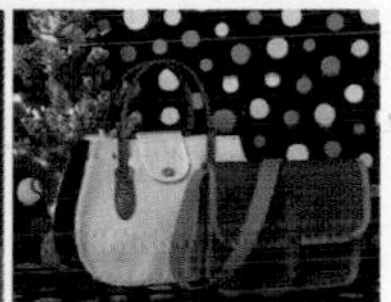

INFO

京都市東山區東大路通古門前上ル高畑町 602 | 075-541-0436 | 10:00am-6:00pm；周二休息 | www.ichizawa hanpu.co.jp

## 07 Map16-2/ D3 一澤家系列
# 㐂一澤

乘巴士 100 或 206 號至知恩院前駅下車步行約 2 分鐘

喜一澤由一澤信三郎的四弟一澤喜久夫創辦，他在上世紀70年代已開始於一澤帆布負責生產工。2010年，喜久夫自行創業，店舖設於一澤帆布附近，招牌上三個「七」字，就是「喜」字的日义古阜書體。喜一澤師承於一澤帆布，所以二者的產品風格都非常相似，只是喜一澤布袋以純色為主，較一澤帆布單調，但亦有一種質樸無華的感覺，至於造工精巧細緻則是毋庸置疑。

INFO

京都市東山區東大路新橋上ル西側 | 075-531-1296 | 周六、日及假日 11:30am-5:30pm，平日不定休息 | http://ki-ichizawa.com

## 人氣吸油面紙 Map16-2/ C4
# よーじや Yojiya 08

乘 100 號或 206 號巴士，於「祇園」站下車；或乘京阪本線祇園四条駅 7 號出口步行 5 分鐘

よーじや吸油面紙是很多女士到京都必買的手信，這帶有金箔成分、吸油力特強的面紙，從前就因深得藝伎的歡迎而聞名全國。除吸油面紙外，よーじや各種護膚品、彩妝用品、化妝工具都深受女士歡迎。

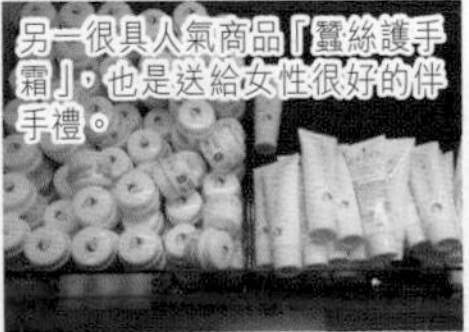

另一很具人氣商品「蠶絲護手霜」，也是送給女性很好的伴手禮。

色彩繽紛的祇園店限定吸油面紙，¥570。

吸油面紙用的和紙叫「陳紙」，沿用古法將嚴選的和紙多次和金箔一起捶打，令纖維更細緻，質感更柔和，吸油力特強。

INFO

京都市東山區祇園四条花見小路東北 | 075-541-0177 | 11:00am-7:00pm | www.yojiya.co.jp

## Map16-2/ B4 家傳戶曉的町家手拭
# 09 永楽屋 細辻伊兵衛商店

乘 100 號或 206 號巴士，於「祇園」站下車；或乘京阪本線祇園四条駅 7 號出口步行 2 分鐘

祇園店共有2層，2樓設有展覽室，展示不同年代的町家手拭圖案，免費入場。

桃太郎町家手拭¥2,200，店內最受歡迎的款式。

店鋪自元和年間（1615-1625年）以販賣棉織品起家，至今已傳至第14代，其獨創的町家手拭在京都可謂無人不曉，當中尤以2000年推出的一眾圖案最受好評。說來有趣，這些圖案原來是於明治至昭和初期（約1870-1940年間）設計，於1999年由現今老闆在倉庫裡無意中發現，才得以重見於今時今日的新作品上呢！

INFO

京都市東山區四条通大和大路東入祇園町北側 242 | 075-532-1125 | 11:00am-6:00pm | www.eirakuya.jp

### 何謂「手拭」？

手拭近似日常用來的毛巾，但是手拭巾比普通的毛巾顏色和設計都豐富，不只可以用來擦汗，也可以當作絲巾，包禮物，甚至作為房間裝飾。

# 舞伎懷石晚宴 ⑩
# 花鄉 Map16-2/ B5

乘 100 號或 206 號巴士，於「祇園」站下車步行 3 分鐘；或乘京阪本線祇園四条駅 7 號出口步行 5 分鐘

想體驗最古老的京都風貌，必得到花見小路一趟。當中以懷石料理出名的花鄉，內裡的和室以北山杉及檜木等天然木材建造，據説它們所散發的天然木香有安心寧神的療效。料理則純以當時最新鮮的季節食材製作，配合講究的盛器，向客人展示京料理對賣相嚴格細膩的一面。店內更可安排舞伎同場，帶來與別不同的晚宴體驗。

INFO

京都市東山區花見小路四條下ル｜075-561-3311｜11:00am-3:30pm，5:00pm-10:00pm｜http://www.gion-hanasato.jp/

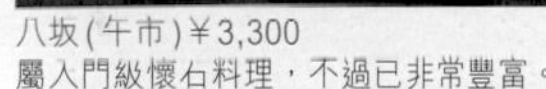
除了日式食物，花鄉亦有提供各類西式食品。

## 【懷石料理】

「懷石」指的是僧人在坐禪時在腹上放上暖石以對抗飢餓的感覺。懷石乃日式高級料理之一，對食材極為考究，不單要求高檔次，更不時不食，甚至連食器都非常講究。完整的料理可分為14道菜，包括八寸（當造的菜蔬）、先附（開胃小菜）、向付け（當造的魚生）炊き合わせ（蔬菜、肉類等食材切小塊悶煮）、蓋物（湯或茶碗蒸）、焼物（如烤魚）、酢餚（醋醃漬的小菜）、冷鉢（以冰鎮過的食器來盛放如麵條或蝦蟹肉等熟食）、中豬口（酸味的湯）、強餚（主菜，一般為豬牛或海鮮等）、御飯（米飯）、香物（當造的醃製蔬菜）、止椀（醬湯）、水物（水果）。

祇園懷石料理（晚市）
￥11,000，合共12道菜。

圓山懷石料理（晚市）
￥16,500，合共13道菜。

八坂（午市）￥3,300
屬入門級懷石料理，不過已非常豐富。

白川（午市）￥4,400
比八坂高一級，但相對食物種類亦較多。

舞伎懷石宴（晚市）￥8,800
合共11道菜，所用食材都是京都本土的產物。

一站式京風大樓

# 倭美坐

⑪ **Map**16-2/ **C4**

乘巴士 100 或 206 號至祇園站下車步行約 3 分鐘；或乘京阪本線祇園四条駅 7 號出口步行 3 分鐘

由推廣傳統的會社「くろちく」創立的複合式和風消費大樓，樓高4層，1樓為手信商店集中營，售賣和菓子、和服、和紙文具等。2樓為知名抹茶店「茶寮都路里」及「祇園辻利」，3、4樓則為酒店。

INFO

京都市東山祇園町北側 275 | 075-533-0770（各店有異）| 10:00am-7:00pm

INFO

京都市東山區祇園町北側 285 | 075-561-0672 | http://www.kazurasei.co.jp/ | 10:00am-6:00pm（周三休息）

**Map**16-2/ **D4**

椿油美肌老店

# かづら清老舖

⑫

乘 100 號或 206 號巴士，於「祇園」站下車步行 2 分鐘；或乘京阪本線祇園四条駅 7 號出口步行 5 分鐘

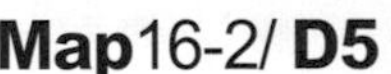

かづら清發售以純正椿油製作的護膚護髮產品，店內椿油擷取自長崎五島列島四季孕育的山茶花，以自家特製手法壓榨出當中的天然油分，對滋潤肌膚及修護頭髮均特別有效。

歐洲風滿載

# Mijas Pittoo

**Map**16-2/ **D5** ⑬

乘 100 號或 206 號巴士，於「祇園」站下車步行 10 分鐘；或乘京阪本線祇園四条駅 7 號出口步行 15 分鐘

Mijas Pittoo是一家專賣歐洲風味精品的小店，店舖樓高3層，1樓放滿雜貨，有京都風情的，也有店主特地從俄羅斯及東歐二手市場搜刮回來的精品，而2樓是咖啡店；地庫1樓則以售賣各式女裝服飾為主。

INFO

京都市東山區月見町 6 | 075-533-1010 | 1:30pm-8:00pm

# 【祇園推薦食肆】

## 百多元任涮和牛 ⑭
## 祇園牛禪 Map16-2/D3

乘 100 號或 206 號巴士，於「祇園」站下車步行 3 分鐘；或乘京阪本線祇園四条駅 7 號出口步行 8 分鐘

牛禪地方寬敞，鍋料理提供「壽喜燒」、「涮涮鍋」及「燒肉」，可隨意配搭。肉類小可按等級選一般牛肉、上牛肉、國產牛肉及黑毛和牛等，全部貨真價實，更設中文菜單，120分鐘內任食，最平的HK$200有找！

上牛放題 ¥3,800(含稅)，雖然價錢較貴，不過上牛肉味道的確與別不同。

INFO

京都市東山區祇園町北側 323 祇園会館 4F | 075-533-3344 | 5:00pm-11:00pm | http://www.k-company.net/gion-gyuzen/

## 京都庶民美食 ⑮
## 松葉本店 Map16-2/ A4

京阪本線祇園四条駅 7 號出口步行 1 分鐘

松葉是祇園的百年老店，首推的名物乃「鯡魚蕎麥麵」。店家把鯡魚曬乾後，用醬油、味醂、酒、糖等醃漬，叫作「鰊棒煮」(鰊是鯡的日文)。吃麵時，店家把鰊棒煮、柴魚高湯、醬油、昆布和砂糖等混為一起，味道略甜，卻能連魚骨也吞下。本店除了餐廳，一樓還有商品銷售區，是土產伴手禮的入貨地點。

INFO

京都市東山區四条大橋東入ル川端町 192 | 075-561-1451 | 10:30am-9:00pm(周三、四休息)| www.sobamatsuba.co.jp

## 用心製作菓子老號 ⑯
## 福栄堂 Map16-2/ B4

京阪本線祇園四条駅 7 號出口步行約 3 分鐘

沒有華麗的門面，福栄堂一直以來只踏實地製作著傳統和菓子，強調全部使用優良的素材、人手鮮製及不加防腐劑，90年來堅持著傳統的態度，不但吸引到附近的舞伎與歌舞伎們成為這裡的常客，其糕點更奪得當地第13屆菓子博覽會獲賞。

INFO

京都府京都市東山區大和大路通四条上る廿一軒町 226 | 075-561-3078 | 10:00am-10:00pm | https://issen-yosyoku.co.jp/fukueidou/

## 京都風燒餅 ⑰
## 壹錢洋食 Map16-2/ B4

京阪本線祇園四条駅 7 號出口步行約 3 分鐘

壹錢洋食於大正時代(1912-1926年)創業，由於當時物資缺乏，店家以剩菜與麵粉混合成為燒餅出售，並把舖名改為「壹錢」，是比喻只要用一個桐板就買到的便宜食物。但時至今日，一個燒餅已經要800円，但價錢依然親民。

INFO

京都市東山區祇園町北側 238 番地 | 075-533-0001 | 11:00am-1:00am，周六及假日前至 3:00am，周日及假日 10:30am-10:00pm | www.issen-yosyoku.co.jp

## 人龍小吃店 Map16-2/ B4

# おはぎの丹波屋 ⑱

京阪本線祇園四条駅 7 號出口步行步行約 3 分鐘

從早到晚都人龍不絕的外賣小店，以糯米製小吃為主，燒糰子、糯米棒、紅豆飯、大福餅、紅豆白玉……傳統和式街頭小吃通通都整齊排列在店門前讓人隨意挑選，價錢每份由 ¥60起。平日店內亦提供即燒即吃服務。

**燒醬油丸子** ¥120
一客兩顆，軟糯味濃。

INFO

京都市東山區祇園町北側 240 | 075-533-3332 | 10:00am-6:00pm | http://www.ohaginotanbaya.co.jp/

## ⑲ 二百年鯖姿壽司之王

# いづう

Map16-2/ B3

乘 100 號或 206 號巴士，於「祇園」站下車步行 5 分鐘；或乘京阪本線祇園四条駅 7 號出口步行 8 分鐘

INFO

京都市東山區八坂新地清本町 367 | 075-561-0751 | 11:00am-10:00pm，周日及假日至 9:00pm | http://izuu.jp

いづう的鯖姿壽司在材料以至做法均顯出心思。鯖魚從專屬的批發商處再三精選，並以自家香醋及優質海鹽醃好；壽司飯則採用滋賀米，在飯粒吸收充足的調味醋後，把醃好的鯖魚放在醋飯上壓成長條狀，再以上等醋醃海帶包裹一晚，完成品魚脂豐厚、肉質紮實，魚香飯香融為一體，美味至極。

## 抹茶多重奏 ⑳ Map16-2/ B4

# 茶寮都路里(祇園本店)

乘 100 號或 206 號巴士，於「祇園」站下車；或乘京阪本線祇園四条駅 7 號出口步行 3 分鐘

辻利於1860年創立，後分家成祇園辻利和宇治辻利，茶寮都路里是祇園辻利旗下的店。店內人氣No.1是抹茶芭菲，最頂層是抹茶鮮忌廉，然後是抹茶Castella 蛋糕、抹茶果凍、軟滑雪糕，以及最底層的抹茶黑蜜，從不同口感感受到濃郁的宇治抹茶香氣。

INFO

京都市東山區四条通祇園町南側 573-3 祇園辻利本店 2-3 階 | 075-561-2257 | 10:30am-7:00pm，周六日及假日至 8:00pm| www.giontsujiri.co.jp/saryo

#逛寺廟 #和服體驗

# 清水寺
# Kiyomizu

## 交通 往來清水寺

| 出發 | 交通 | 目的地 |
|---|---|---|
| JR京都駅 | 市巴士‧JR京都駅巴士總站100號或206號約15分鐘 | 清水道 / 東山五条 |
| 河原町 | 市巴士‧四条烏丸巴士站206號約11分鐘 | 清水道 / 東山五条 |

## 重點推介

清水坂
京味老街

Starbucks
京都二坂寧店
榻榻米星巴克

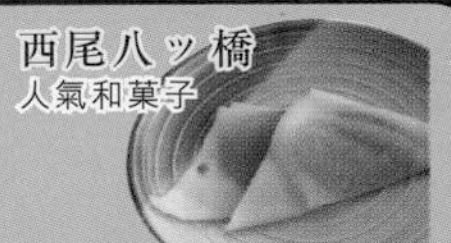
西尾八ッ橋
人氣和菓子

MAP 17-2
清水寺
01. 清水寺 17-3
02. 清水坂 17-6
03. 二寧坂 17-6
04. 三年坂 17-6
05. 本家西尾八ツ橋 17-7
06. 元祖八ツ橋西尾為忠商店 17-8
07. 七味家本舗 17-8
08. 土井志ば漬本舗 17-8
09. 朝日陶庵 17-9
10. 錦古堂 17-9
11. 瓢箪屋 17-10
12. 松栄堂 17-10
13. 神田竹細工店 17-11
14. 八坂塔 17-11
15. 岡本 17-12
16. び和ん 17-12
17. 清水坂ガラス館 17-13
18. 陶葊八坂店 17-13
19. 京阿彌 17-14
20. 普門庵お福の里 17-14
21. 清水順正おかべ家 17-15
22. 日月庵 17-15
23. Starbucks京都二坂寧店 17-15
24. おちやのこさいさい 17-16
25. 天(TEN) 17-16
26. 奥丹 17-16
27. 阿古屋茶屋 17-16
円山公園
四条通
西楼門
祇園
京都祇園
北
東大路通
阪之上
旅館元奈古
円德院
力彌
東山安井
靈山觀音寺
二年坂
八坂庚申堂（F5-10）
法觀寺八坂之塔
步行5分鐘
清水道
清水小學
清水坂
三年坂
真福寺
寶德寺
五条坂
清水新道
東山五条
五条通

# 京都重點景區 01
# 清水寺 Map17-2/ D5

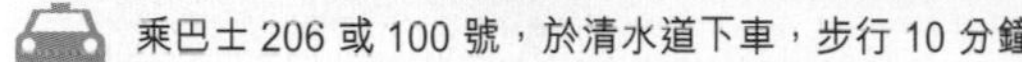

乘巴士 206 或 100 號，於清水道下車，步行 10 分鐘

清水寺建於西元798年，其後因為多次遭大火摧毀，至1633年德川家康時代，才修建成現今之貌。清水寺內裡別院眾多，最著名的是清水の舞台。所謂舞台，其實是大殿前懸空的部分，用來在菩薩面前表演舞樂之用。舞台的底部用了139根高數十米的巨大圓形檜木支撐，全部利用入榫的方式，不用一根釘，精巧而宏偉的程度，令人嘆為觀止。

清水寺於1994年獲列入世界文化遺產名錄，除了參拜和欣賞古蹟，這裡也是賞櫻勝地。在花季期間，寺內更特設夜間參觀時段，以射燈將櫻花及寺廟照耀，既莊嚴又美麗。

晚上的清水寺，又有另一番景致。

INFO

京都市東山區清水 1-294 | 075-551-1234 | 6:00am-6:00pm | 大人 ¥400、中小學生 ¥200 | www.kiyomizu-dera.or.jp | 關門時間隨四季而變更，如遇有夜間參拜時間，會於 5:30pm 關門，夜間參拜的開放時間為 6:30pm-9:00pm，夜間參拜會於春天櫻花季節、夏天八月及秋天賞楓季節開放。

# 【清水寺大解構】

## 本堂

本堂是伽藍(本是梵文，即僧侶共住的園林，所指的是寺廟)建築中的「佛殿」，即是供奉觀音的地方。現時看到的本堂，是德川家光年代(即1633年)重修的模樣，當時保留本堂內清水觀音所在的舊土壇，將本堂與舞台重修，現時已列為國寶，是清水寺內最珍貴的建築。

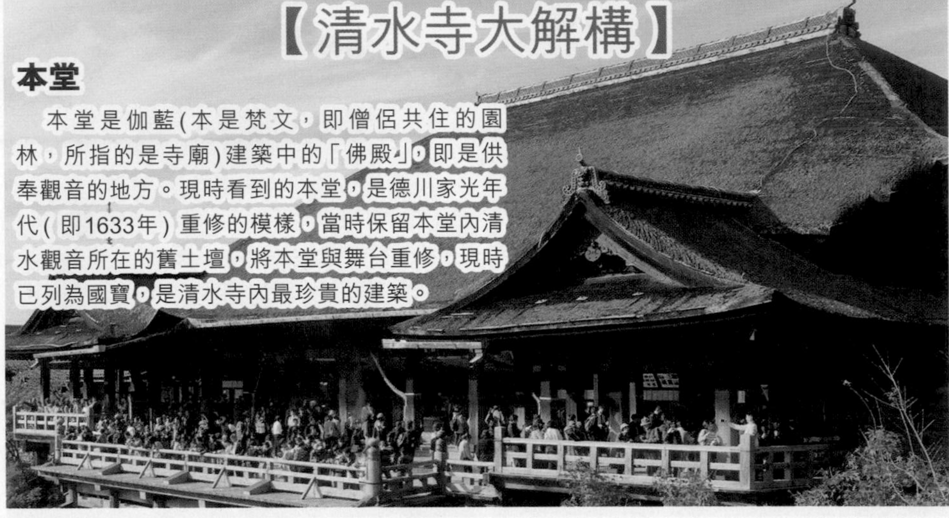

## 仁王門

仁王門是清水寺的正門，高約10米，門的左右兩旁置有帝釋天化身的二天仁王，右面開口的「阿形」為「那羅延金剛力士」，而左面閉口的「吽形」剛為「密密迹金剛力士」。門前樓梯有一對狛犬守護，這對狛犬跟一般的不同，一般狛犬是一隻開口一隻閉口，而這裡卻是兩隻都是張開大口，據説是象徵福氣。

## 隨求堂

隨求堂供奉「隨求菩薩」，據説是可滿足眾生願望的秘佛。除了參拜，遊客可花￥100摸黑進到菩薩的胎內(肚子)，裡面有一塊發光的石頭，上面寫了一個梵文字(音讀HARA)，意思是讓人暫時「無眼耳鼻舌身意」，嘗試「無眼界，乃至無意識界」，在黑暗中見到一點光，寓意重生的意思。

## 清水寺三重塔

清水寺三重塔最初建於平安初期(847年)，現時的三重塔是寬永9年(1633年) 時重建。三重塔高31米，是日本最大的三重塔。塔的「塔刹」(塔頂尖端的部分)極長，刹身以九環相輪環繞，刹頂有兩顆寶珠，設計非常特別。這裡供奉了大日如來佛，而牆壁的四周都繪製了真言八祖壁畫，天井與柱子上都有彩繪密宗的飛天與龍。

## 音羽の滝

清水寺名字的由來，便是這個音羽の滝。這一個小瀑布的水數千年來從音羽山流出，獲列入「日本十大名水之首」。瀑布被截成三截，分別是「學問成就之水」、「戀愛成就之水」及「延命長壽之水」，不過每人每次只可選擇一種水來喝，而且只能喝一口，否則無法實現所求；喝了兩口或三口，祈求的願望的成功率會降低。

## 地主神社

本堂的右後方是地主神社，神社供奉的是掌管姻緣的大國主命及其他關於姻緣的神明，所以很多人都稱地主神社為京都最古老的月老。神社前面有兩個相隔10米左右的「戀占之石」，據説能閉上眼從一端不偏不倚走到另一端，願望就能成真。

## 不用一根釘子建造

清水寺本堂面積約190平方米，整座都不用一根釘子建造。如果順著指示從清水舞台走到音羽之滝旁的階下梯，就會看到本堂舞台的底部。整個建築用了139根高數十米的巨大圓形檜木支撐，縱橫交錯組成一格一格等邊方格，利用入榫的方式，支撐了本堂幾個世紀。由於不用釘，所以對安全問題十分嚴格，據説所選用的檜木可用800年，根據重修年份，下次重修應該是2430年。

## 京都傳統手信集中地 (02)

# 清水坂

Map17-2/ C4

 乘巴士 100 或 207 號，於清水道下車行約 10 分鐘

從仁王門進入清水寺，最後必定會走到清水坂，也是清水寺一帶伴手禮的集中地。在這裡可找到著名的清水燒陶瓷、各式的和菓子及抹茶食物等。雖然路有些斜而且遊人很多，不過沿途有很多試飲試吃，逛街也滿有樂趣。

INFO

清水坂 | 各店不同，約 10:00am-6:00pm

Map17-2/ B3

## 攞命斜 (03)

# 二寧坂

 乘巴士 100 或 207 號，於清水道下車行約 10 分鐘

二寧坂是從產寧坂至高台寺的路，日本人的「坂」即「坡」，意思是斜坡的意思。因為道路建於大同二年（西元807年），所以又稱為「二年坂」。二寧坂兩旁都是手工藝店與餐廳，而Starbucks最新的概念店，也設在二寧坂百年的町屋之內。不過二寧坂這段路實在幾斜而又路窄，天雨路滑要格外小心。

Starbucks最新的概念店，也坐落於二寧坂上。

INFO

二寧坂

## 小心PK

Map17-2/ C4

# 產寧坂(三年坂)

 乘巴士 100 或 207 號，於清水道下車行約 10 分鐘

走到「清水坂」與「五条坂」的路口，右轉就是著名的「三年坂」。產寧坂之名，是因為這裡曾是通往子安塔的參道，子安塔是專門祈求婦女平安生子的地方，因此稱為「產寧」，意思為生產平安。至於「三年坂」，有說是因為石階陡峭，從前有一傳聞「如果在三年坂跌倒，則三年內必死」。不過較可信是因為此路建於大同三年（西元808年），所以又稱三年坂。

INFO

產寧坂

# 【清水寺手信名店】

生八橋發祥地 Map17-2/ C4

## 本家西尾八ッ橋 05

乘巴士 100 或 207 號，於清水道下車步行約 7 分鐘

京都名物八橋分為兩種，除了質地較像餅乾的八橋餅，還有一款以甜麵粉皮包裹著不同餡料的「生八橋」。位於清水坂、距離清水寺不遠的生八橋名店「本家西尾」，就幾乎是遊客必到的生八橋掃貨之地。生八橋外皮有點像班戟皮，質感軟糯香甜，若嫌傳統紅豆餡太甜，店內至今已發展出多達20種口味，青蘋果、芝麻、鹽味都有，不過由於屬生菓子，保存期一般只有一星期，入貨時要注意。

### 最受歡迎的甜食伴手禮
### 八ッ橋あんなま

到關西旅行幾乎每個人都會買的八橋餅，原來已有三百多年歷史。八橋餅分軟糯的「生八橋」及似煎餅的「元祖八ッ橋」兩款，又以前者較受歡迎。「生八橋」的皮用米磨成粉狀，加入砂糖、大豆粉、寒天酵素等造成，把皮蒸熟，中間包著餡料。不過留意保存期最多七天，開封後最好一次過吃完。

元祖八橋

生八橋

**秋の三色八橋餅** ¥1,200
內有肉桂、抹茶及栗子八橋餅各4個。

**抹茶蛋糕** ¥880
以日本國產米粉而非傳統麵粉製作，口感特別。

INFO

京都市東山清水坂 1 丁目 277 | 075-541-1677 | 8:00am-5:00pm | www.8284.co.jp

鬆脆煎餅手信 Map17-2/ C4 06

# 元祖八ッ橋西尾為忠商店

乘巴士 100 或 207 號，於清水道下車行約 7 分鐘

在清水坂上有很多賣八 ツ橋的商店，這家也經常人山人海，更以售賣元祖的八 ツ橋為賣點。八 ツ橋是像迷你瓦片般的餅乾，和軟糯的「生八橋」口感非常不同。這店門口有師傅即場製作示範，又設有試吃，不妨先試一下口味是否適合才決定選購那一款八橋餅。

INFO

京都市東山區清水 2-232 | 075-541-4926 | 8:30am-5:00pm

木の瓢簞、七味小袋 (15g) ￥2,349
混合唐辛子、黑白胡麻、山椒及青紫蘇等七種香料，再以葫蘆盛載，非常特別。

Map17-2/ B4 七味紛陳

07

# 七味家本舖

乘巴士 100 或 207 號，於清水道下車行約 5 分鐘

七味家本舖已有360多年歷史，三百多年來，七味家一直致力於唐辛子(辣椒的日文)的研究，再調製出各類唐辛子調味品。其中的「七味唐辛子」包含：辣椒、芥子、陳皮、芝麻、山椒、火麻仁、紫蘇及海苔等香料，適用於烏冬麵、蕎麥麵、烤雞肉串、牛肉蓋飯甚至火鍋，可謂萬能的調味品，是七味家的招牌產品。

INFO

京都市東山區清水 2-221| 075-551-0738 | 9:00am-6:00pm；夜間參拜期間營業至 9:00pm | www.shichimiya.co.jp

漬物老舖 Map17-2/ C4

# 土井志ば漬本舖 08

市巴士 100、206 號清水道站步行約 5 分鐘

京都除了抹茶有名外，漬物也非常著名，這或許與京都的好水與高質素蔬果有關。土井志ば漬本舖是京都漬物名店，在不少百貨商場都有門市。透過精確的上鹽分量及保存時間計算，令他們的漬物自然又乾脆，甚至提升了蔬果原有的味道。

INFO

京都市東山區清水寺参道 | 075-533-4385 | 9:00am-6:00p m| www.doishibazuke.co.jp

## 清水燒專門店
# 朝日陶庵

**Map17-2/ C4** ⑨

市巴士 100、206 號清水道站步行約 10 分鐘

由明治三年(1870年)創業以來，朝日堂一直以「京燒 • 清水燒的專賣店」營業至今。一樓以京燒 • 清水燒為中心，展示工匠精心雕琢的玻璃食器、竹製品、漆器、鐵器、茶具、布製品等等，每款皆是限量出品，相當矜貴。二樓的陶藝沙龍，有咖啡店和餐廳「茶寮器樂」及畫廊空間。買不起太貴的陶器，店外長廊也有價錢相宜的小碟、小擺設出售。

INFO

京都市東山清水一丁目 287-1 | 075-551-1656 | 9:30am-5:30pm | www.asahido.co.jp/shop/touan

**Map17-2/ C4** ⑩

## 京扇博覽
# 錦古堂

市巴士 100、206 號清水道站步行約 10 分鐘

店內獨沽一味售賣京扇，選擇卻多得驚人，由實用扇子、裝飾扇子、茶扇子、舞扇等各種各樣的京都扇子，都整齊明亮地掛滿一整家店。較華麗的裝飾扇可索價至過萬円一把，放在店門前的較為相宜，一般一、二千円已有交易。

INFO

京都市東山清水寺門前 2 丁目 | 075-561-3666 | 10:00am-6:00pm

招財保命屋

# 瓢箪屋

⑪ **Map**17-2/ **C4**

市巴士 100、206 號清水道站步行約 7 分鐘

所謂瓢箪即是葫蘆，瓢箪屋百多年來只售賣各式葫蘆及招財貓，都因為地利緣故。話説小店所處之地近三年坂，而有傳説在三年坂石階上跌倒後三年內必死，所以很多人無論有沒有跌倒，都喜歡到小店買個葫蘆及招財貓消災解難求平安。瓢箪屋店外一對「八卦貓」陶瓷超有人氣，記得拍照打卡留念。

INFO

京都市東山清水 3-317 | 075-561-8188 | 9:00am-6:00pm

**Map**17-2/ **C3**

⑫

香足300年

# 松栄堂

市巴士 100、206 號清水道站步行約 10 分鐘

歷史橫跨3個世紀的傳統香舖，採用超過50種香料於自家研製的產品當中，所有香枝、香爐等均屬人手製造，定價不太便宜，但獨特的芳香仍吸引不少當地人及遊客前往選購。

嫌燒香麻煩，可以選購不同款式的香包。

INFO

京都市東山區清水 3 丁目 334 青龍苑內 | 075-532-5590 | 10:00am-6:00pm | http://www.shoyeido.co.jp/

竹之工房 **Map**17-2/ **B3**

# 神田竹細工店 ⑬

市巴士 100、206 號清水道站步行約 10 分鐘

創業96年，一直售賣各式竹製產品，無論是竹筷、耳挖、花籃等，皆由人手製造。店內更設有竹製品體驗課程，在90分鐘內一嘗製作竹花籃，每位¥2,500，須至少4人同行。

竹筷是這裡的人氣商品。

INFO

京都市東山清水二年坂下 349 | 075-561-7686 | 9:30am-6:30pm

八坂神社與八坂塔。

八坂塔在清水寺一帶分外矚目。

INFO

京都市東山區清水八坂上町 388 | 075-551-2417 | 10:00am-4:00pm | ¥400

**Map**17-2/ **B3**

祇園象徵

# ⑭ 八坂塔

市巴士 100、206 號東山安井站步行約 5 分鐘

由於祇園一帶都是寺廟或平房民居，樓高五層約46米高的八坂塔，變得分外矚目。其實八坂塔是屬於法觀寺的一部分建築，但因為該塔太出名，大家反而不記得法觀寺。八坂塔是全日本唯一可以到內部參觀的五重塔文化遺產，內中有一個「須彌壇」，供奉著四尊「五智如來坐像」。遊客更可以登上塔頂，居高臨下欣賞京都這古都的風光。不過八坂塔並不是全年開放，但是就算進不到塔內，在塔前打卡也是每位遊客的指定動作。

八坂塔內之神壇。

## 京都和服體驗 ⑮
# 岡本 Map17-2/ C4

100 或 206 號巴士於清水道下車步行約 7 分鐘

岡本是京都數一數二的和服出租店，近年更提供網上預約及懂中文的店員服務，非常貼心。這裡有超過一千套男女日式服裝，和服出租價錢由￥3,000左右起，較豪華的也是￥5,000左右，可以由早上9時穿到晚上8時，非常抵玩。因為穿著和服及飾物不簡單，所以店內有足夠員工侍候。女士們可另加￥500享用髮型設計服務，令造型更似和風佳人。假如想穿和服出席晚間場合，岡本甚至提供和服速遞到酒店的服務，翌日再派人回收，只要另加￥2,000。

INFO

京都市東山區清水 2 丁目 237-1-1 | 075-525-7115 | 9:00am-7:00pm | www.okamoto-kimono.com/tw/（中文網頁）| 必須網上預約

## Map17-2/ B3 和風雜貨 ⑯
# び和ん

市巴士 100、206 號清水道站步行約 10 分鐘

び和ん是くろちく集團旗下的品牌，集團致力推崇日本傳統手藝，而び和ん則以小巧細膩的傳統和風工藝品為賣點。店內以全木打造，洋溢溫暖的町家氣息，產品方面就有電話繩、耳環配飾等可以選擇，全部整齊排放於玻璃小碗內，讓人自由搭配。

INFO

京都市東山清水三丁目 340 | 075-551-9595 | 11:00am-5:00pm | http://www.kurochiku.co.jp/

## 手造玻璃飾物 ⑰ Map17-2/ A5

# 清水坂ガラス館 PIARI

100 或 207 號巴士於五条坂下車步行約 3 分鐘

清水坂ガラス館的玻璃飾物都是人手製作，配搭天然石製造出色彩豐富的飾品，以這精緻設計和品質而言，價錢合理。當中「PIARI」耳環更是沒穿耳洞的女士的恩物，不似傳統螺絲式耳夾，這用特殊金屬和矽膠製造的新式耳夾既不易痛也不易掉。店內亦有多款髮飾，穿上和服，以美麗髮型配襯獨一無二的髮飾，感受優雅的日本風情。

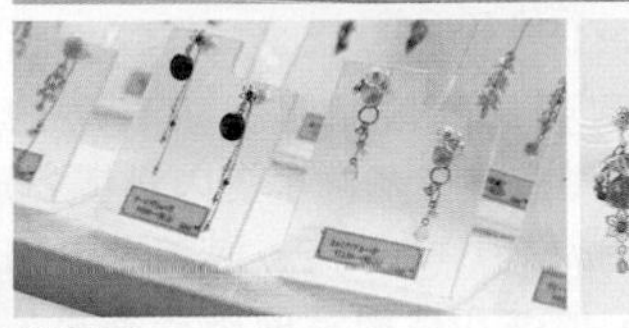

INFO

京都市東山區五条坂白糸町 569-3 | 070-2286-9493 | 周一至四 11:00am-5:00pm，周五、六、日及假日開 10:00am | https://www.piari.kyoto/

## Map17-2/ B3 清水燒精品

# ⑱ 陶葊八坂店

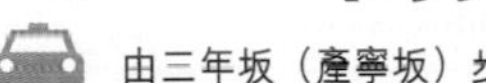

由三年坂（産寧坂）步行約 5 分鐘

京燒 • 清水燒是日本著名的瓷器流派，以華麗細緻的風雅器皿馳名。陶葊是清水燒知名四大窯元門派之一，至今已傳至四代目「土渕 善亜貴」。陶葊雖然歷史悠久，難得不會曲高和寡，既有國寶級作品，同樣有玩味十足的新派創作，吸引年輕一代了解這門令京都人足以自豪的工藝。

以京燒 • 清水燒製作的餐具，令食飯也變得優雅。

地庫是展示由「土渕 善亜貴」親手製作的精品，已經是藝術收藏的級數。

「玉湯呑」充分展示了清水燒的彩繪工藝，讓人愛不釋手。

INFO

京都市東山區八坂通下河原東入八坂上町 385-7 | 075-525-8707 | 10:00am-5:00pm | http://www.touan.co.jp

# 【清水寺推薦食肆】

## 人氣綠茶泡芙 ⑲

## 京阿彌 Map17-2/ C4

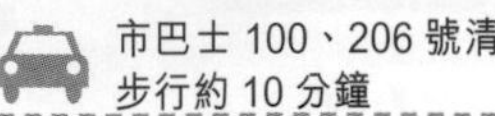

市巴士 100、206 號清水道站步行約 10 分鐘

京阿彌店門前總是出現長長的人龍，人潮原來都是為了店內日售2,000個的超人氣八橋泡芙。泡芙用上獨家秘方，加進八橋獨特的肉桂香氣，不論配抹茶或吉士打忌廉醬都極為美味。泡芙每日鮮製，忌廉也是接到柯打才注入的，保證新鮮。雖然每個索價¥300，不過餡料充足，咬一口盡是塞得滿滿的抹茶忌廉，絕對物有所值。

INFO

京都市東山區清水一丁目 262 | 075-531-6956 | 10:00am-6:00pm | https://www.kiyomizukyoami.com/

## ⑳ 藏身小巷內的茶寮

## Map17-2/ C4 普門庵

市巴士 100、206 號清水道站步行約 10 分鐘

普門庵入口看起來非常不起眼，穿過一排排的木造鳥居，想不到別有洞天！這裡有一個日式小庭園種植了100款花草，普門庵分成兩個建築物，一邊是「普門庵」，以「日本材料和文化與西方技術和設計的融合」為理念，銷售日西合璧的和菓子甜品。而「普門茶屋」則採用自助形式，讓客人參觀完清水寺後，有一個舒適的空間休息兼享用充滿京都風情的甜點美食。

左邊是普門庵，左邊是普門茶室。

普門茶屋大蕨餅(大わらび餅)，尺寸是普通蕨餅的3倍，附送清水寺造型的夾餅，內藏北海道紅豆及雪糕，非常特別。

「鹽漬焦糖」和「抹茶果仁」米菓，融合京都和法國的優質食材，是普門庵大熱商品。

INFO

京都市東山區清水 2 丁目 246 番地 | 075-533-8282 | 12:00nn-5:30pm https://fumon-an.co.jp/

老字號京豆腐料理 ㉑ **Map17-2/ C4**

# 清水順正おかべ家

市巴士 100、206 號清水道站步行約 7 分鐘

沿清水坂拾級而下，很快就會見到順正おかべ家。順正跟奥丹和聽松院（已結業）並稱為京豆腐的三大老店。店家嚴選北海道和九州產的黃豆，兩種豆混合起來，就造出最優質又有營養的豆腐。

湯葉的吃法，是把豆漿上面起了一層皮用竹籤挑，再蘸醬油來吃。

INFO

京都市東山區清水 2 丁目清水寺門前 | 075-541-7111 | 11:00am-3:00pm

細嘗野菜懷石料理 ㉒ **Map17-2/ C4**

# 日月庵

市巴士 100、206 號清水道站步行約 7 分鐘

日月庵是清水坂一帶吃京懷石的最佳去處。店內嚴選京都本土出產的新鮮野菜入饌，製作別出心裁的京野菜懷石，而湯葉懷石亦是陣中主打之一，豆腐、生麩、湯葉等皆以京都出品來製作，配合寧靜雅致的氣氛。

INFO

京都市東山區清水坂二丁目 232 | 075-561-0077 | 11:00am-9:00pm | http://www.nichigetsuan.com/

百年古味 ㉓ **Map17-2/ B3**

# Starbucks 京都二坂寧店

市巴士 100、206 號清水道站步行約 10 分鐘

二坂寧店原址為過百年歷史的兩層茶屋，星巴克改建時，盡量保持原有的風貌，最別之處是在2樓設「座敷」(榻榻米)，讓客人以最傳統的姿態品嘗咖啡。

INFO

京都市東山區高台寺南門通下河原東入桝屋町 349 番地 | 075-532-0601 | 8:00am-8:00pm | http://www.starbucks.co.jp/

## 辣味雪糕 Map17-2/ C4

## おちゃのこさいさい 24

市巴士 100、206 號清水道站步行約 7 分鐘

位於三年坂斜坡上，店內出售各種一味粉、七味粉、山椒粉等調味料，以及各類佃煮、漬物等等，不過要數最吸引的，必屬店舖自創的激辛七味雪糕，雪糕加上店內頂級「狂辛」七味粒，保證辣到跳舞。

INFO

京都市東山區清水三丁目 316-4 | 075-531-2144 | 10:00am-6:00pm | http://www.ochanokosaisai.com/

## 自創 fusion 蛋糕 25

## 天 TEN Map17-2/ B4

市巴士 100、206 號清水道站步行約 5 分鐘

提供自家創作的抹茶芝士蛋糕，清香的抹茶與濃郁的芝士互相配合，提升彼此食味，還有以湯葉製作寒天啫喱等，全部別出心裁。

INFO

京都市東山區清水二丁目 208 番地 10 | 075-533-6252 | 11:00am-6:00pm | https://www.ten-kyoto-japan.com/

## 有機豆腐料理 26

## 奧丹 Map17-2/ B3

市巴士 100、206 號清水道站步行約 7 分鐘

京都三大京豆腐老店，只剩下順正和奧丹。他們跟特定的農家簽約，選用有機栽種的大豆，配以沖繩石垣島珊瑚礁的海水造豆腐，質感較為細膩。這裡的價格不算便宜，由￥3,000起，不過可以吃到一頓傳統的京豆腐料理，算是值得。

INFO

京都市東山區清水 3 丁目 340 番地 | 075-525-2051 | 11:00am-4:30pm；周六日至 5:30pm，周四休息 | www.tofuokutan.info

## 京漬物放題 Map17-2/ C3

## 阿古屋茶屋 27

市巴士 100、206 號清水道站步行約 10 分鐘

阿古屋茶屋提供不設時限的放題「お茶漬けバイキング」，雖然只有素而無肉，竟然大受歡迎。茶屋內有廿多種不同味道的漬物，每位食客入座時，都會奉上一組餐具，包括茶具、飯碗、盤子、湯碗及茶泡飯用的茶葉。

INFO

京都市東山區清水 3-343 | 075-525-1519 | 平日 11:00am-4:00pm，周六日至 5:00pm | www.kashogama.com/akoya | 漬物放題每位 ￥1,700

#觀光列車 #竹林小徑

# 嵐山

# Arashiyama

## 交通 往來嵐山

| 起點 | 交通 | 終點 |
|---|---|---|
| JR京都駅 | JR・嵯峨野線約15分鐘 | JR嵯峨嵐山駅 |
| 四条河原町 | 京都巴士・61號約55分鐘 | 野之宮 |

## 重點推介

天龍寺竹林
禪意的綠色隧道

渡月橋
詩情畫意

湯豆腐嵯峨野
豆腐料理

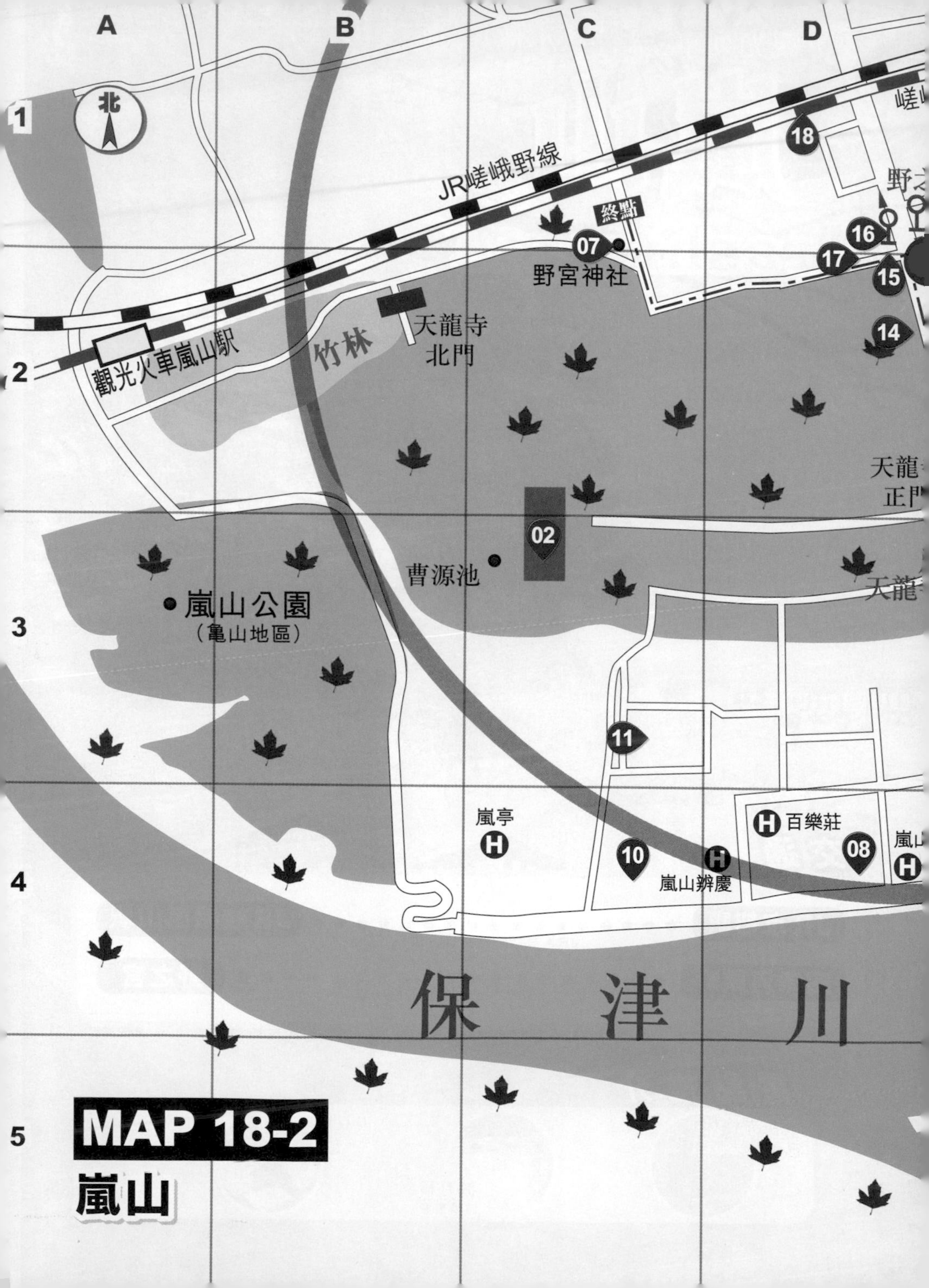

A
B
C
D
1
2
3
4
5
北
JR嵯峨野線
終點
07
野宮神社
18
16
17
15
14
觀光火車嵐山駅
竹林
天龍寺
北門
02
曹源池
嵐山公園
（龜山地區）
11
嵐亭
10
嵐山辨慶
百樂莊
08
保津川
MAP 18-2
嵐山

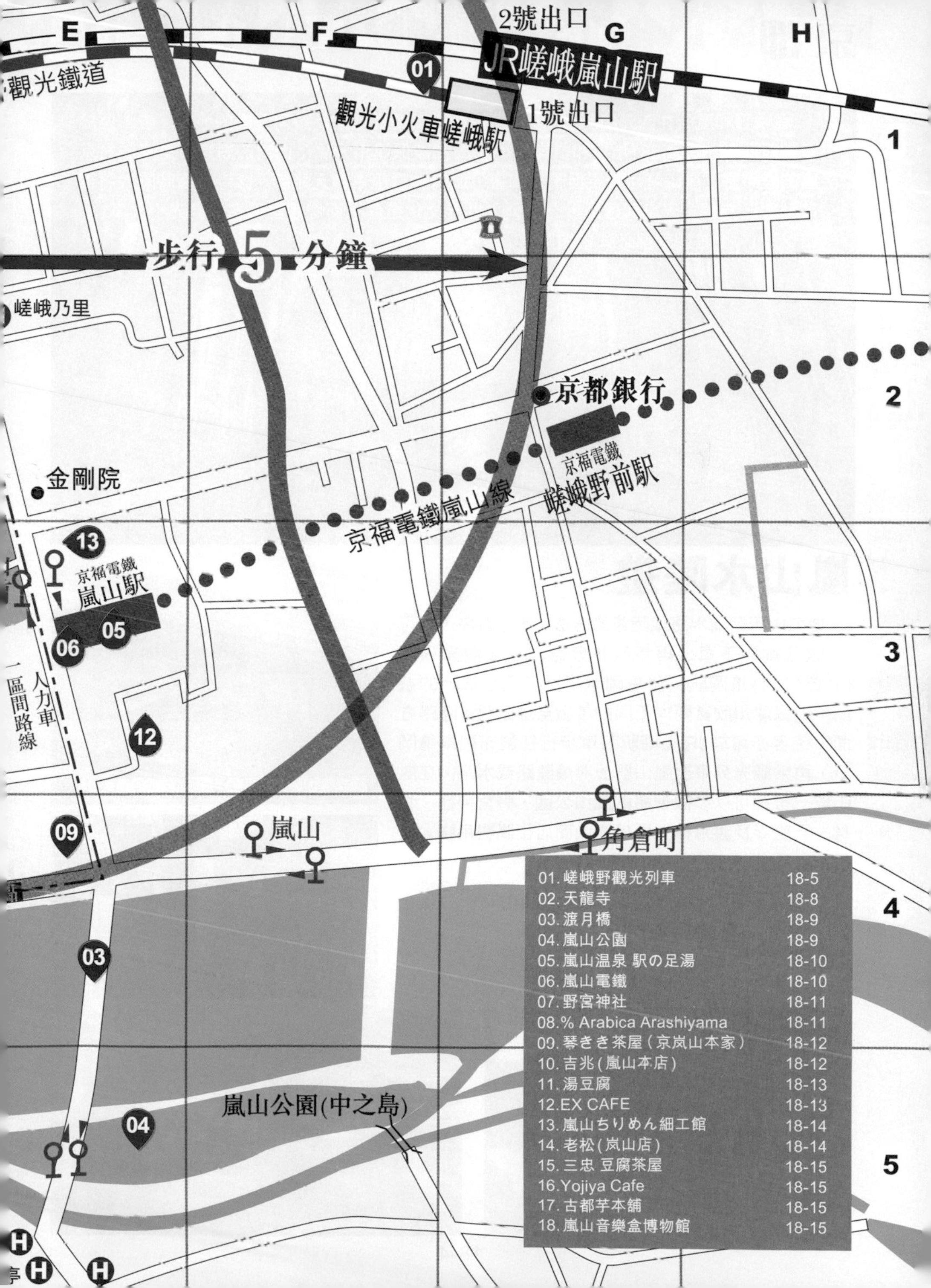

E
F
G
H
2號出口
JR嵯峨嵐山駅
1號出口
觀光鐵道
01
觀光小火車嵯峨駅
1
步行5分鐘
嵯峨乃里
京都銀行
2
京福電鐵
嵯峨野前駅
京福電鐵嵐山線
金剛院
13
京福電鐵
嵐山駅
05
06
3
人力車
區間路線
12
09
嵐山
角倉町
4
03
嵐山公園(中之島)
04
5
01. 嵯峨野觀光列車 18-5
02. 天龍寺 18-8
03. 渡月橋 18-9
04. 嵐山公園 18-9
05. 嵐山温泉 駅の足湯 18-10
06. 嵐山電鐵 18-10
07. 野宮神社 18-11
08. % Arabica Arashiyama 18-11
09. 琴きき茶屋（京嵐山本家） 18-12
10. 吉兆(嵐山本店) 18-12
11. 湯豆腐 18-13
12. EX CAFE 18-13
13. 嵐山ちりめん細工館 18-14
14. 老松(嵐山店) 18-14
15. 三忠 豆腐茶屋 18-15
16. Yojiya Cafe 18-15
17. 古都芋本舗 18-15
18. 嵐山音樂盒博物館 18-15

嵯峨野和嵐山在西元8世紀前後，已是貴族賞櫻賞紅葉及遊河耍樂的地方。嵐山位於京都府西部，山高381米，和對岸的小倉山都被保津川分隔；而河的對岸，是屬於右京區的嵯峨野。嵐山嵯峨野不但風光如畫，還有國寶級古蹟天龍寺。該寺是當時的大將軍足利尊氏為悼念天皇而建造，已被列入世界文化遺產。而嵯峨野著名的觀光小火車(トロツコ)，更是遊京都必試 的體驗。

# 嵐山水陸遊

遊嵐山可選擇水路或陸路的方法。水路遊嵐山，可於JR馬堀駅下車，再步行10分鐘左右至觀光列車(トロツコ)亀岡駅。在亀岡駅附近可乘坐當地的遊船，沿保津川欣賞兩岸不同的景緻至嵐山駅。陸路方面，遊客亦可於JR馬堀駅下車步行往觀光列車亀岡駅，再乘觀光列車至嵐山駅。無論陸路或水路，在嵐山駅一帶都可以參觀著名的嵐山公園、野宮神社、竹林、天龍寺及渡月橋，再於嵐山商店街購物用膳，之後乘嵐電或JR返回京都市區。

註1：乘JR往觀光列車列車亀岡駅，記得由JR馬堀駅下車前往，如果在JR亀岡駅下車會很遠

註2：乘嵐電由嵐山回市區可在總站四条大宮下車，再於JR大宮駅乘火車或巴士前往各處

觀光列車亀岡駅對面是一片綠油油的農田。

保津川一年四季都風光如畫。

亀岡駅以河狸為吉祥物。

## 嵐山必坐觀光火車 Map18-2/ F1

# 嵯峨野トロッコ列車 01

嵯峨野觀光列車(トロツコ)於1991年開始運行，整條路線長7.3公里，有四個停靠站，包括：亀岡、保津峽、嵐山和嵯峨野，全程約25分鐘。這條路線相當受觀光人士歡迎，沿途景色非常迷人，途經保津川峽谷，特別春夏兩季，旁邊的櫻花楓葉映入眼簾。

觀光列車多數用上DE10系的柴油機車車頭牽動，人約以時速25公里行走，一天來回8班，每班列車有5個車廂，最多可坐312人。5卡客廂由舊貨廂改裝而成，座位用上懷舊色調的木椅。

只有5號車廂是開放式，所以非常搶手。

INFO

運行日：3月1日至12月29日；周三休息（如遇當日為公眾假期，則翌日休息）、3月1日；日本黃金周、暑假及部分周三無休 | www.sagano-kanko.co.jp | ¥880（大人）、¥440（小童/ 不佔座位），中學生當大人計

# 購買車票攻略

### 富貴號(五號車廂)

觀光列車共分五個車廂，1-4號為密封車廂，而5號則是開放式車廂，又稱為富貴號(リッチ号)，是喜歡攝影的人必然之選，車票僅限當日販售。如果是預訂車票的旅客可於當日到各站售票口換票，不過要視乎當天客量而定，未必能夠更換。

### 立席券

觀光列車因為太受歡迎，想即買票即乘坐機會較微。遊客有心理準備等候一至兩班。如果不想等候太久，可選擇「立席券」，即企位。「立席券」只限在龜岡、嵐山和嵯峨野站購買，而且數量亦不多。

### 預訂車票

如果不想遇上客滿久等的情況，遊客可在搭乘當日的前一個月，在JR西日本各主要車站的綠色售票口「みどりの窓口」(Ticket Office)預訂車票。另外大阪及京都的關西旅遊訊息服務中心都提供預訂服務。

### 當日車票

當日車票在每個觀光列車車站(保津峽站除外)的售票口，依照排隊的順序販售。如中途下車，必須重新購票。而持任何JR Rail Pass或者關西周遊券都不能免費乘坐，必須另外購票。

**觀光列車即時購票狀況**：https://sagano-kanko.co.jp/kuseki.php#kuseki-today

# 嵯峨野遊覽小火車(トロッコ)路線圖

往龜岡

| 嵯峨野觀光縣 | 嵯峨 | 嵐山 | 保津峽 | 龜岡 |
|---|---|---|---|---|
| 1號 | 9:02 | 9:05 | 9:13 | 9:25 |
| 3號 | 10:02 | 10:05 | 10:13 | 10:25 |
| 5號 | 11:02 | 11:05 | 11:13 | 11:25 |
| 7號 | 12:02 | 12:05 | 12:13 | 12:25 |
| 9號 | 13:02 | 13:05 | 13:13 | 13:25 |
| 11號 | 14:02 | 14:05 | 14:13 | 14:25 |
| 13號 | 15:02 | 15:05 | 15:13 | 15:25 |
| 15號 | 16:02 | 16:05 | 16:13 | 16:25 |
| 臨81號 * | 17:10 | 17:13 | 17:24 | 17:38 |
| 臨91號 * | 18:26 | 18:29 | 18:42 | 19:00 |

*臨91、92號是臨時加開班次，詳情請參閱網站。

保津川遊船
遊覽小火車亀岡站
JR亀岡火車站
JR馬堀火車站

# 各站沿途景點

## 【龜岡站】保津川遊船

遊客可以在龜岡站附近乘坐遊船，由龜岡沿保津川直抵嵐山站，欣賞四季不同景色。船程約1.5至2小時，船費成人￥4,100，小童￥2,700。愛好刺激者可參加划橡皮艇，體驗激流之旅。

## 【嵐山站】竹林之道

嵯峨野有很多的竹林，最有名的是從大河內山莊到野宮神社的一段約200米的小徑，稱之為竹林之道。這裡的竹名叫野宮竹，因為附近野宮神社而得名。野宮竹生長得非常整齊，竹身比較幼，排列得密密麻麻，幾乎只有少量陽光可以透入，所以就算在炎熱的夏天，走過竹林都會感到涼意。

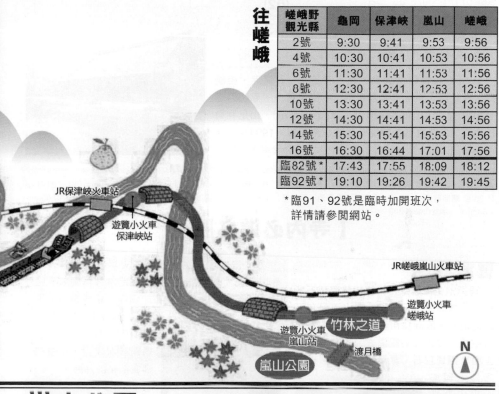

**往嵯峨**

| 嵯峨野觀光縣 | 龜岡 | 保津峽 | 嵐山 | 嵯峨 |
|---|---|---|---|---|
| 2號 | 9:30 | 9:41 | 9:53 | 9:56 |
| 4號 | 10:30 | 10:41 | 10:53 | 10:56 |
| 6號 | 11:30 | 11:41 | 11:53 | 11:56 |
| 8號 | 12:30 | 12:41 | 12:53 | 12:56 |
| 10號 | 13:30 | 13:41 | 13:53 | 13:56 |
| 12號 | 14:30 | 14:41 | 14:53 | 14:56 |
| 14號 | 15:30 | 15:41 | 15:53 | 15:56 |
| 16號 | 16:30 | 16:44 | 17:01 | 17:56 |
| 臨82號 * | 17:43 | 17:55 | 18:09 | 18:12 |
| 臨92號 * | 19:10 | 19:26 | 19:42 | 19:45 |

* 臨91、92號是臨時加開班次，詳情請參閱網站。

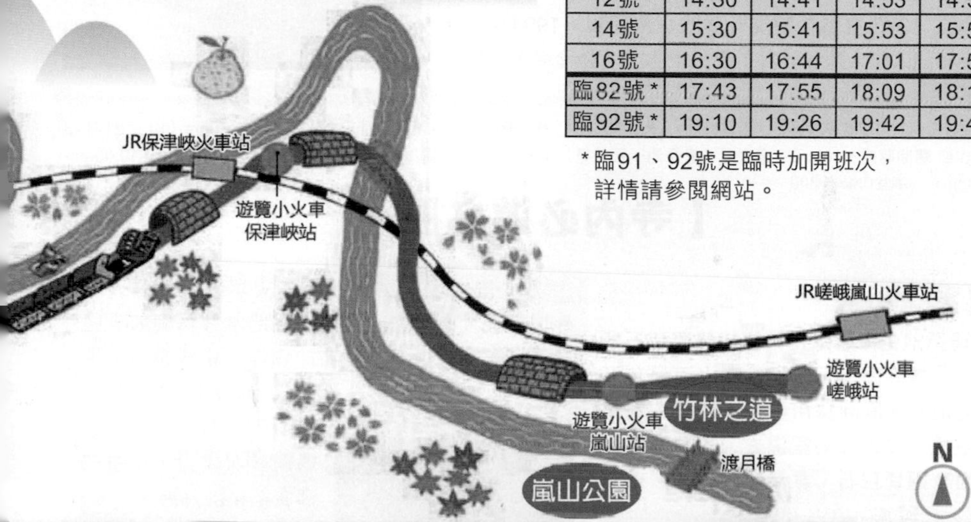

JR保津峽火車站
遊覽小火車保津峽站
JR嵯峨嵐山火車站
遊覽小火車嵯峨站
竹林之道
遊覽小火車嵐山站
渡月橋
嵐山公園
N

# 嵐山公園

嵐山公園是嵐山必遊景點，分為臨川寺、中之島及龜山等三部分，是京都著名的賞櫻賞楓勝地，當年中國總理周恩來到訪，特別立碑紀念。其中的中之島公園位於桂川右岸，春天櫻花盛開時，整個嵐山中島都被櫻花所覆蓋，壯觀又美麗。

(02)

# 天龍寺 Map18-2/ C3

JR 嵯峨嵐山駅 1 號出口步行 8 分鐘

天龍寺規模相當之大，在京都五山（天龍寺、相國寺、建仁寺、東福寺及萬壽寺）中位居第一。寺院約在1339年建成，山號「靈龜山」(れいぎざん)，由足利尊氏創立，為了撫慰後醍醐天皇的亡靈而設。1994年，天龍寺獲列入聯合國教科文組織的世界文化遺產名單之中。

INFO

京都市右京區嵯峨天龍寺芒ノ馬場町 68 | 075-881-1235 | www.tenryuji.com | 8:30am-5:30pm（10 月 21 日 -3 月 20 日 關閉時間 5:00pm）| 庭園（曹源池、百花苑）¥500、法堂「雲龍圖」¥500（只在周六及日開放，10:00am-4:30pm）、本堂內部 ¥300

## 【寺內必遊名勝】

### 曹源池

曹源池由天龍寺初代住持夢窗疎石所設計，是寺內唯一能不受戰火而保存下來的地方。庭園採用了日本傳統的池泉迴遊式，從大方丈室望去，曹源池中央正面有兩塊巨石，意為龍門瀑布。這裡巧妙地與嵐山群山為造景，表現出如畫一般美麗的構圖。

### 天龍寺代言人——達磨

達磨就是中國人熟悉的達摩大師，相傳他是佛教禪宗創始人之一，日本人心目中是代表堅毅不屈的精神。天龍寺的達磨圖是前管長平田精研所畫，素有「天龍寺的臉」之稱，現在達磨已成為天龍寺的代言人。寺方的紀念品都印有達磨的肖像。

### 方丈室

方丈室由大方丈室與小方丈室組成，是天龍寺規模最大的建築。大方丈室的本尊釋迦如來坐像，是天龍寺供奉最古老的佛像，相傳製作於平安時代後期(784年至794年)，雖然天龍寺遭遇過多次火災，但每次佛像都化險為夷。

### 天龍寺法堂

法堂即說法堂，是住持代佛向僧眾解說佛法的場所。這裡的天井原本鋪上由日本有名畫家鈴木松年繪畫的雲龍圖，後來畫作遷到方丈內陳列。現時所看到的是第三代雲龍圖，由當代畫家加山又造於平成9年(1997年)繪畫。

### 庫裏

庫裏原本是禪宗寺院的廚房所在，後來演變為住持的住居。玄關正面矗立的達摩圖大屏風，是天龍寺的象徵。

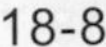

## 賞花名橋 渡月橋

Map18-2/ E4

03

JR 嵯峨嵐山駅 1 號出口步行 15 分鐘

「渡月橋」一名的由來，是因為當時的龜山上皇（1259-1274，他退位後仍在世，所以稱為「上皇」）在渡橋時看到橋身與水中倒映合一，故寫抒發對美景之感，好像走過明月一樣，因此稱為「渡月橋」。整條橋全長250米，連接中之島，在橋上可欣賞到嵐山，春天時兩旁開門櫻花甚是壯觀。渡月橋位於保津川之上，保津川和渡月橋選為「天龍寺十景」中其中二景。

INFO

京都市右京區嵯峨天龍寺芒之馬場町

嵐山公園內的櫻王。

周恩來在龜山公園立的紀念碑。

## 詩情畫意 嵐山公園

Map18-2/ E5

04

JR 嵯峨嵐山駅 1 號出口步行 15 分鐘

嵐山公園分為臨川寺、中之島及龜山等三部分，是賞櫻、賞楓的勝地，平日有很多情侶在此散步，園內設有很多文學家的詩碑，附近又有周恩來的詩碑，可謂詩情畫意。每年春天，中之島有一棵特大的櫻王，當櫻花綻放之時，即成為整個公園的焦點。公園亦聚集了一眾人力車伕，方便客人以最傳統的方式遊覽公園。

INFO

京都市右京區嵯峨および西京區嵐山

過癮足湯 **Map**18-2/ **E3**

# 嵐電嵐山站足湯

嵐鐵嵐山駅內

　嵐電這個足湯於2004年設立，引入獲認證的正宗嵐山溫泉水。不過如果你是乘搭嵐電的話，足湯便可以免費泡了。這裡的泉溫大約是35.2度，溫度剛好，對治療神經痛、筋肉痛、慢性消化器官等疾病有舒緩的作用。

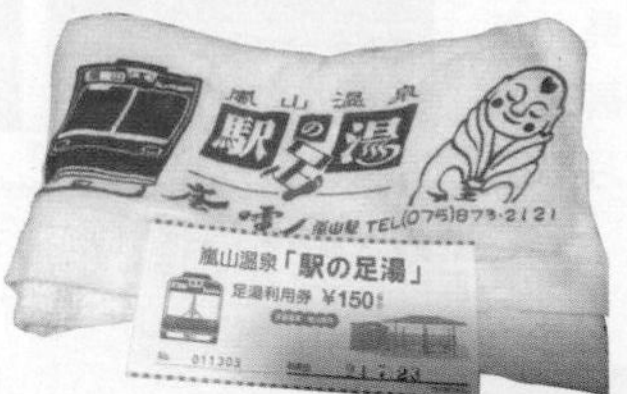


購買足湯門票時，會附上毛巾一條。

INFO

京福電鐵嵐電嵐山站月台 | 9:00am-8:00pm（3 月 20 至夏季），其他時間 9:00am-6:00pm；關閉前 15 分鐘停止售票 | https://www.kyotoarashiyama.jp/ | ¥200，持嵐電 · 嵯峨野 1day pass 可減 ¥50

嵐山電鐵路線圖

嵐山本線 Arashiyama-Line
北野線 Kitano-Line

A14 嵐山 · A13 嵐電嵯峨 · A12 鹿王院 · A11 車折神社 · A10 有栖川 · B1/A9 帷子ノ辻 · A8 太秦広隆寺 · A7 蚕ノ社 · A6 嵐電天神川 · A5 山ノ内 · A4 西大路三条 · A3 西院 · A1 四条大宮

B2 常盤 · B3 鳴滝 · B4 宇多野 · B5 御室仁和寺 · B6 妙心寺 · B7 龍安寺 · B8 等持院 · B9 北野白梅町

06 貫通嵐山到京都市區

# 嵐山電鐵

**Map**18-2/ **E3**

100 或 207 號巴士於東山五条下車步行約 3 分鐘

　嵐山電鐵是「京福電氣鐵道」的其中一條路線，行走從京都市區的「四条大宮」至「嵐山」或「北野白梅町」的一段路，稱為「嵐山本線」，不過現在都通稱為「嵐電」。整條路線都以均一價車費，無論任何站上落車都是¥220，也可購嵐電 · 嵯峨野1day pass，價錢¥800。如果是櫻花季節，可考慮從京都市區乘地鐵烏丸線至「四条」站，再往嵐電「四条大宮」站乘坐嵐電前來，這條路線是一條不錯的賞花路線。

嵐鐵嵐山站地方不大，但門口卻設有不同攤販售買食物和飲料。

INFO

6:00am-12:00mn | http://randen.keifuku.co.jp | 均一價 ¥220、嵐電 · 嵯峨野 1 日フリー切符（嵐電 · 嵯峨一日券）¥800，發售處：四条大宮、帷子ノ辻、嵐山、北野白梅町車站

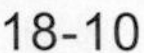

## 源氏物語重要場景 07
# 野宮神社 Map18-2/ C1

觀光小火車嵐山駅下車步行 10 分鐘

野宮神社是古時齋王前往三重縣伊勢神宮前齋戒沐浴的地方。（齋王是平安時代由天皇選派的未婚女子，需要代替天皇長守伊勢神宮，服侍神道教最高的天照大神。）因神社有這樣的功用，所以成為了《源氏物語》的其中一個場景。

這裡的黑木鳥居相當特別，用上不易損壞的橡木類樹木麻櫟製造，黑色的外表，和傳統朱紅色的鳥居不同，增加了原始的感覺，這黑色鳥居也是屬於日本唯一的黑木鳥居。

據説邊摸神石「龜石」邊許願，一年內便能願望成真。

INFO

京都市右京區嵯峨野宮町 1 | 9:00am-5:00pm
| www.nonomiya.com | 免費

## Map18-2/ D4 08 Less is More
# % Arabica Arashiyama

除了咖啡，Fans還可選購咖啡豆回家。

坐擁保津川及渡月橋靚景，嘆的咖啡倍感香濃。

JR 嵯峨嵐山駅 1 號出口步行 15 分鐘

在古色古香的嵐山渡月橋一帶，出現了這間外型非常簡約時尚的咖啡小店% Arabica Arashiyama。咖啡店不但外形吸睛，創辦人亦大有來頭。原來老板山口淳一在2013年曾代表日本前往西雅圖，贏得咖啡拉花大賽第三名。其後又分別在芝加哥及紐約獲殊榮，最後更在Coffee Fest Latte Art World Championship Open Tokyo中勇奪冠軍，堪稱咖啡達人。% Arabica Arashiyama除了在日本，更分別在香港、迪拜及柏林等地廣開分店，其中以坐擁無敵美景的嵐山店最受歡迎，所以門口永遠都有長長的人龍。

INFO

右京區嵯峨天龍寺芒ノ馬場町 3-47 | 075-748-0057
| 9:00am-6:00pm | http://www.arabica.coffee/

## 傳統京式滋味 09 Map18-2/ E4

# 琴きき茶屋（京嵐山本家）

JR 嵯峨嵐山駅 1 號出口步行 15 分鐘

琴きき茶屋位於渡月橋畔，在嵐山創業已過百年，以甜點為主，但也會提供定食，其中以櫻餅最為聞名。所謂櫻餅乃傳統京都點心，用粉紅色的糯米外皮包上豆餡，最外層圍上一塊櫻葉子。食肆的櫻餅套餐更包括抹茶，抹茶用藤制的茶筅快速攪動，確保茶身綿密順喉，作法一點都不馬虎，令食客能真正品嚐京式傳統滋味。

INFO

京都市右京區嵯峨天龍寺芒ノ馬場町 1 | 075-861-0184 | 11:00am-5:00pm( 周三、四休息 ) | http://www.kotokikichaya.co.jp/

## Map18-2/ C4 米芝蓮三星餐廳

# 10 吉兆 ( 嵐山本店 )

JR 嵯峨嵐山駅 1 號出口步行 15 分鐘

吉兆是一家位於嵐山的傳統日式料理店，更獲米芝蓮三星的殊榮，所以收費亦最昂貴。吉兆由主廚湯木貞一創辦，在嵐山店開店期間還培養了許多學徒，後來都成為日本飲食界的大師。吉兆的訂價雖然有點「離地」，不過食物出品絕對有保證，而且餐廳悉心布局，確保每位客人用餐時都有充足的空間。餐廳實行完全預約制，就餐需提前預約。

INFO

京都市右京區嵯峨天龍寺芒ノ馬場町 58 | 075-881-1101 | 11:30am-3:00pm；5:00pm-9:00pm | http://www.kitcho.com/kyoto/ | 人均消費：￥30,000

美食配靚景

# 湯豆腐 嵯峨野

Map18-2/ C3 ⑪

JR 嵯峨嵐山駅 1 號出口步行 15 分鐘

京都有好山好水，出產的豆腐亦全國聞名。京都著名的豆腐料理店，除了清水寺一帶的順正和奧丹，嵐山的湯豆腐亦非常有名。湯豆腐不但料理味美，難得的是餐廳佔地極廣，內裡有用餐區又有傳統京式庭園。處身其中，身心都是頂級享受。雖然一套湯豆腐定食索價 ¥3,800比較昂貴，不過美食連靚景，偶然一次輕奢華也是物有所值。

**湯豆腐定食** ¥3,800
有多款豆腐，包括蒸、炸甚至凍食，豆腐迷不可錯過。

INFO

京都市右京區大龍寺芒ノ馬場町 459 | 075-871-6946 | 11:00am-5:30pm | http://www.kyoto-sagano.jp/

Map18-2/ E3 ⑫

古色古香

# EX CAFE

嵐電嵐山駅出站即達步行 3 分鐘

EX CAFE設於嵐山百年的古宅之內，路經時單看門面的花葉彩繪，已非常吸引。餐廳有67個座位，既有包廂又有精緻的日式庭園，地方非常寬敞。假如能佔窗口座位，一邊欣賞著庭園美景，一邊品嘗這裡的招牌竹炭抹茶卷蛋，的確是人生樂事。除了甜頭輕食，這裡也有供應全套的料理，同樣精緻味美，是嵐山一帶覓食的首選。

INFO

京都市右京區嵯峨天龍寺造路町 35-3 | 075-882-6366 | 10:00am-6:00pm | https://www.facebook.com/excafe.official/

## 卡哇伊布織小物
# 細工館

**Map**18-2/ **E3**

 嵐電嵐山駅出站即達

京都有多家的「ちりめん細工館」，以嬌小可愛的布織小物而馳名。位於嵐山商店街的總店樓高兩層，貨品種類繁多，令顧客(特別是女顧客)目不暇給。細工館的布偶有不同的種類，由小動物、傳統人物、童話故事甚至壽司蓋飯這裡美食都可以作主題，全部色彩班爛，的骰可愛。除了布偶，這裡亦提供印章雕刻服務，只要選好喜愛的印章，不用十數分鐘，即可刻上客人的姓氏，十分有趣。

INFO

京都市右京區嵯峨天龍寺造路町 19-2 | 075-862-6332 | 10:00am-6:00pm | http://www.chirimenzaikukan.com/

**Map**18-2/ **D2**

## 百年和菓子專家

# 老松(嵐山店)

 JR 嵯峨嵐山駅步行 10 分鐘

老松是嵐山的和菓子百年老店，店內一枱一椅看似古舊，原來都是名家作品，經歷了數十年歲月的洗禮。老松最聞名的是夏柑糖，只在夏季提供。外型有如一個蜜柑，原來真的把柑橘的果肉挖走，再釀入寒天果凍，成為招牌甜品。除了售賣和菓子，老松也定時舉行和菓子DIY班，把這門融合味覺與視覺的傳統藝術，一直承傳下去。

婚礼待合の飾り菓子，老松會提供婚禮喜慶的和菓子，好睇又好食。

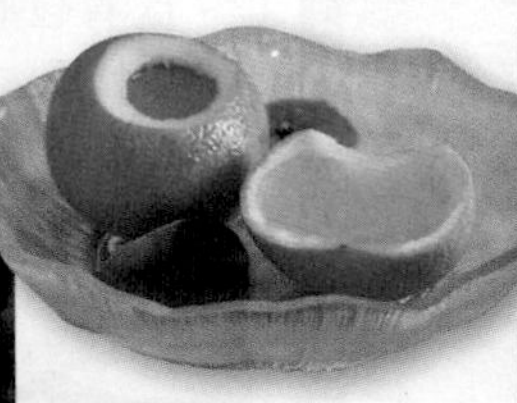

夏柑糖￥735，只在夏天供應。

重陽の節句 着せ綿(9月茶席菓子)，老松每月都會選一款或數款茶席菓子，配合茶品享用。

INFO

京都市右京區嵯峨天龍寺芒ノ馬場町 20 | 075-881-9033 | 9:00am-5:00pm | http://oimatu.co.jp/

## 嵐山人氣小吃 **Map**18-2/ **D2**

# 三忠 豆腐茶屋 ⑮

JR 嵯峨嵐山駅 1 號出口步行 10 分鐘

京都盛產豆腐，而三忠就是嵐山一帶豆腐名店。除了一般的吃法，也有刺身湯葉。所謂湯葉就是浮在豆漿上的腐皮。店家小心把腐皮撈起，再一片片沾芥末醬油吃，就像在吃魚生一樣，非常有風味。

**INFO**

京都市右京區嵯峨天龍寺立石町 2-1 | 075-881-9114 | 8:00am-6:00pm

## 女人頭咖啡座 **Map**18-2/ **D1**

# よーじやカフェ Yojiya Cafe

JR 嵯峨嵐山駅 1 號出口步行 10 分鐘

よーじやカフエ是京都人氣吸油紙品牌在京都主要的景點如祇園及銀閣寺開設Yojiya Cafe。嵐山店的設計非常有傳統京都的氣氛，餐廳設有小庭園。食物以甜點為主打，當中有よーじや女人頭商標圖案的咖啡，更是必點的飲品。

**INFO**

京都市右京區嵯峨天龍寺立石町 2-13 | 075-865-2213 | 10:00am-6:00pm | https://yojiyacafe.com/

## 四色冰淇淋 **Map**18-2/ **D2**

# 古都芋本舖 ⑰

JR 嵯峨嵐山駅 1 號出口步行 10 分鐘

古都芋又名薩摩芋，即是我們熟悉的番薯。這裡有兩種吃法，一種是用小麥粉包著番薯成為丸子，然後再烤熟來吃。另一種是以黑芝麻或豆腐作皮，把番薯茸像三文治一樣夾著吃。不過一到夏天，這裡總是被巨型的四色冰淇淋搶去風頭。冰淇淋的茶葉來自京都小山園，也是一家有名的茶店。

**INFO**

京都市右京區嵯峨天龍寺立石町 2-1 | 075-864-1212 | 9:00am-6:00pm

## 樂韻飄揚 ⑱ **Map**18-2/ **D1**

# 嵐山音樂盒博物館

JR 嵯峨嵐山駅步行 10 分鐘

嵐山音樂盒博物館繼承著名收藏家Guido Reuge的寶貴珍藏，其中最珍貴的展品，是由瑞士鐘錶匠Antoine Favre於1796年製造，公認世上最古老的音樂盒。此外，館內亦收藏了超過150種不同樣式的音樂盒，有小巧玲瓏、有龐然大物，甚至機械人型都有，更會定時演奏。

**INFO**

京都市右京區嵯峨天龍寺立石町 1-38 | 075-865-1020 | 10:00am-5:00pm | 成人 ¥1,000，小童 ¥600 | http://www.orgel-hall.com/

# 奈良 NARA

## 交通 往來奈良

梅田駅 ●●●●●●●●● 難波駅 ●●●●●●●●● 近鐵奈良駅
地鐵・御堂筋線約8分鐘 / 近鐵・奈良線(快速急行列車)約40分鐘

JR大阪駅 ●●●●●● JR新今宮駅 ●●●●●● JR奈良駅
JR・大阪環狀線(內回り)約20分鐘 / JR・大和路線快速約40分鐘

JR大阪駅 — JR奈良駅：JR・大和路線區間快速(奈良或加茂方向)約55分鐘(每小時約2班)

JR京都駅 ●●●●●●●●●●●●●●●●●●●● JR奈良駅
JR・奈良線(普通列車約55分鐘；みやこ路快速列車約45分鐘)

## 重點推介

奈良公園
國寶級歷史寶庫

東大寺
木柱捐窿大挑戰

春日大社
漫步世界遺產

# 奈良市內交通

巴士是奈良主要的交通工具。奈良市區不大，主要景點可分為「東向商店街」(包括興福寺)、「奈良公園」(包括東大寺及春日大社)，以及奈良町。其中東向商店街及興福寺距離近鐵奈良站非常近，步行亦不過5分鐘。至於奈良公園及奈良町，由近鐵奈良站步行前往要15至20分鐘，建議乘巴士前往。

## 3條熱門巴士線 (1、2、6號)

奈良市有多條巴士線，不過遊客最多乘坐的，一定是1號、2號及6號這三條循環線。1和2號車的行程一樣，不過1號巴士是逆時針行駛，而2號是順時針行駛。至於6號的行程亦與2號相近，不過路程較短，而且不經JR奈良駅。奈良市巴士總站設在近鐵奈良站前，有齊所有線路的巴士。假如要前往較遠的景點，可在此乘坐70、71號(往藥師寺及唐招提寺)，與及12、14號(往平成宮跡)。

奈良1號巴士。

奈良市巴士一天乘車票另有升級版成人¥1,000，小童¥500，有更多景點優惠。



**奈良市巴士 Day Pass**

奈良巴士單程¥210，一天票成人¥500，小童¥250，坐超過3程便有賺！而且憑票在市內許多熱門景點都有優惠，不要錯過。

**網站：** jikoku.narakotsu.co.jp

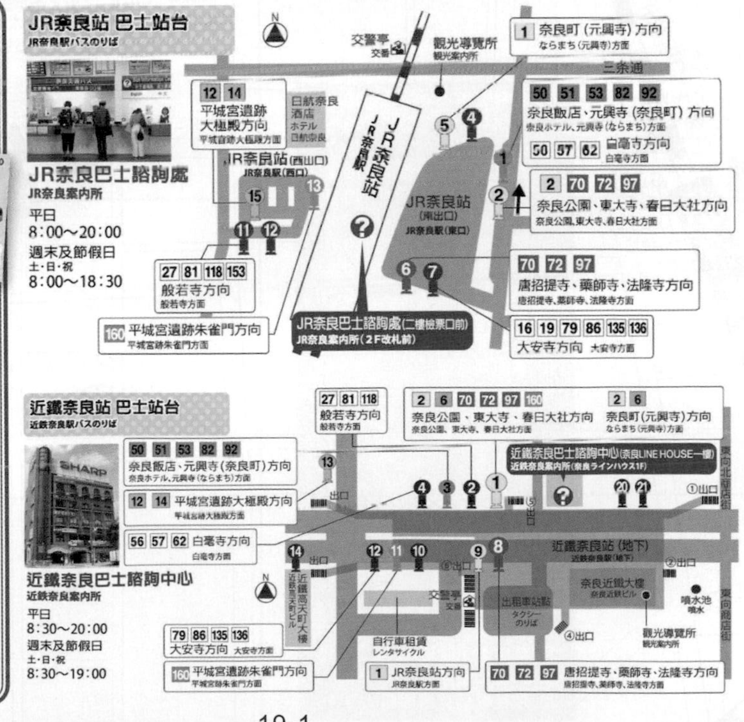

A
B
C
D
1
2
3
4
5
巴士路線
2
6
幸町
紀寺町
田中町
北京終町
棉町
八軒町
高畑町
瓦町
西木辻
破石町
大森町
南袋町
春日大社表參道
三条川崎町
本子守町
大佛殿春日大社前
JR奈良站
冰室神社 • 國立博物館
縣廳東
縣廳前
近鐵奈良站
近鐵奈良線
出5
出1
出2
出6
出4
近鐵
奈良駅
春日
天平旅館
五重塔
猿沢池
JR關西本線
日航
西口
中央口
JR巴士
總站
JR奈良駅
01. 奈良公園 19-4
02. 東大寺 19-5
03. 興福寺 19-7
04. 奈良國立博物館 19-7
05. 天平庵 19-8
06.Ban-INOUE 19-8
07. 黑川本家 19-8
08. 春日大社 19-9
09. 萬葉植物園 19-10
10. 春日荷茶屋 19-10
11. 石燈籠古道 19-10
12. 東向商店街 19-11
13. 柿の葉 19-11
14. 寬永堂 19-11
15. ひより日和 19-12
16. 麵闘庵 19-12
17. 中谷堂 19-12
18. 奈良町 19-13
19. 元興寺 19-13
20. 格子之家 19-13
21. 遊 中川本店 19-14
22.french o • mo • ya 19-14
23. 春日庵 19-14
24. 萬御菓子誂処 樫舎 19-15
25. 奈良工藝館 19-15
26. 奈良町玩具博物館 19-15

E
F
G
H
正倉院
北
1
02
中門
鏡池
步行5分鐘
南大門
2
01
06
05
07
行人隧道
04
3
09
10
08
荒池
11
4
22
MAP 19-2
奈良
5

# 奈良

## 自然與歷史寶庫

## 01 奈良公園 Map19-2/ G3

近鐵奈良駅 2 號 出口步行約 15 分鐘

奈良公園於1880年2月14日開園，總面積有660公頃，公園範圍內有非常多國寶級歷史古蹟和自然美景，包括東大寺、春日天社、興福寺、荒池園地、猿沢池、春日野園地及奈良博物館等。除此之外，奈良公園還有約1,200頭鹿，非常受遊客歡迎。遊畢整個奈良公園主要的景點須時4-5小時，建議可預留一天的時間，最後走回近鐵或JR奈良駅周邊晚餐。

INFO

奈良市登大路町 30 | 074-227-8028 | nara-park.com

# 奈良公園餵鹿記

## 第一步 尋找鹿蹤

其實在近鐵奈良駅2號出口沿大路徒步約10分鐘至興福寺/ 奈良國立博物館附近，就開始可以見到小鹿的蹤影；大部份小鹿都在奈良公園東大寺前門聚集，所以不用急著大叫可愛！

東大寺門前及旁邊的不忍池，有大量小鹿出沒！

## 第二步 買鹿餅

有鹿蹤的地方就有小販販賣鹿餅，¥150一份。慳家的朋友，可以預備一些小麵包或餅乾。不過人吃的味道太濃，其實對小鹿的健康不太好。

小編經驗所得，興福寺的小鹿比較馴良，東大寺內的比較「猴禽」！

## 第三步 舉高鹿餅餵食

淡定的朋友可以一片一片地餵，驚青的朋友可能當小鹿未走到面前就掉底整份鹿餅。餵食時最好是用右手餵食，左手則高舉那份大份的鹿餅，如此小鹿就會乖乖看著你右手一口一口地吃。

「猴禽」的小鹿，隨時會將遊客手上的紙地圖，甚至餅乾偷吃！

# 世界最大的木造建築 02 東大寺

Map19-2/ F1

乘 2、6 號巴士於「東大寺大佛殿 • 春日大社前」站下車

東大寺是華嚴宗大本山，也稱為「金光明四天王護國之寺」，由聖武天皇在728年建造，距今已有接近1,300多年歷史。東大寺的大佛殿(大仏殿)，高48米，闊57米，深50米，是世界最大的木造建築。殿內放了多尊宏偉的神像，當中的「盧舍那佛」高15米、總重380噸，與關東鎌倉的鎌倉大佛並稱為「日本東西大佛」，是世界最大的青銅佛像。1998年，東大寺獲列入為世界文化遺產，雖然東大寺曾兩次遭到破壞，不過仍然保留了很多珍貴文物。

東大寺大佛殿前的八角燈籠乃日本國寶。

大佛的後側有一根木柱，底下有一個洞，稱為「大佛的鼻孔」。相傳穿過此洞就能保祐平安。

INFO

奈良市雜司町 406-1　電話：074-222-5511 | www.todaiji.or.jp | 東大寺 4-10 月：9:30am-5:30pm；11-3 月：9:30am-5:00pm，大仏殿 • 法華堂 • 戒壇堂 4-10 月：7:30am-5:30pm；11-3 月：8:00am-5:00pm | 東大寺免費入場，參觀大佛殿、法華堂（三月堂）及戒壇堂 大人 ¥600，小童 ¥300

# 【東大寺其他景點】

## 南大門

南大門是日本最大的山門，也是東大寺的總山門。初建於公元700多年，曾被大風刮倒由曾經在中國南宋時期留學的重源上人於1199年整修重建。門旁兩側各有一尊金剛力士像，非常威武，遊覽時不要錯過。

## 三月堂（法華堂）

三月堂東大寺現存最古老的奈良時代建築，結構極為勻稱調和，於天平年間（740至747年）建成，祭祀本尊「不空羂索觀音」。每年的舊曆3月都會舉行《法華經》研習會，因此三月堂又名「法華堂」。

## 二月堂

「二月堂」名字的由來，是因為每年舊曆二月(西曆3月1日至14日)都會在此舉行「修二會」。二月堂的建築跟清水寺看的本堂類似，都是屬於舞台造（建在懸崖）的寺堂。內裡供奉一尊大觀音，以及一尊「十一面觀音」的小觀音。

## 念佛堂及鐘樓

念佛堂是鎌倉時代(1192-1333年)的建物，內部供俸本尊地藏王菩薩。外型以紅黑白為主色調、非常優雅。鐘樓就在念佛堂對面，樓高13米，與「念佛堂」同為鎌倉時期的建物。樓內的梵鐘與大佛殿內的盧舍那佛同時在奈良時期，天平勝寶4年(西元752年)所鑄造，所以也稱為日本第一銅鐘。

千年古剎

# 興福寺

Map19-2/ D3

近鐵奈良駅 2 號出口步行 4 分鐘

公元669年(天智八年)，藤原鎌足的妻子鏡大王，為了祈求丈夫病癒，在私宅院內建造了山階寺，寺內供奉了鎌足曾向其發願的釋迦三尊像。後來寺院搬至奈良，更名興福寺。憑著藤原氏的勢力，興福寺成為奈良時代四大寺之一、平安時代七大寺之一，所以寺內存有大量珍貴文物。興福寺內的五重塔是在730年由光明皇后所建，塔高50.1米，是日本第二高塔，僅次於京都的東寺。

INFO

奈良市登大路老街 48 | 074-222-7755 | 9:00am-5:00pm | www.kohtukuji.com | 國寶館•東金堂共通券 ¥900；國寶館 ¥700；東金堂 ¥300；中金堂 ¥500

有過百年歷史的なら仏像館(本館)。

東新館

西新館

Map19-2/ E3

佛教瑰寶

# 04 奈良國立博物館

奈良巴士 2 或 6 號至「國立博物館」下車

奈良國立博物館是日本四大國立博物館之一，分為本館、西新館和東新館。本館於1895年開館，至今已有過百年歷史，建築物本身已是珍貴古蹟。其後在1972年及1997年，分別開設西新館和東新館，令目前的展覽面積擴大為原來的1.7倍。館內收藏了許多有關佛教的藏品，分別來自日本本土、中國及韓國等地，是日本現時唯一以收藏佛教物品為主的國立博物館。館內分別有常設展和特別展，常設展會展出日本由飛鳥時代至鎌倉時代的佛像。

INFO

奈良市登大路町 50 番地 | 9:30am-5:00pm，周五及六至 8:00pm（逢周一休息）| www.narahaku.go.jp | 大人 ¥700；大學生或以下 ¥350

## 傳統之味

Map19-2/ F3

# 天平庵

05

奈良 2、6 號巴士於「東大寺大佛殿 • 春日大社前」站下車

天平庵位於奈良公園的入口，這裡的和菓子材料都經過嚴格挑選，無論紅豆、小麥和雞蛋都是由農家直接購買，確保優質新鮮。2樓的餐廳除可享用天平庵的甜點，釜飯亦相當馳名。所謂釜飯，近似香港的煲仔飯，都是原煲煮好才上桌，其中最受歡迎的是若雞釜飯。上桌時店員會放下沙漏，提醒食客待沙漏流完後再開蓋，才吃到最佳的滋味，非常認真嚴謹。

INFO

奈良市春日野 16 ふれあい回廊「夢しるべ風しるべ」內 | 074-225-5525 | 商店 10:00am-6:00pm，周六日及假日至 7:00pm；Cafe 12:00nn-5:00pm，周六日及假日 11:00am-6:00pm | 餐廳在疫情期間暫停營業 | www.tenpyoan.com

## 健康生活

Map19-2/ F3

06

# Ban-INOUE

奈良 2、6 號巴士於「東大寺大佛殿 • 春日大社前」站下車

Ban-INOUE本來是售賣奈良有名的麻布製品，近年也進軍飲食界。位於東大寺的分店集購物與美食於一身。客人除了可在環境幽美的奈良公園一邊選購Ban-INOUE精美又崇尚自然的產品，又可在cafe品嘗天然有機兼健康的美食，貫徹集團的信念，客人吃得又放心。

INFO

奈良市春日野 16 ふれあい回廊「夢しるべ風しるべ」內 | 074-227-1010 | 商店 10:00am-6:00pm；Cafe 11:30pm-4:30pm，周六日及假日至 5:00pm(周四休息) | www.asa-ban.com

## 四百年老字號

Map19-2/ F3

# 黑川本家

07

奈良 2、6 號巴士於「東大寺大佛殿 • 春日大社前」站下車

黑川本家於1615年創業，已有400年歷史。黑川賣的吉野本葛，是一種豆科植物，據說營養價值極高。黑川不但把吉野本葛化為四季合宜的甜品，甚至以此為材料，研製出多道既味美有健康的料理，在別處不易找到！

INFO

奈良市春日野 16 ふれあい回廊「夢しるべ風しるべ」內 | 074-220-0610 | www.yoshinokuzu.com | 11:00am-8:00pm

# 祈個好福 春日大社

Map19-2/ H4

08

奈良巴士 2 或 6 號至「春日大社表參道」下車步行 5 分鐘

春日大社建於768年，是全日本3,000處春日分社的主社，每天早晨和傍晚都會舉行侍奉神佛的儀式，一年舉行多達一千回的祭典活動。春日大社以朱紅柱子、白墻及天然扁柏製成的屋頂而聞名全國，更於1998年被登錄為世界遺產。據說春日大社祭祀的神祇，是騎著一頭白鹿到來，這也是奈良鹿的由來，所以奈良人視鹿為「神的使者」。

INFO

奈良市春日野町 160 | 074-222-7788 | 春夏 (11-2 月 ) 7:00am-5:00pm，秋冬 (10-3 月 ) 6:30am- 5:30pm | www.kasugataisha.or.jp | 入場費：￥500

## 【春日大社導賞】

南門是春日大社正面的樓門，高約12米，是春日大社最大的門。門前有一神石，只露出石角，用欄柵圍著，但神石的來源卻眾說紛云。

南門

藤浪之屋在北回廊的東角，是古時神職靜候的地方。每年2月及8月舉行「萬燈籠」時，社內會2,000盞石燈籠和1,000盞釣燈籠會同時點著，氣氛莊嚴。

藤浪之屋

禦正殿

本殿是由四幢建築組成，分別供奉武甕槌命、經津主命、天兒屋根命及比賣神四位神祇。這四幢建築每20年要重造一次，所以就算歷史悠久外觀仍非常簇新。

## 賞藤名所 Map19-2/ G3

# 萬葉植物園 ⑨

萬葉植物園就在春日大社前面，佔地9,000坪，有多達300種植物，單是藤的品種就有20個，是奈良著名賞藤花的名所。每年4至5月，都是藤花盛放的時間。到時萬葉植物園一片紫海，盛放空前。除了藤花，這裡也是賞紅葉的勝地。其實萬葉園四季都有不同花開，任何時間參觀都各有美態。

INFO

奈良市春日野町 | 入場費：¥500 | 9:00am-4:30pm（12-2月逢周一休息）| https://www.kasugataisha.or.jp/manyou-s/

## Map19-2/ G3 ⑩ 街檔大變身

# 春日荷茶屋

江戶時代末期，春日荷茶屋原來是春日大社內的一個小攤，放著一個扁擔，一頭是茶箱一頭是茶釜，售賣名為「火打燒」的果子，再用竹子燒火招待參拜客飲茶。今天春日荷茶屋已改為料理店，店家創新出「万葉粥」——挑選了十二款可入饌的野草，再配以白味噌煮成，成為這裡必試的名物。

INFO

奈良市春日野町(萬葉植物園正門外) | 074-227-2718 | 10:30am-4:30pm(休息不定，請參考網頁)| http://kasugataisha.or.jp/ninaijyaya/

## 另類添香油 Map19-2/ G4

# 石燈籠古道 ⑪

春日大社參道兩旁掛滿了石燈籠，日本人稱之為「常夜燈」。這些「常夜燈」是由信眾捐獻出來的，多達3,000個，每個燈上還刻有捐獻者的姓名，非常似中國人的添香油。這裡最古舊的常夜燈，可追溯至室町時代(1336-1573)，是珍貴的歷史遺產。

INFO

奈良市春日野町

奈良人氣商店街 **Map**19-2/ **C3**

# 東向商店街 ⑫

近鐵奈良駅 2 號出口即達

東向商店街就在近鐵奈良駅2號出口，短短一條街集中了食買玩店舖，非常方便。如果時間有限，可以往街頭的橫田物產總店和福泉堂血拚。店內已包攬奈良特產，包括吉野葛及各類柿子加工食品，走一趟肯定有收穫！

另一間手信店福泉堂有售超可愛的奈良吉祥物。

橫田物產總店

INFO

奈良市東向中町 15 番地 | 074-231-1557 | 10:30am-7:00pm（各店不同）| http://higashimuki.jp

柿の葉附設餐廳，可以吃全套的柿葉壽司定食。

**Map**19-2/ **C3** 懷舊美食

# ⑬ 柿の葉本舗たなか

近鐵奈良駅 2 號出口步行 2 分鐘

柿葉壽司是江戶時代於奈良及和歌山一帶很流行的壽司，與握壽司最大的分別，就是壽司都包上柿葉，以令魚類或其他食材不易變壞。今天吃柿葉壽司當然不是因為防腐，不過懷舊之餘，柿葉壽司有獨有的香味，是一次特別的體驗。

INFO

奈良市東向中町 5-2（東向商店街）| 9:30am-7:00pm | 074-281-3651 | www.kakinohasushi.co.jp

400年老店 **Map**19-2/ **C3**

# 奈良 寛永堂 ⑭

近鐵奈良駅 2 號出口即達

寛永堂是京都和菓子名店，創立於寛永年間(1624-1643)，至今接近400年。店家最著名的產品，乃奈良三笠燒，亦即是直徑20cm的大型銅鑼燒。除此以外，「寛永傳」也是必買手信，這款古法烤烘的小饅頭原來已有三百多年歷史，酥香的餅皮包裹著產自北海道的白鳳豆，難得是數百年來都深受歡迎。

INFO

奈良市東向中町 4 | 074-225-5282 | 9:00am-8:00pm | https://www.kaneido.com/

## 奈良人氣面油紙 Map19-2/ C3
# ひより日和 ⑮

近鐵奈良駅 2 號出口步行 4 分鐘

提到面油紙，許多人首先想起的一定是的京都よーじや(Yojiya)，其實奈良的ひより日和亦非常聞名，而且都是標榜以金澤的「金箔打紙製法」製作，令面油紙既軟且薄，吸油力特強。ひより日和產品的少女味較濃，而且會不時生產地區限定版，用來做手信既漂亮又實惠。

INFO

奈良市餅橋本町 28 | 074-220-0077 | 10:00am-7:00pm | www.hiyori.jp

## Map19-2/ C3 不文美食
# ⑯ 麵闘庵

近鐵奈良駅 2 號出口步行 2 分鐘

老闆津保井勇結合日本三大烏冬產地：秋田、群馬及長崎的優點，手打出最好吃的烏冬。為了令烏冬更出位，他用豆皮包著彈牙的烏冬，成為店內的名物「巾著袋油豆腐烏冬」，又因為外型似男性身上某袋型的部分，所以又被人命名為男烏冬。不過以上純粹綽頭，無論男女點餐也無任歡迎。

INFO

奈良市橋本町 30-1 | 074-225-3581 | 周一至五 11:00am-3:00pm，周六、日至 5:00pm（周二及三休息）

## 搗餅 Show
# 中谷堂 ⑰ Map19-2/ C3

近鐵奈良駅 2 號 出口步行 8 分鐘

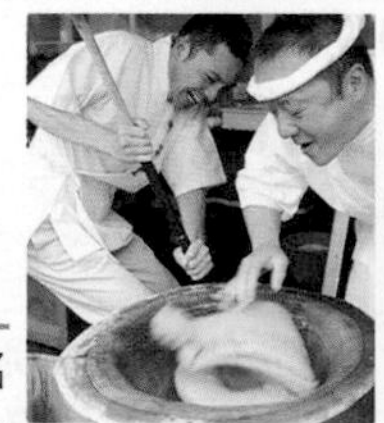

中谷堂的艾草麻糬草餅是奈良市的名店，除了因為草餅香糯軟滑，更因為店內會不定時上演中谷先生與弟子高速杵搗餅團的表演。每次「演出」，店外都會站滿觀眾。不過「演出」並不定時，通常周六日遇上的機會較大。就算錯過了，這種堅持以傳統手工製作的美食，也絕對值得光顧。

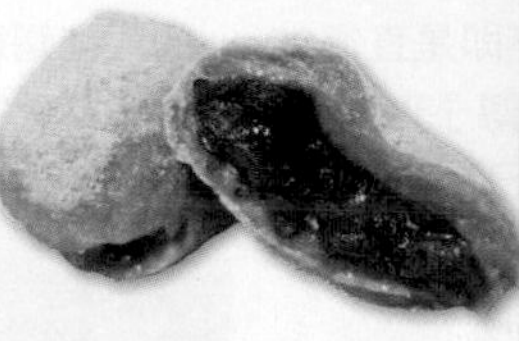

INFO

奈良市橋本町 29 | 074-223-0141 | 10:00am-7:00pm | www.nakatanidou.jp

## 體會古都風情
# 奈良町

⑱

**Map**19-2/ **D4**

 乘 2、6 號巴士於「田中町」站下車

日本著名的古城除了京都，還有奈良。話説公元8世紀，日本首都平城京就建在此地。由於二戰時奈良的破壞並不嚴重，大部分古蹟得以保存。奈良町就是奈良市中心的街道，佔地約48.3公頃，曾是整個奈良的商業中心。狹長的街路有許多江戶時代以來的町屋，經過活化工程，町屋不但得到保存，更化身為咖啡廳和商店，成為遊奈良除了古剎外另一看點。

INFO

奈良市中院町 21 | 074-226-8610 | www.naramachiinfo.jp

⑲

## 與東大寺齊名
# 元興寺

**Map**19-2/ **D5**

 乘 2、6 號巴士於「田中町」站下車步行 5 分鐘

元興寺位於奈良町正中央，寺院建於公元718年，以前曾與東大寺和興福寺齊名，並於1999年被登錄為世界文化遺產。寺院最大的看點為極樂堂，它不採用一般寺廟的梯形屋頂而改以三角形，亦不似一般寺廟以南門是正門，而是以東門作為正門，寓意寺院朝著西方極樂世界開啟。每年2月，元興寺會舉行節分會，其中的儀式火渡り就是要信眾踏過火炭路。絕對是對信仰的一大考驗。

INFO

奈良市中院町 11 | 074-223-1377 | https://gangoji-tera.or.jp | 9:00am - 5:00pm | 成人 ¥500，中學生 ¥300，小童 ¥100

## 鰻魚被窩
# 格子之家

**Map**19-2/ **D5**

⑳

 乘 2、6 號巴士於「田中町」站下車步行 2 分鐘

格子之家建於從江戶時代，是典型的「鰻魚被窩」型町家。所謂町家是京都奈良一帶民居的建築風格，町家多為兩層，有時也有三層的町家。而「鰻魚被窩」主要特色便是門面狹窄，屋內縱細深長，面向街道的部分是店面，再以細長的胡同連接廚房、房間、倉庫等地。因為狹長，所以稱為「鰻魚被窩」。格子之家保留了奈良古宅百多年前的風貌，免費開放予遊客參觀。

INFO

奈良市元興寺町 44 | 074-223-4820 | 免費開放 | 9:00am-5:00pm（周一休息）

## 馳名奈良織

# 遊 中川本店

**Map**19-2/ **D4**

近鉄奈良駅徒步 7 分鐘

去慣日本血拼的朋友，一定對「中川政七」有所認識。這間在1719年已開業的三百年老舖，主力買非常有日本傳統色彩的麻織品。位於奈良町的「中川政七」分店「遊 中川」，有很多以奈良名物大佛與鹿為主題的精品手信，其中不可錯過的是奈良織。這種奈良特產的織品原來是用來作蚊帳，因為輕、薄而吸水力強，成為非常受歡迎的花抹布，也是美麗而實用的伴手禮。

INFO

奈良市元林院町 22 | 074-222-1322 | www.nakagawa-masashichi.jp | 10:00am - 7:00pm

**Map**19-2/ **E5** 22

## 估佢唔到

# french o · mo · ya 奈良町

乘 2、6 號巴士於「田中町」站下車步行 5 分鐘

藏身於古色古香的百年町屋中，french o · mo · ya賣的竟然是法式料理，真的令人喜出望外。店主貫徹日法合璧的宗旨，不但採用京都特產的蔬菜和奈良的特產「大和牛」作法式料理食材，連餐具都以日本傳統陶瓷器「信樂燒」，非常講究。嫌晚餐4千多日圓貴，最平的法式午餐￥1,800已有交易，是和式料理以外的好選擇。

INFO

奈良市公納堂町 11 | 074-221-7500 | http://www.secondhouse.co.jp/omoya/omo3.html | 11:30am-1:30pm，5:30pm-7:30pm（周三休息）

## 馳名薩摩燒

# 春日庵

23

**Map**19-2/ **D5**

乘 2、6 號巴士於「田中町」站下車步行 5 分鐘

春日庵是奈良町內的甜品名店，其門面雖然有點平平無奇，但原來是一間在明治30年(1897年)已開業的百年老店。春日庵的招牌商品名為薩摩燒(さつま焼)，它是一種外表似紅薯的甜品，不過其餡料不是番薯，而是來自北海道的紅豆茸。薩摩燒曾榮獲全國菓子博覽會大臣賞得獎產品，可見實力非凡，是奈良的熱門手信。

INFO

奈良市中新屋町 28 | 0074-222-6483 | 門市 9:00am-6:00pm，茶房 11:00am-6:00pm，周四休息 | https://kasuga-an.co.jp

經典刨冰

Map19-2/ D4

# 萬御菓子誂処 樫舍 ㉔

乘 2、6 號巴士於「田中町」站下車步行 5 分鐘

樫舍充滿歷史味的外觀，與奈良町的氛圍絕配。樫舍是奈良町經典中的經典和菓子店，店內提供各種甜品小吃，其中最有人氣的是「葛燒き」，滿滿的一碗刨冰盛載著抹茶蜜、紅豆泥與湯圓，是消暑的妙品。如果是冬日，來一碗紅豆湯圓也是很好的選擇。

INFO

奈良市中院町 22-3 | 074-222-8899 | 9:00am-6:00pm | www.kasiya.jp

Map19-2/ C4

傳統工藝大展

# ㉕ 奈良工藝館

乘 2、6 號巴士於「田中町」站下車步行 5 分鐘

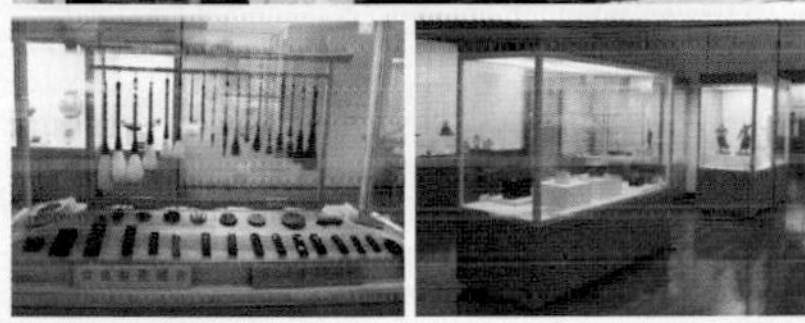

奈良以佛教聞名，悠久的歷史孕育出優秀的傳統工藝，包括雕刻、陶瓷及漆器的創作。在奈良工藝館中，遊客可以欣賞到奈良著名的一刀雕人偶、赤膚燒陶器、奈良筆畫作，與及其他珍貴的作品，是欣賞傳統日本細緻工藝創作的好去處。

INFO

奈良市阿字万字町 1-1 | 074-227-0033 | 免費開放 | 10:00am-6:00pm（周一及假日翌日休息）| https://nara-kogeikan.city.nara.nara.jp/

回到童年

㉖ Map19-2/ C5

# 奈良町玩具博物館(からくりおもちゃ館)

乘 2、6 號巴士於「田中町」站下車步行 5 分鐘

奈良町玩具博物館設於一幢建於明治23年(1890年)的百年古宅內，館內展示的，就是江戶時代以後的機關玩具。當年的玩具材料包羅萬有，有木頭、竹子及紙張等。雖然相隔百多年，一些玩具的精巧程度，仍然令我們這些現代人嘆為觀止。博物館另設體驗館，歡迎大人小朋友們DIY 打造第一件古早玩具。

INFO

奈良市陰陽町 7 番地 | 074-226-5656 | 免費開放 | 9:00am-5:00pm（周三休息）| https://karakuri-omochakan.jimdofree.com/

# 神戸

# KOBE

# 神戶對外交通

從大阪前來神戶，最簡單直接的方法就是乘坐JR神戶線新快速列車。至於接連大阪梅田的阪急及阪神電鐵，編輯部則不建議選乘，因車程比JR較長約10分鐘。除非讀者於北梅田一帶出發（如梅田東横Inn），否則JR實為首選。

# 神戶市內交通

神戶市設有循環巴士及完善的鐵路網絡，對於一般遊客，City Loop Bus會較為常用。

## City Loop Bus

City Loop Bus是專為遊客而設的循環巴士線，巴士會路經大多數旅遊景點，包括北野異人館、布引花園、舊居留地及神戶港。成人單程收費￥260，乘客亦可向車上職員購買一日乘車券￥700，隨票更附送北野異人館及其他景點的優惠券。

## 鐵路

### 市營地下鐵

設有兩條神戶東西兩端的路線——山手線及海岸線。遊客多會使用海岸線往來三宮駅至Harbourland駅（ハーバーランド駅），單程票價由￥210起，但論方便程度仍不及City Loop Bus。

### JR

東海道本線及山陽新幹線均路經神戶，惟兩線並不相交。從大阪前來，可於JR三ノ宮駅下車。若乘新幹線，則應於JR新神戶駅下車，然後再轉乘地下鐵山手線進入遊客區。

# 神戶交通概念圖

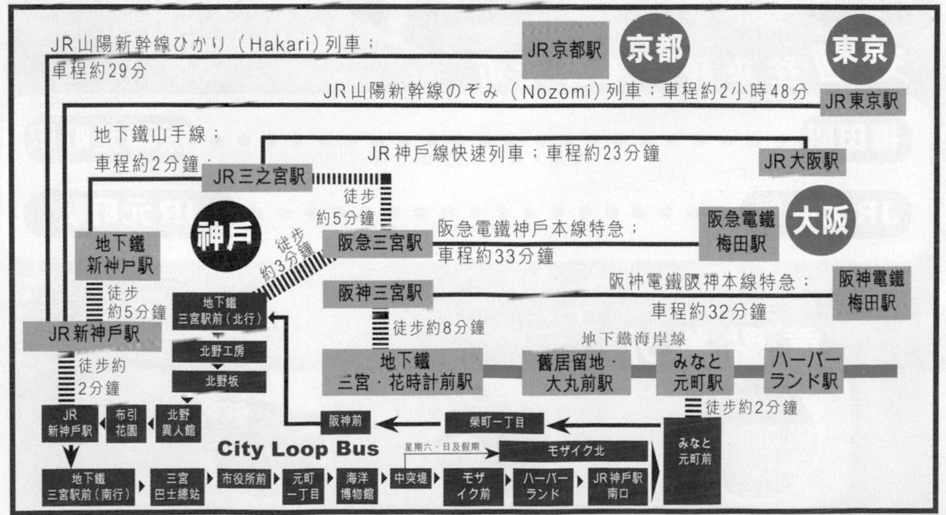

#關西唐人街 #和菓子手信

# 神戶港及元町

# Kobe Port & Matomachi

## 交通 往來神戶港及元町

梅田駅 ●●●●●●●●●●●●●●●●●●●● 阪神元町駅
阪神電鐵 • 阪神本線約36分鐘

JR大阪駅 ●●●●●●●●●●●●●●●●●● JR元町駅
JR • 神戶線快速列車約29分鐘

## 重點推介

麵包超人博物館
親子樂園

Frantz
洋菓子魅力園

南京町
中華風情

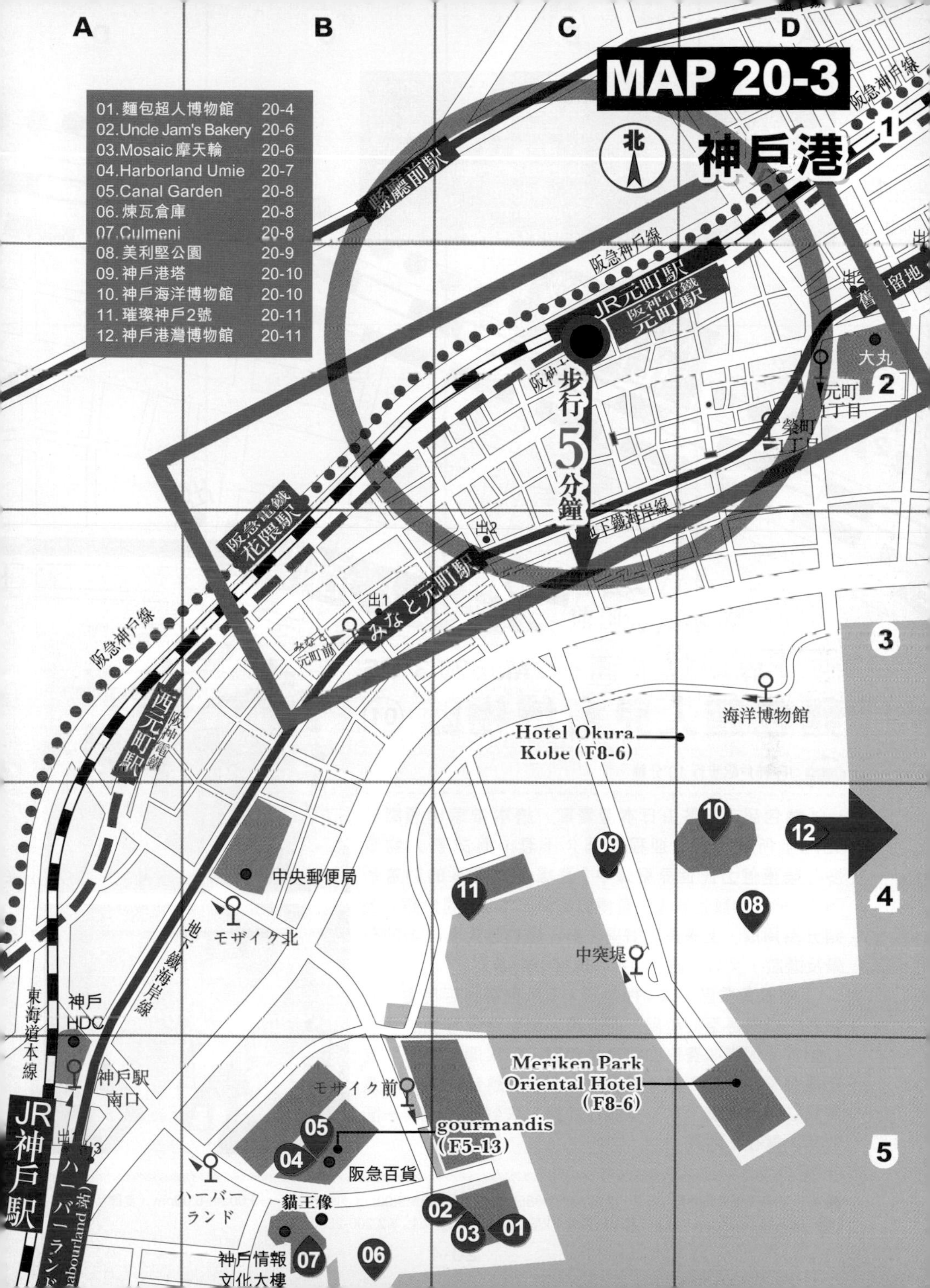

MAP 20-3
神戶港
A
B
C
D
1
2
3
4
5
01. 麵包超人博物館 20-4
02.Uncle Jam's Bakery 20-6
03.Mosaic 摩天輪 20-6
04.Harborland Umie 20-7
05.Canal Garden 20-8
06. 煉瓦倉庫 20-8
07.Culmeni 20-8
08. 美利堅公園 20-9
09. 神戶港塔 20-10
10. 神戶海洋博物館 20-10
11. 璀璨神戶2號 20-11
12. 神戶港灣博物館 20-11
北
縣廳前駅
阪急神戶線
JR元町駅
阪神電鐵元町駅
舊居留地
大丸
元町1丁目
榮町1丁目
步行5分鐘
地下鐵海岸線
阪急電鐵花隈駅
みなと元町駅
みなと元町前
出1
出2
阪神電鐵西元町駅
海洋博物館
Hotel Okura Kobe (F8-6)
中央郵便局
モザイク北
中突堤
東海道本線
神戶HDC
神戶駅南口
JR神戶駅
ハーバーランド站 (Habourland)
Meriken Park Oriental Hotel (F8-6)
モザイク前
gourmandis (F5-13)
阪急百貨
ハーバーランド
貓王像
神戶情報文化大樓

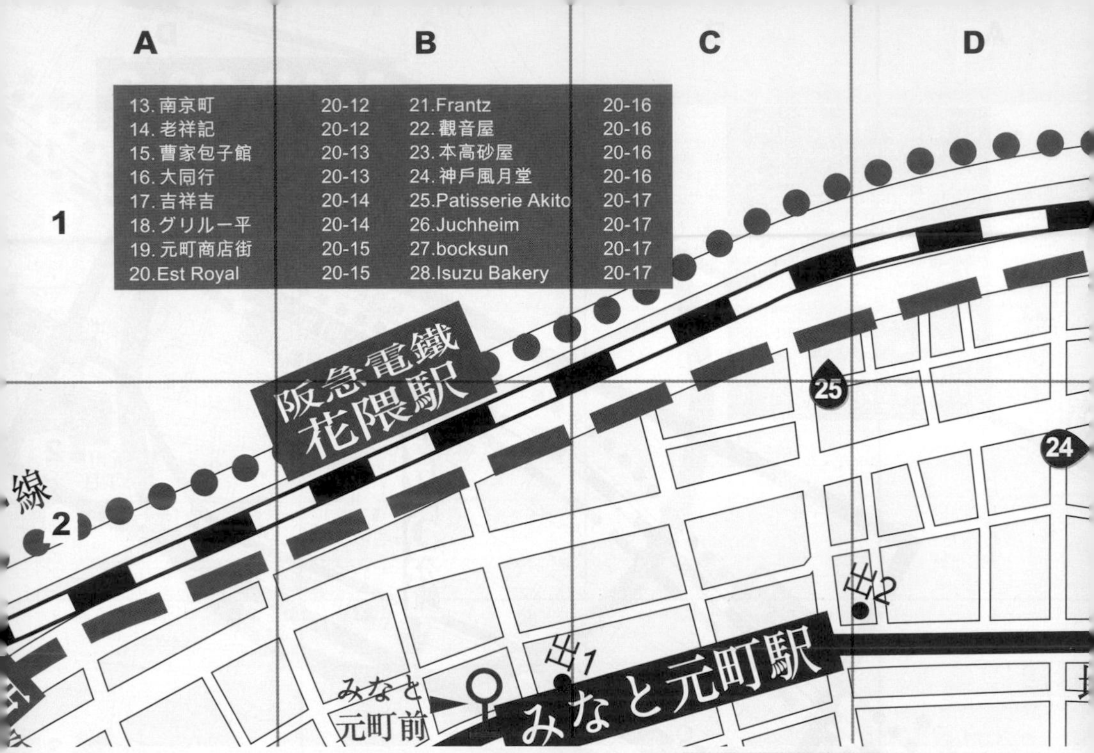

A B C D

| | | | |
|---|---|---|---|
| 13. 南京町 | 20-12 | 21.Frantz | 20-16 |
| 14. 老祥記 | 20-12 | 22. 觀音屋 | 20-16 |
| 15. 曹家包子館 | 20-13 | 23. 本高砂屋 | 20-16 |
| 16. 大同行 | 20-13 | 24. 神戸風月堂 | 20-16 |
| 17. 吉祥吉 | 20-14 | 25.Patisserie Akito | 20-17 |
| 18. グリル一平 | 20-14 | 26.Juchheim | 20-17 |
| 19. 元町商店街 | 20-15 | 27.bocksun | 20-17 |
| 20.Est Royal | 20-15 | 28.Isuzu Bakery | 20-17 |

1

阪急電鐵
花隈駅

線

2

25

24

出2

出1

みなと
元町前

みなと元町駅

破世界紀錄卡通 **Map**20-3/ **C5**

# 麵包超人兒童博物館 01

JR 神戸駅步行 10 分鐘

《麵包超人》是由日本漫畫家、繪本作家柳瀨嵩於1979年所創，受歡迎程度歷久不衰，而故事人物眾多，榮獲健力氏世界紀錄中「登場人物最多的動畫系列」。神戶的麵包超人兒童博物館是日本第4間分館，全館分為兩層，上層是收費區，有《麵包超人》故事的布景及遊戲，又有卡通人物定時現身小劇場。

下層是免費區，以《麵包超人》系列精品店為主，有餐廳、玩具甚至髮型屋，而卡通人物亦會現身和小朋友打招呼。因為收費區的對象是幼童，如果閣下的小朋友已是小學生，又不是《麵包超人》的狂熱fans，可以選擇只往下層遊覽。以一家四口計算，只到收費區轉一圈的話，實在不划算。

INFO

神戸市中央區東川崎町 1-6-2 | 078-341-8855 | 10:00am-5:00pm（博物館）、10:00am-5:00pm（食肆及商店）| www.kobe-anpanman.jp | 1/F 免費；2/F 遊戲區：1 歲以上 ￥2,200-2500/ 位

E F G H

阪急神戸線

JR元町駅

阪神電鐵
元町駅

線

1

28

27

出3

出2

22

舊居留地・大丸前駅

18

23

17

15

20

26

19

13

14

21

大丸

北

2

16

元町
1丁目

榮町
1丁目

MAP 20-4

海岸線

元町

卡通人物在免費區也會隨時現身。

麵包超人理髮店。

收費區的遊戲以幼童為對象，年紀較大的小朋友未必會感興趣。

## 一啖吞了麵包超人 02 Map20-3/ C5

# Uncle Jam's Bakery

 JR 神戶駅步行 10 分鐘

Uncle Jam's Bakery售賣的正是麵包超人內的角色造型麵包，可惜沒有常在劇中出現的果醬叔叔及牛奶妹妹造型。店舖設有透明廚房，全面公開各款麵包的製作過程。雖説麵包質素不算特別好，價格亦不便宜，但怎能抗拒那些可愛造型？

INFO

神戶市中央區東川崎町 1-6-2 | 078-341-8967 | 10:00am-7:00pm | www.kobe-anpanman.jp

## Map20-3/ C5 海天一色

# 03 Mosaic 摩天輪

 JR 神戶駅步行 10 分鐘

從麵包超人博物館向神戶港走，會看到這個耀眼奪目的摩天輪。這個高50米的摩天輪，是日本首個晚間會亮燈的摩天輪。在上摩天輪，可遠眺神戶港、港灣塔及中突堤等神戶港灣地標。晚上坐上五光十色的摩天輪上，更倍添浪漫。

# 神戶港超大購物中心 Map20-3/ B5
# Harborland Umie 04

JR 神戸駅步行 10 分鐘

Harborland Umie坐落於神戶港灣畔，分為NORTH MALL、SOUTH MALL及MOSAIC三棟，裡面共有230多家店鋪，如UNIQLO、COMME CA STORE、RIGHT-ON、ABC MART 和100円店SERIA 等，還有美食廣場及超市，玩足半天都唔怕悶，也是欣賞神戶港夜色的絕佳地點。

門前貓王銅像本屬原宿竹下通貓王專門店，但因店家結業遷至現址，成為日本Jazz的發祥地神戶的地標之一。

INFO

神戶市中央區東川崎 1-7-2 | 078-382-7100 | 10:00am-8:00pm | umie.jp

## 【食肆推介】

### Eggs 'n Things

來自東京表參道人氣的鬆餅專賣店，著名的超高奶油山鬆餅是必吃美食。

**地址**：Mosaic 2 樓 [39]

### 仙台牛たん福助

牛舌乃仙台名物，福助以炭烤方式，加上鹽巴調味，簡簡單單已是人間美味。

**地址**：Mosaic 2 樓 [34]

### 花水木

堅持用有300年傳統的方式造蕎麥麵，用出石燒的小碟，盛載五小碟蕎麥麵是這裡的特色。

**地址**：Mosaic 2 樓 [26]

### 菜の庵

人氣火鍋放題，有螃蟹、牛肉及豬肉組合，特點是有大量不同菜蔬選擇，增添健康元素。

**地址**：Mosaic 3 樓 [3]

## 神戶最大Uniqlo Map20-3/ B5
# Canal Garden 05

JR 神戶駅步行 10 分鐘

位於Harborland Umie南北翼之間的康莊大道，大道兩旁分別是Hankyu神戶阪急與HaRe兩大百貨。若時間有限宜主攻HaRe(Harbour Renaissance)，內有Comme Ça Store、Joyce、ABC Mart、Uniqlo等，當中Uniqlo 分店面積更達1,000坪，為全神戶最大。

INFO
神戶市中央區東川崎 1-7-2 | 075-365-7528 | 10:00am-8:00pm | umie.jp

## 古蹟活化 Map20-3/ B5
# 煉瓦倉庫 06

煉瓦倉庫內的FELICE LIFESTYLE，專售型格家品傢俬。

JR 神戶駅步行 10 分鐘

由兩座1890年代的倉庫改建而成，外表散發懷舊氣息，吸引多家餐廳與婚姻顧問公司在此開業。倉庫旁邊有以木搭成的Harbor Walk，環境清靜浪漫，因而吸引不少情侶前來撐枱腳兼飯後散步。

INFO
神戶市中央區東川崎町 1-5-5 | 075-365-8666 | 11:30am-7:00pm（各店有異）| www.kobe-renga.jp

## 美食掛帥 Map20-3/ B5
# Culmeni 07

JR 神戶駅步行 10 分鐘

這裡以生活雜貨店為主，商場匯聚多家人氣美食店為賣點，包括有當地著名的食蟹專門店蟹道樂等。頂樓設有居酒屋、卡拉OK等設施，設特大玻璃窗，可觀賞到神戶美麗市景。

INFO
神戶市中央區東川崎町 1-5-7 | 078-362-0960 | www.culmeni.jp | 商店 11:00am-8:00pm；餐廳 11:00pm-11:00pm（各店有異）

堅過美利堅

# 美利堅公園 ⑧ Map20-3/ D4

地下鐵みなと元町駅步行 8 分鐘

美利堅公園沿海而建，其名字源於明治時代於附近進駐的美國領事館，因而叫作「美利堅」。寬闊的公園內容納了市內多個知名地標，如神戶港震災紀念公園、神戶港灣塔等。

INFO

神戶市中央區波止場町 | 078-327-8983

## 【經典地標】

### 神戶港震災紀念公園

1995年1月17日，阪神・淡路的7.3級大地震使關西地受到毀壞性的破壞，這個公園就是希望保留當年地震的遺跡，讓日本人不要對災難淡忘，時刻警剔自己。

### TECHNO SUPER LINER

這艘船是川崎重工於1994年生產及試航的實驗水翼船，別號「疾風」，在6米高的海浪上仍然安全行走，實驗後則放在美利堅公園展覽。

### 繡球花之鐘

由神戶華僑總會饋贈，於1992年為慶祝中日建交20周年而設。

### 聖母瑪利亞號

據説聖母瑪利亞號乃哥倫布航海時使用的帆船，現佇立於公園中央的正是該船的複製品。

### 移民乘船記念碑

1908年，神戶港首次有移民船啟航前往巴西，而記念碑描述船上一家三口的「希望の船出」，象徵神戶邁向國際。

鉄塔の美女

# 神戶港灣塔

Map20-3/ C4

09

地下鐵みなと元町駅步行 5 分鐘，或 City Loop 於中突堤下車步行 2 分鐘

鮮紅色高塔以32條巨型鋼枝建造，樓高108米，於1963年建成，因神戶塔像美女的纖腰，所以神戶塔有另一個稱號「鉄塔の美女」。神戶塔之所以用上紅白二色，原因是航空法限制不可使用影響視野的顏色。塔內共分5層：1樓為土產店，2樓為紀念品店，3樓是旋轉咖啡室，4、5樓乃展望台。建議日落時間前往，可同時感受神戶市日與夜的魅力。

INFO

神戶市中央區波止場町 5-5 | 078-391-6751 | www.kobe-port-tower.com | 神戶港灣塔現正維修至 2023 年重開

神戶港歷史

# 神戶海洋博物館

Map20-3/ D4

10

地下鐵みなと元町駅步行 5 分鐘，或 City Loop 於中突堤下車步行 2 分鐘

為慶祝神戶港開港120周年而建，於1987年開幕，博物館分成兩部分：「海洋博物館」及「企業博物館KAWASAKI GOODTIMES WORLD」。透過生動有趣的方式，如展示歷年來的船具寶物、模型及3D 電影，向大眾介紹神戶港自江戶時代開始的歷史。企業博物館部份則展示出川崎重工的百年歷史，參觀者更可以接觸各種有關海陸空交通工具的實物。

INFO

神戶市中央區波止場町 2-2 | 078-327-8983 | 10:00am-6:00pm，周一休息 | 大人 ¥900；小童 ¥400 | www.kobe-maritime-museum.com

## 暢遊大阪港 Map20-3/ C4

# 璀璨神戸2號

地下鐵みなと元町駅步行 5 分鐘，或 City Loop 於中突堤下車步行 2 分鐘

璀璨神戸2號 (LUMINOUS KOBE 2) 是日本最大規模的餐廳式遊船。船內以 Art Deco 風情裝飾空間，洋溢著優雅氣氛。每天不同時段都有航班出發，由正午、黃昏至晚上，從神戸港最遠航行至明石海峽，全程約2.5小時，盡覽大阪灣的風情。

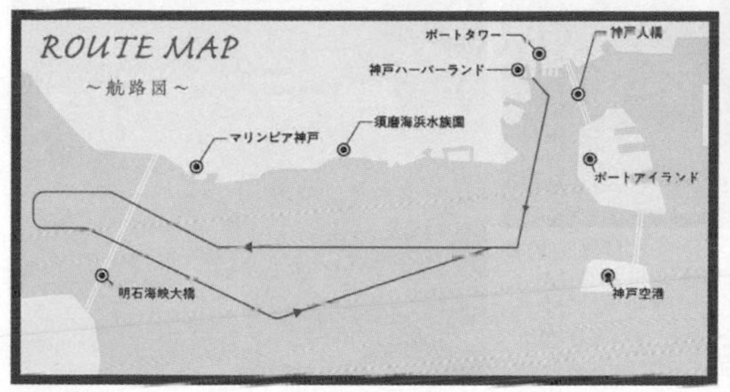

INFO

神戸市中央區波止場町 5-6 中突堤旅客碼頭 | 078-333-8414 | 午餐巡游：12:30pm-3:00pm，晚餐巡游：6:00pm-8:30pm | 收費：成人 ￥15,000，小童 ￥9,000 | https://thekobecruise.com/luminous/ | * 靠窗座每位加收 ￥1,000；** 航班會因應疫情及其他因素停航，敬請注意。

## Map20-3/ D4 神戸新地標

# ⑫ 神戸港灣博物館

地下鐵みなと舊居留地、大丸前駅步行 5 分鐘

神戸港灣博物館是神戸港最新的地標建設，於2021年10月底開幕。博物館外觀比較平平無奇，原來是隱喻長期被雨滴侵蝕仍屹立不倒的神戸港。博物館一樓是美食街「TOOTH MART FOOD HALL & NIGHT FES」，提供神戸及全國的特色美食，二至四樓為劇場演出型態的水族館「ā toa」，把水中生物的形態結合藝術表演空間，令人耳目一新。

INFO

神戸市中央區新港町 7-2 | 水族館 10:00am-9:00pm，美食街 11:00am-11:30pm| 水族館門票 成人 ￥2,400，小學生 ￥1,400，特定假日門票價格會調整 | https://kobe-port-museum.jp/

# 中華風情 南京町

⑬ Map20-4/ F2

 JR 或阪神元町駅步行 4 分鐘

神戶南京町是日本三大中華街之一（其餘是橫浜及長崎），這條長300米的中華街，店舖合共超過80間，主要集中於栄町通及元町通之內。店舖名副其實中日合璧，雖然有點雜亂，不過有她與別不同的風格。對中國土產及食品興趣不大的香港遊客，也可跟著日本人排隊湊湊熱鬧，試試街內名店老祥記、大同行的包子，分分鐘有意外驚喜。

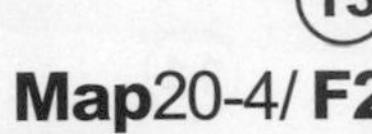

南京町廣場位於整條大街的中心，公仔塑像與涼亭old school得來卻搶眼。

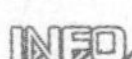

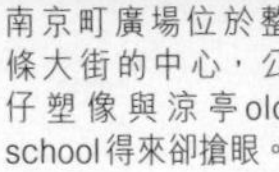

INFO

神戶市中央區栄町通 1-3-18 | 11:00am-8:00pm（各店有異）| www.nankinmachi.or.jp

## 【南京町3大人氣包子】

熱辣辣豚饅一個只售￥100。

### ⑭ Map20-4/ F2 人龍打蛇餅 老祥記

 JR 或阪神元町駅步行 4 分鐘

老祥記於1915年開業，一直是南京町的人龍名店。商店的招牌「ぶたまん」豚饅以天津包子為基礎，加入適合日本人的元素，例如把體積縮小方便一口吃下，配合自家秘製醬油，令包子散發獨特的蔥香肉香，最高紀錄可日賣13,000個！想試名物建議可在10:00am-11:00am或5:25pm-6:15pm前往，人流可能會較少，不過最低消費排20至30分鐘隊實難避免。

INFO

神戶市中央區元町通 2-1-14 | 078-331-7714 | 10:00am-6:30pm，逢周一休息 | roushouki.com/

## 老祥記好兄弟 曹家包子館 ⑮ Map20-4/ F2

 JR 或阪神元町駅步行 4 分鐘

曹家包子館是老祥記的姊妹店，招牌產品為「椎茸豚饅」。椎茸類似中國的冬菇，放進包裡令餡料更香。如果在老祥記定休日的周一，曹家包子館會改賣老祥記的豚饅。這裡的豚饅和老祥記出品的水準相同，而且不用排隊，最啱懶人幫襯。

INFO
神戶市中央區元町通 1-3-7 | 078-331-7726 | 10:00am-6:30pm，逢周二休息 | www.roushouki.com/paotukan/

## 此黑無價 大同行 ⑯ Map20-4/ F2

 JR 或阪神元町駅步行 5 分鐘

同樣是中式點心外賣店，大同的包點就以破格創新取勝。店內自創的中式點心甚有特色，有一口煎餃子、中式四川辣牛肉漢堡等，但最叫人一見難忘的，想必是店中的黑豚包了，黑漆漆的外層以墨魚汁製造，內裡的餡料就用上宮崎豚肉，咬落頗軟熟。

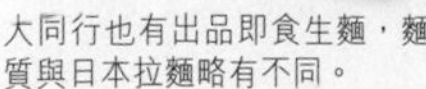
大同行也有出品即食生麵，麵質與日本拉麵略有不同。

黑豚包黑漆漆的外層，包著上等的宮崎豚肉。

一口煎餃子也非常受歡迎，一客二十隻，細細隻容易食。

INFO
神戶市中央區栄町通 1-3-13 | 078-331-5356 | 10:00am-6:00pm，周六日及假日至 7:00pm( 周三休息 ) | www.daidoko.net

## 平吃神戶牛
# 吉祥吉 ⑰

Map20-4/ E2

JR 或阪神元町駅步行 4 分鐘

吉祥吉有多間分店，想以廉價吃到神戶牛，一定要幫襯小吃店ハコイリ神戶牛，不論炸肉餅、可樂餅、拉麵和漢堡等都是由矜貴的神戶牛所製。至於餐廳本店除了鋸扒，也有全套定食，都是由 ¥3,500 起，真正豐儉由人。

小吃店最受歡迎的神戶牛可樂餅和漢堡。

餐廳的門口。

小吃店就在餐廳旁邊。

INFO

**小吃店ハコイリ神戶牛** 神戶市中央區元町通 2-1-14 | 078-392-2944 | 11:00am-9:00pm
**吉祥吉餐廳** 神戶市中央區元町通 2-4-14 | 078-332-1122 | 11:00am-3:00pm、5:00pm-9:00pm
https://www.koubegyuu.com/

Map20-4/ F2

## 老字號洋食
# ⑱ グリル一平

JR 或阪神元町駅西口步行 2 分鐘

一平是神戶本地老字號洋食店，創於 1952年，室內裝飾非常平實親民。食物以西餐為主，招牌菜是蛋包飯，以皮薄見稱。其他的鐵板扒餐也很有水準。

蛋包飯內藏香軟米飯，加上秘製醬汁，雖簡單但美味。

INFO

神戶市中央區元町通 2-3-2 ジエムビル地下 1 階 | 078-599-5785| 11:00am-3:00pm，5:00pm-8:30pm( 周四休息 )| https://grill-ippei.co.jp/

# 神戶最熱鬧地段 ⑲
# 元町商店街 Map20-4/ G2

 JR 或阪神元町駅西口步行 4 分鐘

跟南京町不過一街之隔，元町商店街卻帶來截然不同的風貌。整條商店街分為1番街、3丁目、4丁目、5丁目及6丁目，合共有逾300家店舖，服裝、精品、洋菓子等商店一應俱全。整條大街設有大型天幕，即使橫風橫雨，也可安心在此逛個夠。當中的1番街及3丁目一帶，有神戶著名的百年洋菓子店如本高砂屋、神戶風月堂及Juchhcim等的總店或分店都設於此，是名副其實的洋菓子名店街。

INFO
神戶市中央區元町通（1丁目至6丁目）| 078-391-0831（神戶元町商店街連合會）| www.kobe-motomachi.or.jp| 10:00am-9:00pm（各店有異）

## 【神戶甜品時光】

# Map20-4/ F2 招牌法式泡芙
# ⑳ Est Royal

 JR 或阪神元町駅步行 5 分鐘

神戶開港140年，是日本較早接觸西方文化的城市，所以「洋菓子」店林立，融合日本及西方的技巧製作甜點。Est Royal的老闆東山行延先生早年也曾在法國留學，歸國後在1988年創立Est Royal，其中泡芙更是招牌產品。Est Royal的泡芙不但忌廉濃滑細緻，更加入產自馬達加士加的香草，散發獨有的香味。其他人氣甜品包括手指泡芙(迷你泡芙)等，都同樣精緻味美，令人感到幸福。

**手指泡芙** ￥162/ 個
有抹茶及朱古力味選擇，一個一啖剛剛好。

季節限定櫻花泡芙。

**忌廉泡芙** ￥237/ 個

人氣海綿卷蛋。

INFO
神戶市中央區元町通 1 丁目 5-3 | 078-391-5063 | 10:00am-6:30pm | www.estroyal.co.jp/

甜品魔法 **Map20-4/ E2**

# Frantz

 JR 或阪神元町駅步行 4 分鐘

Frantz是神戶的人氣甜品店，當中以白朱古力包裹著士多啤梨的「草莓巧克力」(神戶苺トリュフ)最具人氣。另外推介「神戶魔法壺布丁(神戶魔法の壺プリン)」，茶色壺裡裝滿雪白的忌廉與濃郁的吉士醬，最底層則是焦糖，味道很有層次，每天作限量發售。

神戶苺トリュフ ¥1,080
神戶魔法の壺プリン ¥1,680/4壺

INFO
神戶市中央區栄町通 2-9-8 | 078-392-3623 | 平日 11:00am-5:00pm，周六日及假日至 7:00pm| www.frantz.jp

馳名芝士蛋糕 ㉒

# 觀音屋

**Map20-4/ E1**

JR 或阪神元町駅步行 3 分鐘

觀音屋以芝士蛋糕馳名，所用芝士都是由丹麥直接進口，非常講究。這裡的芝士火鍋也非常聞名，加入紅酒，味道更獨一無二。店內布置亦甚有特色，在充滿歐陸古典風情的裝飾中，有一尊觀世音像端坐其中，東西文化巧妙結合，創造出獨特的用膳環境和氛圍。

芝士蛋糕比香港吃慣的較濕潤，味道更濃。

芝士火鍋可配麵包、肉類或水果。

INFO
神戶市中央區元町通 3-9-23 | 078-391-1710 | 10:30am-8:30pm | www.kannonya.co.jp/

神戶起家百年老店 ㉓

# 本高砂屋 Map20-4/ E2

 JR 或阪神元町駅步行 3 分鐘

這個來自神戶的品牌創於1877年。本高砂屋以製作瓦煎餅起家，之後不斷研製新款洋菓子，其中最經典的是Ecorce三角曲奇。另外其他系列如Handel Ziegel杏仁片、Chocolat Ecolise朱古力曲奇都是受歡迎的商品。

Ecorce三角曲奇 ¥378/18枚

INFO
神戶市中央區元町通 3-2-11 | 078-331-7367 | 10:00am-7:00pm | www.hontaka.jp

神戶老店 **Map20-4/ D2**

# 神戶風月堂

㉔

 JR 或阪神元町駅步行 3 分鐘

神戶風月堂於明治30年(1897年)創業，必試的甜點是法蘭酥(Gaufres)，亦即是夾心煎餅，以兩塊又薄又脆的餅乾夾著忌廉夾心，雖然簡單卻風行過百年。在元町總店銷售的法藍酥禮盒，更印上神戶名勝地標如神戶港及港灣塔，很有紀念價值。

INFO
神戶市中央區元町通 3 丁目 3-10 | 078-321-5598 | 10:00am-6::00pm | www.kobe-fugetsudo.co.jp/

## 名氣實力派甜點
# Patisserie Akito
**Map**20-4/ **C1** ㉕

JR 或阪神元町駅步行約 5 分鐘

Akito由甜點大師田中哲人所經營，其得意之作有草莓牛奶醬，用自家農場栽種的神戶產草莓，配合淡路島產的優質牛奶熬煮2小時，簡單塗抹在麵包上，夾雜著草莓的酸甜味、與濃郁奶香的完美平衡。

INFO

神戶市中央區元町通 3-17-6 | 078-332-3620 | 10:00am-6:30pm（周二休息）| https://www.kobe-akito.com/

## 異域揚威
# JUCHHEIM
**Map**20-4/ **G2** ㉖

地下鐵舊居留地．大丸前駅步行 5 分鐘

JUCHHFIM的創辦人KARL JUCHHEIM來自德國，他在第一次世界大戰中被俘虜並被帶往日本的集中營。戰爭結束後他決定留在日本，並於橫濱開店，更推出大受歡迎的年輪蛋糕。在眾多款式中以蘋果年輪蛋糕最受歡迎，一層層蛋糕包裹著糖漬過的蘋果肉，既清新又juicy。

蘋果年輪蛋糕 ¥1,620

INFO

神戶市中央區元町通 1-4-13 | 078-333-6008 | 11:00am-7:00pm(周三休息) | www.juchheim.co.jp

## 「神戶流」洋菓子 ㉗
# Bocksun
**Map**20-4/ **H1**

JR 或阪神元町駅步行約 5 分鐘

Bocksun開業於1935年，在競爭激烈的神戶洋菓子界開設5家分店。店家的甜點堅持傳統的「神戶流」洋菓子製作法，做出「法國與德國甜品所沒有的風味」，更在2008年榮獲姬路菓子博的甜品獎項。

INFO

神戶市中央區三宮町 2 丁目 6-3 | 078-391-3955 | 商店 11:00am-7:00pm；café 12:00nn-7:00pm | www.bocksun.com

## 得獎麵包店
# Isuzu Bakery
**Map**20-4/ **G1** ㉘

地下鐵舊居留地．大丸前駅步行 3 分鐘

Isuzu Bakery曾被神戶市麵包評選部譽為「神戶名匠」。他們一直以少用酵母及低溫搓麵糰的手法製作麵包，盡量避用人工色素材料，非常受當地居民歡迎，是早餐必吃之選。

原味方包ハード山食 ¥259
榮獲第20及21回全國菓子博內閣總理大臣賞得獎作品。

INFO

神戶市中央區元町通 1-11-18 | 078-393-4180 | 8:00am-9:00pm | isuzu-bakery.jp

#全天候商店街 #摩登復古建築

# 三宮及舊居留地
# Sannomiya & Kyu-Kyoryuchi

## 交通 往來三宮及舊居留地

| 出發 | 路線 | 到達 |
|---|---|---|
| 梅田駅 | 阪急電鐵・神戶本線約33分鐘 | 神戸三宮駅 |
| 梅田駅 | 阪神電鐵・阪神本線約33分鐘 | 阪神三宮駅 |
| JR大阪駅 | JR・神戶線快速列車約23分鐘 | JR三ノ宮駅 |

## 重點推介

38番館
最經典地標

三宮一街
熱鬧商圈

花時計
日本首個花卉時鐘

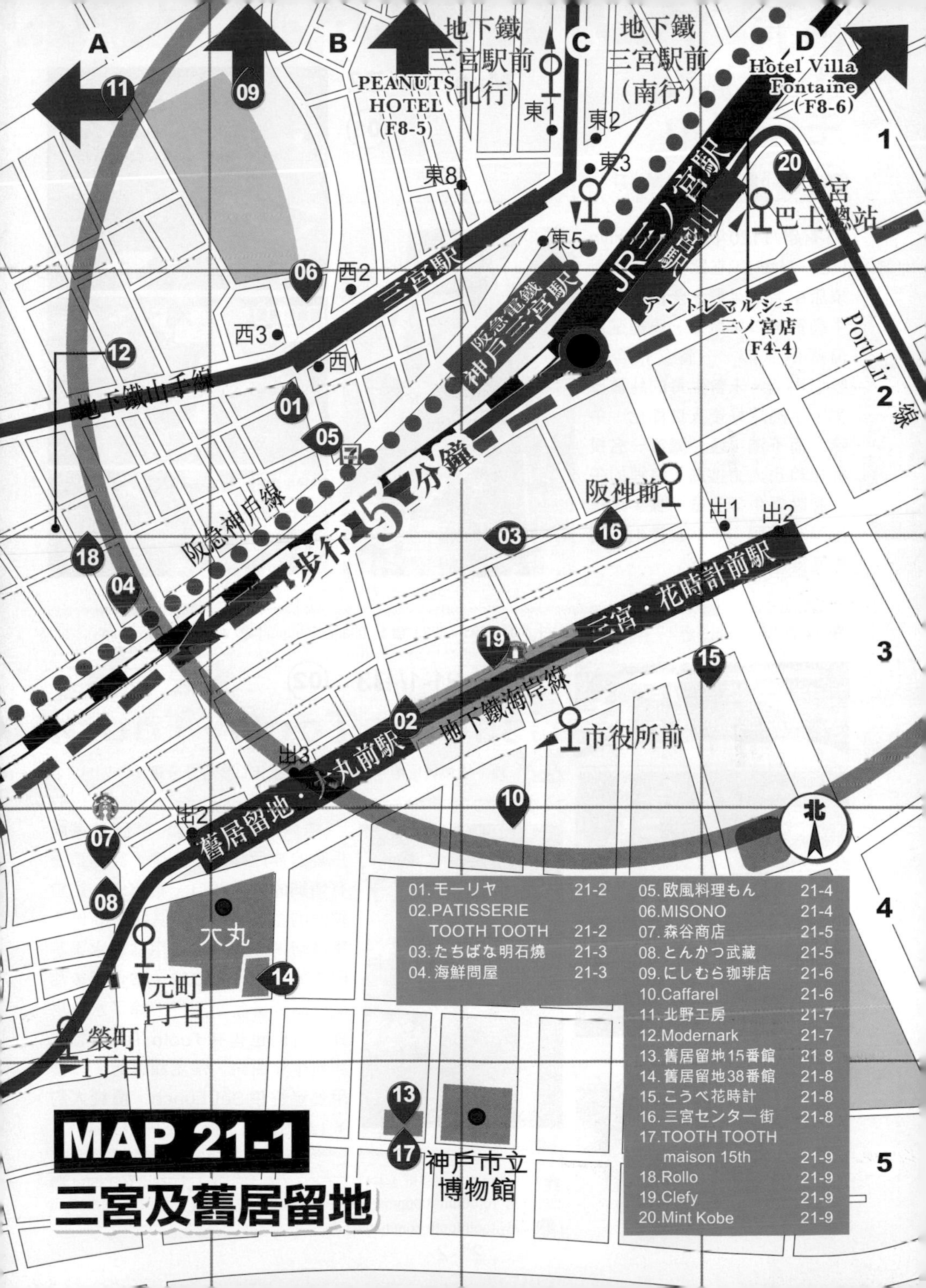

MAP 21-1
三宮及舊居留地
01.モーリヤ 21-2
02.PATISSERIE TOOTH TOOTH 21-2
03.たちばな明石焼 21-3
04.海鮮問屋 21-3
05.欧風料理もん 21-4
06.MISONO 21-4
07.森谷商店 21-5
08.とんかつ武藏 21-5
09.にしむら珈琲店 21-6
10.Caffarel 21-6
11.北野工房 21-7
12.Modernark 21-7
13.舊居留地15番館 21-8
14.舊居留地38番館 21-8
15.こうべ花時計 21-8
16.三宮センター街 21-8
17.TOOTH TOOTH maison 15th 21-9
18.Rollo 21-9
19.Clefy 21-9
20.Mint Kobe 21-9
PEANUTS HOTEL (F8-5)
Hotel Villa Fontaine (F8-6)
アントレマルシェ 三ノ宮店 (F4-4)
地下鐵 三宮駅前 (北行)
地下鐵 三宮駅前 (南行)
三宮巴士總站
JR三ノ宮駅
阪急電鐵 神戸三宮駅
三宮駅
地下鐵山手線
阪急神戸線
步行5分鐘
阪神前
三宮・花時計前駅
地下鐵海岸線
市役所前
舊居留地・大丸前駅
大丸
元町1丁目
榮町1丁目
神戸市立博物館
Port Liner線
北

## 林志玲激讚 モーリヤ

Map21-1/ B2 01

地下鐵三宮駅西1號出口

有超過120年歷史的Moriya（モーリヤ），在眾多神戶鐵板燒店中名聲最響，全因店內的牛肉質素口碑載道，這裡選用但馬牛家鄉——養父市合約牧場出產、未曾生育的純種母牛，牛肉烤好後入口即化，牛味濃而不濁，連台灣第一名模林志玲也大力推薦！這裡的午餐和晚餐牛排分量一樣，只是配菜有不同，想平食貴牛你當然懂得揀！

鐵板龍蝦餐 ¥15,000
包括160gA5和牛及龍蝦。

神戶牛套餐
最平的神戶牛里脊牛排由¥5,800起。

INFO
神戶市中央區下山手通2丁目1-17（本店）| 078-391-4603 | 11:00am-10:00pm | www.mouriya.co.jp

## 實食冇黐牙 Patisserie Tooth Tooth

Map21-1/ B3 02

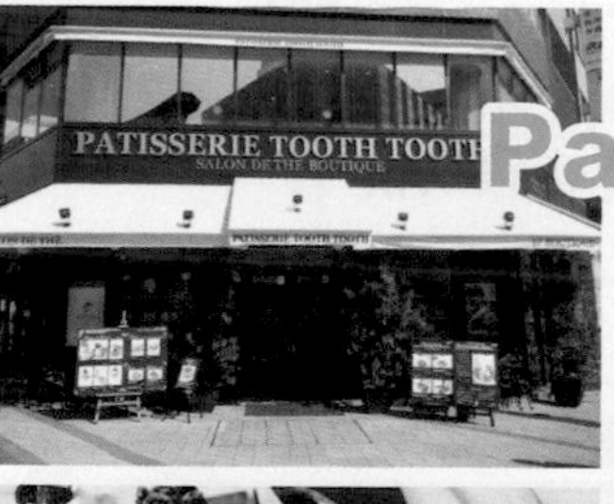


地下鐵舊居留地・大丸前駅3號出口步行5分鐘

神戶的甜點名舖，早已是家喻戶曉的神戶洋菓子品牌，經過這麼有情調的店家門口，相信您一定會被他的蛋糕吸引住，其招牌新鮮水果塔切得很細長，使用當季水果等製成的季節限定口味，當作飯後甜點的話分量就剛剛好，除了水果塔外，店內也售有Tooth Tooth各式經典牛油曲奇、常溫甜點等，二樓用餐區提供Set Lunch，價錢大約¥1,500左右，座位空間很寬廣。

INFO
神戶市中央區三宮町1-4-11ラティス三宮1/F-/2F | 078-334-1350 | 1/F商店10:00am-8:00pm；2/F餐區11:00am-7:00pm，周六日至8:00pm | www.toothtooth.com/patisserie

## 兵庫縣名物 Map21-1/ C3

# たちばな明石燒 03

地下鐵三宮 • 花時前駅行 5 分鐘

明石燒和章魚燒有點類似，分別在吃法及材料使用上的不同；明石燒混合麵粉、無筋麵粉、章魚粒及雞蛋作材料，加熱以後不會變硬，形狀較扁圓；由於明石燒的雞蛋成分比較多，口感特別軟嫩，故又稱為玉子燒；吃時可以依個人喜好塗芥末或直接浸於混布湯內、灑上蔥花，讓明石燒吸飽高湯後一起吃。

INFO

神戶市中央區三宮町 1-8-1 San Plaza B1F | 078-391-3793 | 11:00am-7:00pm

## Map21-1/ A3 揀手海鮮即時送上

# 04 海鮮問屋 三宮 セリ壹

JR 或阪神元町駅步行約 5 分鐘

餐廳名物三文魚籽丼，三文魚籽滿到瀉。

餐廳的海鮮每天由和歌山、長崎、北海道、青森、宮城等全國七個著名魚港產地直送，確保來貨新鮮。餐廳內還設置魚缸，讓客人在魚類活生生的情況下挑選，才即場處理，非常有香港海鮮攤的風格。餐廳更不時會以拍賣的形式鼓勵客人參加競投，就算是旁觀，也感受到箇中的熱熾氣氛。

INFO

中央區北長狭通 3-1-2 丸福ビル地下 1 階 | 050-5828-4858 | 2:00pm-12:00mn|
https://www.facebook.com/seriichi.sannomiya/

## 馳名吉列牛排 Map21-1/ B2 05

# 歐風料理もん（MON）

 阪急三宮站步行約 5 分鐘

到神戶吃牛，最多人推薦是鐵板，其實吉列也是流行的食法。歐風料理もん開業已有80多年，以吉列牛扒見稱，這裡使用秘製麵包糠，醬汁亦用上10天熬製而成。除了牛扒，吉列豬扒及炸豬扒三文治同樣是人氣商品，而蛋包飯亦很有水準，加上價錢平易近人，吃膩了鐵板扒的朋友可以到來一試。

INFO

神戶市中央區北長狹通 2-12-12 | 078-331-0372 | 11:00am-9:00pm（每月第 3 個周一休息）

## Map21-1/ B2 06

## 鐵板燒始祖

# Misono

 阪急三宮站西口往北步行 2 分鐘

¥3,850(含税)，包括國產牛柳120g、沙律及3種燒野菜。

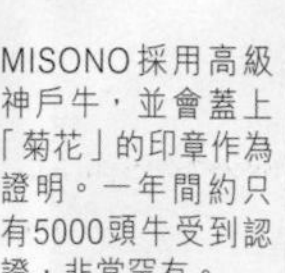

MISONO採用高級神戶牛，並會蓋上「菊花」的印章作為證明。一年間約只有5000頭牛受到認證，非常罕有。

1945年創立的Misono，號稱鐵板燒始祖。話說二戰後，年青的藤岡重次就憑著一塊在造船廠得到的鐵板在神戶開業，並以鐵板燒(Teppan-yaki)命名，更研發了不同的鐵板燒烹煮方式及器具，令鐵板燒成為日本的著名料理。今天Misono已在京阪神及東京開設分店，不過神戶的總店甚有氣派，高踞商廈的7-8樓，食客在享用Misono精挑食材及師傅高超廚藝之餘，也能欣賞漂亮的神戶市夜色，絕對是多重享受。

INFO

神戶市中央區下山手通 1-1-2 Misono 大樓 7/F-8/F | 078-331-2890 | 11:30am-2:30pm；5:00pm-10:00pm | misono.org | 午餐 ¥3,500 起、晚餐 ¥10,000 起（未包税）| 資料來自 MISONO 網站

## 百年老店人氣炸物 07
# 森谷商店 Map21-1/ A4

JR 或阪神元町駅步行約 5 分鐘
（大丸百貨斜對面）

森谷商店由明治6年（1873年）開業至今，是日本皇室料理專用的肉店之一。每逢假日店外必定大排長龍，現場販售窗口忙個不停，賣的是炸肉串及可樂餅，除了牛肉口味之外，還有黑豚、火腿豬排、炸蝦肉、芝士雞肉餅等口味，價錢由￥90起，日賣逾3千件。

剛炸起還熱騰騰的，吃時小心別燙到嘴。

INFO
神戶市中央區元町通 1-7-2 | 078-391-4129 | 10:30am-7:30pm（炸物窗口）| www.moriya-kobe.co.jp

## Map21-1/ A4 炸豬扒老店
# 08 とんかつ 武藏

地下鐵舊居留地．大丸前駅步行 3 分鐘

とんかつ 武藏是神戶的名店，食肆以炸豬扒馳名，所選的都足有一吋厚的豬腰肉，採用的麵衣、火喉恰到好處，酥脆香口卻不會有油膩感。除了豬扒以外，炸蝦及生蠔都是人氣之選，都非常惹味，所以經常有媒體來採訪及介紹。

INFO
神戶市中央區元町通 1-7-2 | 078-321-0634 | 11:00am-8:00pm（周三休息）| www.tonkatsu-musashi.com | ￥2,000 起

## 經典早餐洋食店 ⑨ Map21-1/ B1

# にしむら珈琲店 中山手本店

地鐵三宮駅東 8 出口步行約 8 分鐘

にしむら珈琲店在神戶開業近八十年，深受當地人喜愛。這裡的早餐有三文治類或煎蛋火腿+多士套餐，全部都附咖啡及新鮮的水果或沙律，價錢由 ¥800起。即使錯過了早餐時段，也有自家製麵包、蛋糕或甜品供應。にしむら在神戶有多間分店，中山手本店是最有氣派的一間，樓高四層的洋房建築，加上室內的懷舊裝潢，紅色牆身與古典桌椅及壁爐配搭，感覺身處於北野異人館中歎早餐。

INFO

神戶市中央區中山手通 1-26-3 | 078-221-1872 | 8:30am-11:00pm

## ⑩ Map21-1/ C4 朱古力掌門人

# Caffarel

地下鐵舊居留地．大丸前駅出站步行 5 分鐘

Caffarel分店遍布東京和神戶，店內的朱古力由意大利Torino（都靈）直接進口，不單香味濃郁，更以造型取勝，甚至連舖面也布置得充滿童趣。朱古力趣緻可愛的賣相包括蘑菇、甲蟲及小孩，令人一見傾情，是送禮的首選。

男女孩朱古力套裝

蘑菇孩朱古力

甲蟲朱古力套裝

神戶市中央區京町 71 山本ビル B1F | 078-331-7416 | 11:00am-6:00pm( 周一休息 ) | www.caffarel.co.jp

## Map21-1/ A1 小學大翻新
## ⑪ 北野工房の町

乘 City Loop 巴士於北野工房站下車即達

把荒廢校園創意地化身為特色商場及市民活動中心。北野工房の町前身是「北野小學」，「被殺」後反而人氣急升，成為觀光熱點。這裡集中了非常有個性的22家工房，有食肆、手信店、服飾店甚至酒舖，亦不時舉行各類手工藝製作甚至音樂會，實行與民同樂。雖然學校已改變用途，卻盡量保留原有的間隔及布置，令客人有回到小學的時光倒流感覺，好玩得來又具保育意義。

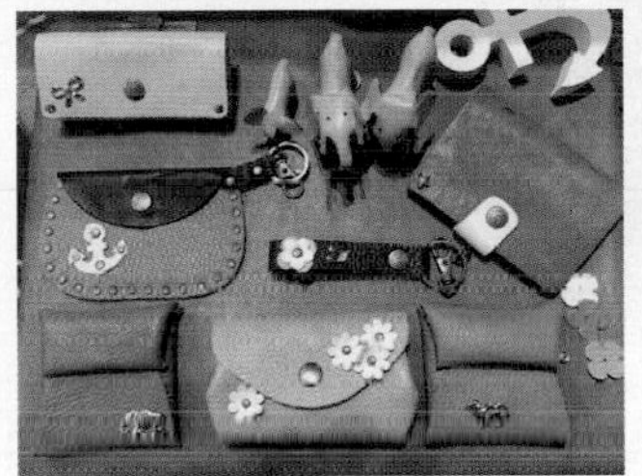

INFO

神戶市中央區中山手通 3-17-1 | 078-221-6868 | https://kitanokoubou.jp/ | 10:00am-6:00pm



## 八國聯軍 Map21-1/ A2
## Modernark ⑫

JR 或阪神元町駅步行約 5 分鐘

在一幢漂亮的木建築內，設有Chronicle Works集團旗下三個品牌——Modernark、Modernark pharm Cafe及JUNK SHOP。Modernark可以稱為聯合國雜貨店，銷售傢俬、服飾、文具及餐具等貨品，來源遍布全球。至於Modernark pharm Cafe，則以糙米和蔬菜為中心，所有料理都以親善身體和地球為主題，配搭都考慮「身心健康」的元素。同一座大廈的Junk Shop以銷售二手時裝為主，型格之餘又環保，貫徹集團的信念。

INFO

神戶市中央區北長狹通 3-11-15 | Modernark Cafe 078-391-3060，Modernark 078-391-3053，Junk Shop 078-391-3057 | 11:30am-10:00pm（各店營業時間不同）| http://modernark-cafe.chronicle.co.jp

## 浴火重生 Map21-1/ B5 ⑬
# 舊居留地15番館

 地下鐵舊居留地．大丸前駅步行 5 分鐘

所謂神戶居留地，就是指1868年至1899年間，日本政府因為《安政五國條約》允可外國人在神戶三宮居留的地方，也是日本接觸西方文化的重要窗口。建於1881年的15番館，早期曾是美國領事館。1995年，15番館因阪神大地震而被摧毀，幸而後來以7成原有的材料把商館重建。

INFO
神戶市中央區浪花町 15 番地

## 古典地標 Map21-1/ B4 ⑭
# 舊居留地38番館

 地下鐵舊居留地．大丸前駅出站即達

38番館建於1929年，前身為美國花旗銀行的神戶支部，現已變成大丸旗下的百貨商場。38番館樓高三層，南側正門入口設計為四根柱子並列的羅馬愛奧尼克柱式，外觀非常宏偉。現時內裡共有十多個國內外品牌。

INFO
神戶市中央區明石町 38 | 078-331-8121 | 10:00am-8:00pm | www.daimaru.co.jp/kobe/floor/syuhen.html

## 最漂亮的時鐘 Map21-1/ D3 ⑮
# こうべ花時計

 地下鐵三宮 • 花時前駅行 2 分鐘

1957年神戶市政府特別遠道瑞士取經，在市廳舍前設計這個全日本首個花時計。花卉時鐘以太陽能驅動，直徑闊6米、高2.25米，用上多達3,000朵鮮花，隨季節更換時令花朵，一年四季各有美態。神戶市以這個花時計自豪，所以在附近的地下鐵站也以「三宮 • 花時計」而命名。

INFO
神戶市中央區加納町 6-5-1

## 全天候商店街 Map21-1/ C2 ⑯
# 三宮センター街

 地下鐵三宮 • 花時前駅行 2 分鐘

三宮センター街共分成1丁目、2丁目及3丁目，橫跨三宮站及元町站。商店街有天幕遮蓋，遊客可以全天候在此逛街血拼。商店街以鄰近三宮站的1丁目最長，名店也較多。

INFO
神戶市中央區三宮町 1-3 | 078-393-3358 | 各店營業時間不同 | www.kobe-sc.jp

## 見證昔日殖民地風貌
# TOOTH TOOTH maison 15th

17

**Map**21-1/ **B5**

地下鐵舊居留地．大丸前駅步行 5 分鐘

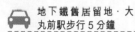

店舖設於舊居留地15番館內，餐廳有各類正規的西菜，而最有人氣的是三層甜點塔。一系列的點心包括焦糖布甸、慕斯蛋糕、水果塔、戚風蛋糕及乳酪等，應有盡有。

三層甜點塔
¥3,900/二人用
下午三時後限量供應。

INFO

神戸市中央區浪花町 15 番地 | 078-332-1515 | 午餐 11:00-3:30pm(每枱限時 2 小時)；下午茶 3:00pm-5:30pm(要訂位)；晚餐 5:30pm-10:00pm | www.tooth-tooth.com | ¥2,000 起

## 少女自作業
# Rollo

18

**Map**21-1/ **A2**

JR 或阪神元町駅步行約 5 分鐘

這間小店擁有從1950年代到1970年代來自歐洲的鈕扣及小珠子，亦兼售各類古董及民俗配飾。櫥窗邊排列了一個個放滿七彩玻璃珠的玻璃瓶，種類繁多，令人目不暇給。

INFO

神戸市中央區北長狹通 3-12-7 | 078-334-2505 | 12:00am-6:00pm（周三休息）| www.tlt-rollo.com

## 潮店雲集
**Map**21-1/ **C3**

# Clefy

19

地下鐵三宮・花時前駅行 5 分鐘

Clefy位於三宮センター街一丁目內，相比起其他商場，Clefy 算不上很大規模，但店內匯聚了時尚潮牌如X-Large、X-girl及Stussy等，目標清晰，所以特別受年輕人歡迎。

INFO

神戸市中央區三宮町 1-4-3 | 078-335-1003 | 11:00am-8:00pm | www.clefy.jp

## 交通便利
20
# MINT

**Map**21-1/ **D1**

JR 三ノ宮站出站即達

只要步出JR三ノ宮站，一定會被前方有著像薄荷般色彩的鮮艷商場吸引。MINT共分13層，集消閒、娛樂及飲食於一身，其中6樓的Tower Records，乃全神戶最大。而B1的KOHYO超市彙集各式土產及熟食，是平價又方便的醫肚之選。

INFO

神戸市中央區雲井通 7-1-1 | 078-265-3700 | 11:00am-9:00pm | www.mint-kobe.jp

#異國風情 #展館巡禮

# 北野・神戶市周邊
# Kitano・Kobe-shi Shuuhen

阪急電鐵・
神戶本線約33分鐘

City Loop Bus・
三宮駅前站(北行)
約15分鐘

北野異人館

北野町廣場
街頭表演空間

不思議領事館
藝術視覺錯亂

淡路島
療癒度假勝地

A
B
C
D
1
2
3
4
5
JR山陽新幹線
新神戸駅
ANA
Crowne
Plaza
H
南
布引花園
地下鐵
01.TRITON CAFÉ 22-2
02. 神戸六甲牧場
北野本店 22-2
03.Gallery 北野坂 22-2
04. 北野異人館 22-3
05. 風見雞の館 22-4
06. 萌黃の館 22-4
07. 不思議領事館 22-4
08. 魚鱗之家 22-4
09. 仏蘭西館 22-5
10. 貝恩之家 22-5
11. 英國館 22-5
12. 丹麥館 22-5
13. 芳香之家 22-6
14. 奧地利之家 22-6
15. 山手八番館 22-6
16. 坂の上の異人館 22-6
17. 北野外國人俱樂部 22-7
18. 北野町広場 22-7
19.Starbucks
北野異人館店 22-7
20. 風見雞本舖 22-7
北野觀光
案內所
北野
異人館
北野町廣場
步行5分鐘
北
MAP 22-1
北野

## 雜貨餐廳二合 Map22-1/B5

# Triton Café (01)

 乘 City Loop 巴士至北野坂站步行約 1 分鐘

Triton Café 設於通往異人館的主要大道北野坂。餐廳主要銷售輕食與各式自家製蛋糕，包括每周變化的午餐和大得讓人驚訝的法式鹹批。餐廳的布置很有個性，最特別是另闢一角作雜貨店，售賣帶法國風味的古董雜貨與獨創文具等。這種文青的風雅加上異國情調，與北野異人館成為了絕配。

INFO

神戶市中央區中山手通 1-23-16 Chanti 大廈 2 樓 | 078-251-1886 | 11:30am-6:00pm，周六日及假日至 7:00pm | https://www.tritoncafe-kitano.com/

## Map22-1/A3 (02) 必吃六甲牧場雪糕

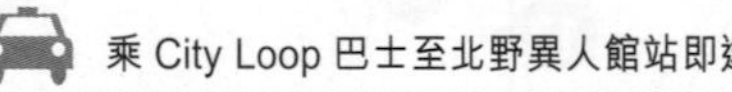

# 神戶六甲牧場 北野本店

乘 City Loop 巴士至北野異人館站即達

抹茶是最受歡迎的雪糕口味 ¥450。

大受歡迎的乳酪蛋糕，有原味及朱古力味 ¥1,500。

位於神戶市六甲山的六甲牧場，是區內著名的牧場，牧場的標語是「人與動物與自然親密接觸的地方」。牧場出品的奶類製品以高質素見稱，當中的乳酪蛋糕，更獲受歡迎電視節目《黃金傳說》予以激讚。至於這裡的軟雪糕也是人氣商品，差不多每位參觀異人館的遊客也手持一份呢！

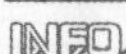

神戶市中央區北野町 3-11-4 | 050-5461-3191| 10:00-6:00pm

## 大師級建築 Map22-1/B5

# Gallery 北野坂 (03)

乘 City Loop 巴士至北野坂站步行約 3 分鐘

Gallery 北野坂由日本建築大師安藤忠雄設計，外型是大師一貫的風格——非常低調的水泥牆身，沒有什麼修飾的門面，偏偏坐落於西洋古宅林立的北野町，其簡約的格調反而更突出。樓高4層的 Gallery，會舉辦繪畫、陶藝及不同的裝置藝術展覽。其實安藤大師的建築設計，本身已是一件精緻的藝術品。

INFO

神戶市中央區山本通 1-7-17 | 078-222-5517 | 11:00am-6:00pm，周三休息 | 按不同展覽而定 | gallery-kitanozaka.com

# 百年異國風 Map22-1/B3
# 北野異人館 04

 乘 City Loop 巴士至北野異人館站即達

所謂異人館，就是外國人居住的房子。隨著1868年神戶海港的開放，很多外國人都選擇在日本定居，而俯視神戶港的北野，亦吸引了大量外國人建屋聚居，並把各自家鄉的建築風格帶到北野。最高峰期北野共有200棟異人館，現在僅剩60多棟，其中20多棟更對外開放，化身為博物館、咖啡屋、餐廳及手信店，成為神戶必遊的景點。

INFO

神戶市中央區北野町 | 10:00am-5:00pm | http://kobe-ijinkan.net

## 【北野異人館遊覽攻略】

北野的異人館數量不少，而且大部分要收入場費。如果逐間購票入場，既費時又花錢，所以異人館特別推出了多款特惠套票，方便遊客按興趣策劃行程。

| | |
|---|---|
| 異人館7館＋展望藝廊（￥3,000） | 魚鱗之家 • 魚鱗美術館、山手八番館、北野外国人倶楽部、坂の上の異人館、英国館、洋館長屋（仏蘭西館）、貝恩之家<br>*額外優惠：送北野外国人倶楽部免費試穿禮服1次 |
| 異人館4館＋展望藝廊（￥2,100） | 魚鱗之家 • 魚鱗美術館、山手八番館、北野外国人倶楽部、坂の上の異人館 |
| 3館スマイルパス（￥1,400） | 英国館、洋館長屋（仏蘭西館）、貝恩之家 |

基本上愈去得多異人館，節省費用就愈多，不過因應遊覽的時間有限，買2至3館的通行票已足夠。

資料截至2022年12月

## 德國之風 Map22-1/A3

# 風見雞の館 05

風見雞の館建於明治42年(1909年)，是德國商人G. Thomas聘請建築師George de Lalande打造，也是國家指定的重要珍貴文化遺產。全館充滿德國人樸實的風格，紅磚外壁和尖塔頂上的風標(風見雞)，更成為北野異人館的標記。

INFO

神戶市中央區北野町3-13-3 | 078-242-3223 | 9:00am-6:00pm | https://www.kobe-kazamidori.com/kazamidori/ | ¥500(風見雞の館+萌黃の館套票 ¥650)

## 美國領事私宅 06

# 萌黃の館 Map22-1/A3

萌黃の館建於1903年，是神戶美國總領事的私人住宅，於1944年成為當時神戶電鐵社長小林秀雄的住宅。全館是以木結構，其特徵是有兩種不同形式的凸窗。阿拉伯式風格的台階，滿有氣派的壁爐台等、可見建造者的匠心與細緻。

INFO

神戶市中央區北野町3-10-11 | 078-222-3310 | 9:00am-6:00pm | ¥400(風見雞の館+萌黃の館套票¥650)

## 估你唔到 Map22-1/B4

# 不思議領事館 07
# (不思議な領事館)

不思議領事館由巴拿馬領事館改建，賣點不是古蹟而是「錯覺詭計藝術」，簡單形容即是3D立體畫。在不思議館中，有人咁高的神戶牛肉及甜品立體畫，把人身高上下倒轉的鬼馬空間，總共20多幅作品給遊客任摸任拍，呃Like一族不可錯過。

INFO

神戶市中央區北野町2-10-7 | 078-271-5537 | 10:00am-5:00pm | ¥800

## 兵庫住宅百選之一

# 魚鱗之家・魚鱗美術館
# (うろこの家、うろこ美術館)

Map22-1/B2 08

魚鱗之家建於1905年，在明治後期1922年才搬到上北野的斜坡上，戰後改建成美術館。美術館內珍藏的展品包括法國印象派大師馬蒂斯的畫作，另外有神戶著名畫家堀江優的常設展覽室等。

INFO

神戶市中央區北野町2-20-4 | 078-242-6530 | 10:00am-5:00pm | ¥1,050(可選8館或5館套票)

## 日法合璧 Map22-1/B3 (09)
# 洋館長屋(仏蘭西館)

仏蘭西館於明治37年(1904年)建成，至1909年遷至北野。該館又稱洋館長屋，由兩幢左右對稱的洋房組成，據説是參照日本的傳統平民房屋「長屋」興建。館內的家具和日常用品都統一使用薩穆爾•賓(Samuel Bing)法國新藝術風格的作品。館內更展出「路易威登」(LV)的早期創作的舊手提箱，非常珍貴。

INFO

神戶市中央區北野町2-3-18 | 078-241-2368 | 10:00am-5:00pm | ￥550(可選8館或3館套票)

## 百獸之家 Map22-1/B3 (10)
# 貝恩之家(ベンの家)

貝恩之家建於明治35年(1902年)，是英國貴族狩獵家•冒險家貝恩•阿里森(Ben Allison)的舊宅。館內展示了他走訪各國時收集的珍禽猛獸標本，如北極熊、加拿大白狼、美洲野牛等，令人大開眼界。

INFO

神戶市中央區北野町2-3-21 | 078-222-0430 | 10:00am-5:00pm | ￥550(可選8館或3館套票)

## 福爾摩斯主題館 (11)
# 英國館 Map22-1/B3

英國館於1907建成，最具吸引的一定是二樓「福爾摩斯的房間」。除了展示福爾摩斯故事的布景，遊客更可戴上福爾摩斯招牌獵鹿帽及披風，化身成這位國寶級偵探留影。

INFO

神戶市中央區北野町2-3-16 | 078-241-2338 | 10:00am-5:00pm | ￥750(可選8館或3館套票)

## 北歐童話 Map22-1/B3 (12)
# 丹麥館(デンマーク館)

丹麥館在北野異人館中算是非常年輕，該館於1992年獲丹麥大使館支持下建成，以北歐維京人生活及安徒生童話作主題。館內展出8至11世紀縱橫四海的維京海盜1:2大型模型船，另外在2樓則設有安徒生書房，窺看影響世界的童話故事的源頭。

INFO

神戶市中央區北野町2-15-12 | 078-261-3591 | 10:00am-5:00pm | ￥500(可選丹麥館+荷蘭館+奧地利之家套票 ￥1,400) | http://www.orandakan.shop-site.jp/denmarkhouse.html

自己香水自己調

## 芳香之家 荷蘭館 (香りの家・オランダ館)

**Map**22-1/**B3** ⑬

芳香之家建於1920年代，前身是荷蘭領事官邸，直至1987年才改為荷蘭文化館。這裡展示出當時荷蘭領事館的會客室、睡房、浴室等，也可以穿著荷蘭地方民族服裝及木屐拍攝紀念留影。同時遊客也可製作獨一無二的原創香水，非常有趣。

INFO

神戶市中央區北野町 2-15-10 | 078-261-3330 | 10:00am-5:00pm | ￥700(可選丹麥館＋荷蘭館＋奧地利之家套票 ￥1,400) | www.orandakan.shop-site.jp/

音樂之家 **Map**22-1/**B3** ⑭

## 維也納・奧地利之家 (オーストリアの家)

維也納館在1992年建成，是非常有特色的圓柱型的建築。館內展示瑪利亞•特蕾西亞女皇的肖像和洛可可式風格的服裝，不過最大的亮點，就是奧地利出生的偉大音樂家莫扎特。館內珍藏莫扎特作曲時使用的鋼琴複製品、親筆的樂譜以及書信等，全部由薩爾茨堡莫扎特博物館捐贈。

INFO

神戶市中央區北野町 2-15-18 | 078-261-3333 | 10:00am-5:00pm | www.orandakan.shop-site.jp/austrianhouse.html | ￥500(可選丹麥館＋荷蘭館＋奧地利之家套票 ￥1,400)

雕塑大師 **Map**22-1/**B2**

## 山手八番館 ⑮

山手八番館於明治後期建成，這裡採用了都鐸式的設計，跟其他異人館不一樣。館內陳立著曾對畢加索帶來極大影響的非洲雕刻大師馬孔德的作品，也有羅丹、布爾岱勒等人的近代雕刻作品，及倫勃朗等的古典版畫。

INFO

神戶市中央區北野町 2-20-7 | 078-222-0490 | 10:00am-5:00pm | ￥550(可選 8 館或 5 館套票)

東方情懷 **Map**22-1/**B2** ⑯

## 坂の上の異人館 (旧中国領事館)

坂の上の異人館建於1940年，前身是親日的汪精衛南京政府於神戶設立的領事館，是北野異人館中唯一擁有濃厚東方氣息的展覽館。館內展示著西周時代的銅鐸和宋代的青瓷等陶瓷器，也有精雕紫檀的會客用組套家具等，非常珍貴。

INFO

神戶市中央區北野町 2-18-2 | 078-271-9278 | 10:00am-5:00pm| ￥550(可選 8 館或 5 館套票)

## 貴族生活 ⑰ Map22-1/B2

# 北野外國人俱樂部

外國人俱樂部是19世紀北野一帶外國人社交玩樂的地方。館內還展示了波旁王朝時代的木刻暖爐、豪華的酒櫃台及各式傢俬家具。在花園內，更展出了一輛1890年由法國諾曼第地區製造的馬車，反映當時外國人生活的奢華。

INFO

神戶市中央區北野町 2-18-2 | 10.00am-5:00pm | ¥550(可選 8 館或 5 館套票)

## 演藝空間 Map22-1/A3

# 北野町広場 ⑱

北野町広場在風見雞の館對面，是當地居民休憩的地方，逢周六和周日中午12時及下午3時，都會有當地大學生或藝術團體在這裡表演。這裡有幾個可愛雕像，很多遊客喜歡拍照留念。

INFO

神戶市中央區北野町

## 住家咖啡店 Map22-1/A4

# Starbucks 神戶北野異人館店 ⑲

神戶的北野以異國的氛圍聞名，所以星巴克也在此插旗，改建了超過百年歷史的古宅「北野物語館」，成為受歡迎的概念店。由於此屋本為住宅，所以星巴克保留了原有起居室、客餐廳等格局，令客人似在民居品嘗咖啡，感覺非常特別。

INFO

神戶市中央區北野町 3-1-31 北野物語館 | 078-230-6302 | 8:00am-10:00pm | www.starbucks.co.jp

## 北野名物 Map22-1/A4

# 風見雞本舖 ⑳

「風見雞の館」是北野異人館中人氣度最高的展館，而在「風見雞の館」隔籬的風見雞本舖，就專賣「風見雞の館」相關手信及神戶甜點。當中的招牌商品「風見雞チーズケーキ」以Camembert Cheese 作主材料，芝士味非常濃郁，是北野最紅的伴手禮。不過這款蛋糕需要冷凍保存，如果想買回香港可能有點難度。

INFO

神戶市中央區北野町 3-5-5 | 078-231-7656 | 10:00am-5:00pm | www.kazamidori.co.jp

## 市立後花園 ㉑ Map22-12

# 神戶布引香草公園

地鐵新神戶站步行約 5 分鐘，轉乘登山纜車至公園入口

布引香草公園位於神戶北面山坡上，這裡是日本最大的香草園，園裡種有超過200種約75,000株的花卉，一年四季都芬芳吐艷。香草公園設有登山纜車，短短10分鐘的車程，讓遊客居高臨下把神戶的風光盡收眼底，另外還可以欣賞「布引瀑布」和重要文化遺產「五本松堰堤」等神戶的名勝。

園內的餐廳以「美與健康」為主題，提供30多種香草料理，客人可以在山上的花園露台，一邊享受美食，一邊縱覽神戶靚景。香草公園還設有夜場「光之森林Forest of Illuminations」，可以在星光下欣賞神戶美麗璀璨夜景，氣氛超浪漫。

INFO

神戶市中央區北野町 1-4-3 | 078-271-1160 | 20/3-19/7、1/9-30/11（周一至五）10:00am-5:00pm、（周六、日及公眾假期）10:00am-8:30pm；20/7-31/8 10:00am-8:30pm，1/12-19/3：10:00am-5:00pm | 成人 ￥1,800、小童 ￥900（來回 Ropeway 纜車連入場費）| www.kobeherb.com

# 關西旅遊新熱點 淡路島

1. 機場乘快速巴士至淡路島洲本 I.C.，車程 120 分鐘；
2. JR 神戶三之宮站乘快速巴士至淡路島洲本、夢舞台或福良巴士站，車程 60 分鐘

淡路島是關西近期力推的旅遊熱點，這裡離大阪不遠，可在關西機場乘快速巴士，亦可在神戶經明石海峽大橋前往。旅客除了可在此享受小島簡樸風情，與及觀賞瀨戶內海壯觀的「鳴門漩渦」外，剛於2017年7月中開幕的「二次元之森」(ニジゲンノモリ)，更為該島增添吸引力。

淡路島觀光網站：www.awajishima-kanko.jp

## ㉒ 淡路島必遊景點

## Map22-10 二次元之森

「岩屋港」、「淡路 IC」設接駁巴士

二次元之森與其他主題樂園最大的分別，就是盡用了該島的天然資源。樂園的最大亮點《蠟筆小新》冒險樂園，玩的不是過山車或摩天輪，而是要求客人全情投入的歷奇項目，包括要客人纜繩跨越長達225米的湖面，或在兩三層樓高的木台上突破障礙。園內不時跟不同動漫作品聯乘舉辦活動，不單白天，晚上亦有活動，敬請留意官方網站。

INFO

兵庫県淡路市楠本 2425 番 2 号 | 0799-72-3161 | 10:00-22:00，六、日及假日 10:00-22:00 | 6:00pm 前免費入場，按項目收費 | nijigennomori.com

親親小海豚 Map22-10

# 淡路海豚農場㉓

乘的士或自駕前往

顧名思義到這裡當然是和海豚玩遊戲。客人可選擇與海豚作不同程度的接觸——不想下水濕身，可在岸邊握握手、玩親親，甚至親手餵食。如果想深入接觸，可索性下水與海豚暢泳，保證難忘。除了與海豚同樂，農場亦設有魚排供愛好者垂釣，又可租用農場的營舍，或參加其他的水上活動，實行親親大自然！

營舍麻雀雖小，但設施尚算完備。

INFO

兵庫県南淡路市阿萬鹽屋町 2660 | 9:00am-5:00pm | 0799-50-3353 | www.janohire.co.jp | 與海豚接觸 /20 分鐘 ( 触れる ) ¥5,000，與海豚同游 /40 分鐘 ( 一緒に泳ぐ ) ¥7,000

Map22-10 人生難得一見

# ㉔ 海上螢火蟲

乘的士或自駕前往

旅客除了可在此享受小島簡樸風情，在夏季晚上也可在淡路島南部的阿万海岸或慶野松原欣賞難得一見的「藍眼淚」——整個沙灘及海面都被一種泛著藍光的海上螢火蟲佔據，藍綠色光點忽明忽滅，非常浪漫。海上螢火蟲只在每年6至9月出現，屆時當地會有很多導賞團，帶領旅客體驗這難得一見的天然絕色。

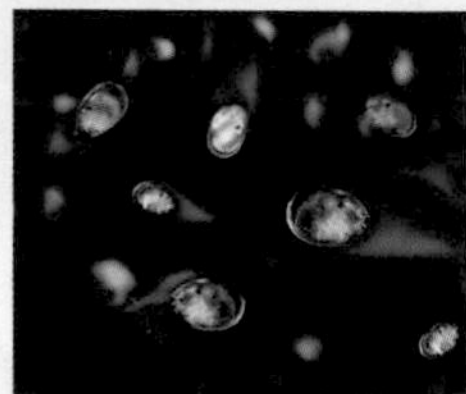

MAP 22-10

神戶市周邊

六甲山牧場
神戶
布引香草園
王子動物園
明石大橋
三井OUTLET
二次元之森
神戶動物王國 (F2-12)
Hello Kitty Smile (F5-4)
NARUTO & BORUTO 忍里 (F5-2)
關西空港
慶野松原
淡路島
鳴門大橋
海豚農場
阿万海岸
鳴門
和歌山
北

INFO

兵庫県淡路島阿万海岸及慶野松原 | 時期：每年 6 至 9 月

# 1) 簽證

## 香港特區護照及BNO持有人

由2004年4月1日開始，凡持有香港特區護照或英國（海外）公民護照(BNO)前往日本，均可享有免簽證入境、逗留當地90天的待遇。另於2005年3月25日起，凡持澳門特區護照者亦可享有免簽證入境、逗留當地90天的待遇。

## 其他旅遊證件持有人

若未持有香港/澳門特區護照或BNO之人士，欲前往日本旅遊、探親或公幹，需到日本簽證申請中心辦理簽證手續。辦理簽證申請約需兩個工作天。

**日本簽證申請中心**

地址：香港北角電氣道148號16樓3室
申請時間：周一至五8:30am-3:00pm
領證時間：周一至五8:30am-4:45pm
預約網址：https://www.vfsglobal.com/Japan/Hongkong/
簽證申請書下載：https://www.mofa.go.jp/mofaj/toko/visa/pdfs/application1_c2.pdf

# 2) 貨幣

流通貨幣為日圓YEN，¥100兑約HK$5.7（截至2022年12月）。港元可在日本兑換成日圓。關西機場兑換中心從6:00am 開始營業，直至最後一班航班抵達。大阪的銀行由周一至周五9:00am-3:00pm 營業，遊客亦可在郵局的辦公時間（9:00am-4:00pm）兑換日圓。雖然在大阪兑換兑換日圓甚方便，但編輯部建議讀者最好在香港先兑換，而且匯價較佳兼手續快捷。

**提款卡海外提款**

由2013年3月1日開始，所有信用卡/提款卡的海外自動櫃員機（ATM）每日提款限額（包括現金透支）及每日轉賬額將應**香港金管局要求被設定為港幣0元！**

旅客若打算在海外自動櫃員機進行提款，**應於出發前向有關發卡銀行進行啟動／激活**。

# 3) Visit Japan Web

**網站**：https://vjw-lp.digital.go.jp/zh-hant/

2022年11月14日起，入境日本的旅客必須使用Visit Japan Web預先登記才可以入境。旅客可以在電腦或手機上填寫個人及同行者（嬰幼兒或無法自行辦理入境手續之人士）資料，包括檢疫（針紙）及海關申報資料，便會獲得入境審查、檢疫及海關的QR碼，旅客可憑此入境及離開日本之用。

## 填寫流程

### 1. 入境（或回國）之前需要完成以下步驟

**【STEP 0 建立帳號登入】**
使用電郵地址建立帳號。

**【STEP 1 登錄使用者資料】**
使用者本人及同行家人資料。

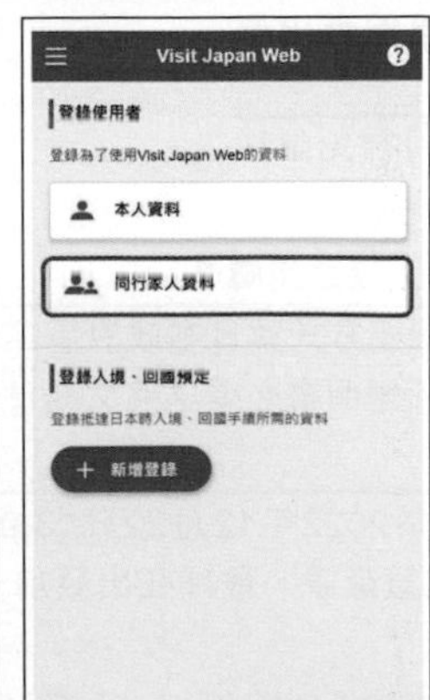


**【STEP 2 登錄日程】**
入境、回國預定日子。

【STEP 3登錄所需手續的相關資料】
檢疫、入境審查及海關申報

※ 首次登記Visit Japan Web可能會有些複雜，而且應事前準備好針紙及護照相片方便上傳。登記後個人資料會被記錄，以後使用便會方便得多。坊間亦有許多網站或視頻，教你一步一步在網上填寫資料。

※ 如果不想用電腦或手機登記，可以使用以往的紙本表格，不過須下機前填妥，亦要準備好相關文件（如針紙或72小時內新冠病毒陰性證明）。

## 2. 抵達日本後需要的手續

【STEP4 以QR碼顯示入境・回國手續】
向相關櫃檯顯示檢疫、入境審查及海關申報QR碼

## 入境檢疫Q&A

### 1. 同行小朋友未打針，需要病毒陰性證明書嗎？

18歲以下未打針的兒童，在持有有效新冠疫苗接種證明，或核酸檢測陰性結果證明的成人陪同下，可一同入境。如果同行的是學齡前未打針的兒童（一般為6歲以下）更可以豁免出示核酸檢測陰性結果證明。

### 2. 如入境時已接種二劑新冠疫苗，可以豁免出示核酸檢測陰性結果證明嗎？

不可以！一定要接種三劑新冠疫苗才可豁免陰性結果證明。

### 3. 社區檢測中心發出的陰性結果證明可作入境之用嗎？

不可以！目前有10間本地醫療機構的檢測方式獲日本政府承認有效，包括港安、養和及嘉諾撒醫院，價格由HK$200至HK$600不等。證明書必須以英文或日本簽發。

### 4. 如何計算72小時內的有效證明？

以航班起飛計72小時之前，例如航班於2022年12月22日13:00起飛，檢測證明的有效時間最早是12月19日12:29。當然如果預算航班延誤，最好在出發前一天才作檢測，不過亦要留心簽發需要的時間。

※ 資料更新至2022年11月30日。以上資訊僅作參考，出發前應往相關網站核實

# 4）時差

時差方面，日本全國各地使用統一時間。時差比香港快1小時（＋1小時），如日本是8:30am，香港時間則為7:30am。請讀者緊記到埗後自行調校手錶、手機及手機的時間，以免稍後出現「瞓過龍」、「送車尾」，甚至「送飛機尾」等烏龍事。

# 5）氣象預測

出門前需留意當地的天氣。最快最直接的方面，就是上網查閱日本氣象廳的四日天氣預報！就連地震預警、海嘯預警都有齊！

**日本氣象廳**
**https://www.jma.go.jp/jma/index.html**

除了官方的氣象預報外，日本亦有一所民營的天文台，其準確程度不遜於日本氣象廳。

除了提供天氣預報外，用家更可以直接查閱主要大區的詳細天氣情況，細緻如早午晚時段的氣溫、降雨量、降雨機會率都有提供，最令人激賞的就是網頁更提供現場即時影像LiveCam，天晴還是下大雨一目了然。

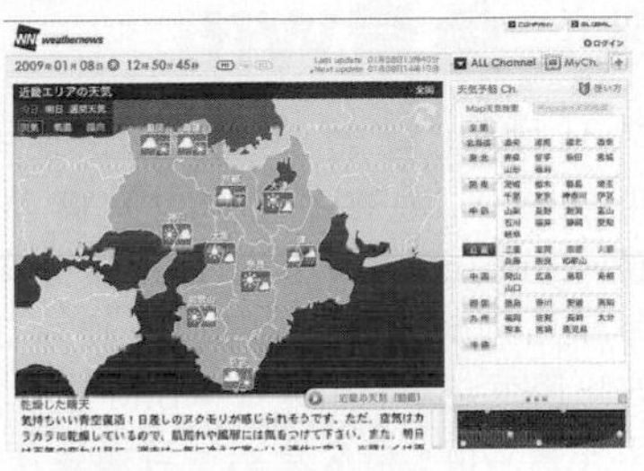

**日本Weathernews網頁**
**http://weathernews.jp**

## 櫻花花期預測

若你想得到當地最近的資料，可以到日本很有名的旅遊雜誌RuRuBu的網頁查看他們的報導。網頁內除了提供開花 / 紅葉的預測期、各地賞櫻 / 紅葉的熱門地方詳盡介紹外，更有讀者每週提供的現場照片，讓旅客可以做足心理準備，預算賞櫻 / 紅葉的最佳時間。

**RuRuBu——櫻花最前線報導**
**http://www.rurubu.com/season/spring/sakura**
**RuRuBu——紅葉最前線報導**
**http://www.rurubu.com/season/autumn/koyo**

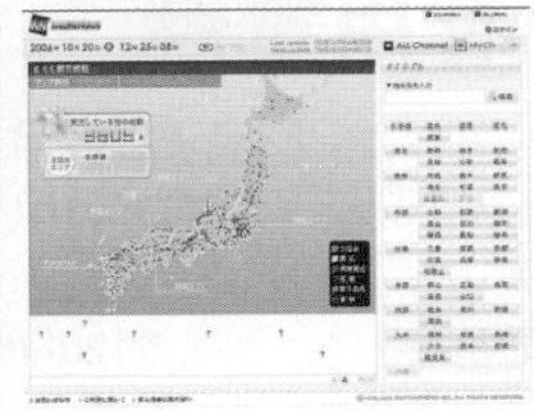

# 6）電壓及電話

日本的電壓是100V，頻率是50Hz。電插座是兩腳扁插頭。由香港帶來的電器，若是 110V-240V 的插頭，當然沒問題，假如是220V便不能直接使用，需準備220V轉100V的變壓器。

日本的電話號碼由3部分組成，由香港致電大阪，可撥81（日本國碼）-06（大阪區域碼）／ -75（京都區域碼）- 個人電話號碼。例子如下：

**香港至大阪：81-6-213-1221**　　**“06”為大阪區碼，但不用打“0”字**

**大阪區內致電大阪：213-1221**

**京都至大阪：06-213-1221**

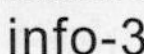

## 7）4G日本無限數據卡

同Wi-Fi 蛋比較起來，數據卡最大好處是便宜、慳電，可以每人一張卡。Docomo 在日本的4G覆蓋度很高，但Softbank的覆蓋範圍也達到99%，在主要大城市兩者網絡訊號接收度，差別不大。中國聯通的8天4G無限數據卡，參考價只是HK$70，比其他品牌數據卡抵用，缺點是數據用量達4GB後有限速（不低於128kbps）。如果一定想用Docomo，可以考慮3HK日本4G 7日7GB無限數據卡，使用超過7GB會降速至256kbps，參考價為 HK$80。(資料截至2022年11月)

**售賣地點：**鴨寮街、各電訊公司

## 8）免費Wifi

日本流動網絡商SoftBank於2015年開始向遊客提供Wifi免費熱點服務。SoftBank的Wifi熱點主要分布在鐵路車站、高速公路休息處、便利店等地方。用戶必需利用非日本SIM卡，才可使用免費Wifi。每次登記後可連續使用2星期，最多可供5部裝置使用，到期後可重複登記一次。

**登記方法：**
1) 用手機撥打免費電話
（英語：*8180
中文：*8181）
2) 取得 Wifi 密碼
3) 開啟手機 Wifi，
用戶名為「852」加
「手機電話號碼」，輸入密碼後即可啟用。
https://www.softbank.jp/en/mobile/special/freewifi/zh-tw/

FREE Wi-Fi PASSPORT

## 11）有用電話

| | |
|---|---|
| 警局 | 110（日語） |
| | 35010110（英語） |
| 火警及救護 | 119 |
| 24小時求助熱線 | 0120-461-997 |
| 天氣預報 | 177 |
| 關西機場 | 72-455-2500 |
| 中國駐日本大使館 | 03-3403-5633 |
| 香港入境事務處 | 852-1868 |
| | |
| 日本航空關西機場辦事處 | 03-6733-3062 |
| 全日空關西機場辦事處 | 05-7002-9709 |
| 國泰航空關西機場辦事處 | 03-6746-1000 |
| 香港快運關西機場辦事處 | 01-2042-7730 |
| 樂桃航空關西機場辦事處 | 03-6731-9241 |

## 12）日本節日

| | |
|---|---|
| 1月1日 | 新年 |
| 1月的第2個星期一 | 成人節 |
| 2月11日 | 國慶節 |
| 2月23日 | 天皇誕生日 |
| 3月20日或21日 | 春分 |
| 4月29日 | 昭和日 |
| 5月3日 | 憲法紀念日 |
| 5月4日 | 綠之日 |
| 5月5日 | 兒童節 |
| 7月20日 | 大海之日 |
| 9月15日 | 敬老日 |
| 9月23日 | 秋分 |
| 10月第2個星期一 | 健康體育日 |
| 11月3日 | 文化節 |
| 11月23日 | 勞動感謝日 |